行走阡陌　胜读经年

——2014—2015 年农业部干部“驻村蹲点一月调研”成果选编

农业部人事劳动司　编

中国农业出版社

编　委　会

年轻干部到农业农村一线“驻村蹲点调研”，非常重要，很有必要。活动开展两年来，部系统40位年轻干部在基层乡镇挂职一年的基础上，再用一个月的时间驻村，与农民群众同吃同住同劳动，全景式体验“三农”鲜活情况，既砥砺了品质、锤炼了作风，又锻炼了能力、增长了才干，达到了“驻村一月，胜读经年，感同身受，终生不忘”的目的，值得充分肯定。希望部系统广大年轻干部努力践行“三严三实”的要求，继续坚持深入实际、深入基层、深入群众，全面了解国情、农情、民情，不断提高调查研究、解决问题、做好工作的本领，为推动农业农村经济发展再上新台阶做出新贡献！

2015年8月15日

树立新时期年轻“三农”干部新形象*

（代序）

农业部党组成员、人事劳动司司长　曾一春

根据韩部长要求，今天座谈会主要是听听大家在地方挂职的感受，交流驻村蹲点一个月的收获与体会。部党组一直重视基层锻炼工作，坚持选派优秀年轻干部到生产一线、到艰苦地区挂职，并要求各司局、各单位对越是发展潜力大、越是工作任务重的年轻骨干，越要舍得派下去。实践证明，凡是在基层实践中锻炼过的干部，做群众工作的能力、处理实际问题的能力、应对复杂局面的能力都有明显提高，这是培养干部的重要途径。

之前，我看了你们撰写的5万字驻村蹲点调研报告，刚才又听大家生动的发言，可谓感慨多多、收获满满。现在大家回到工作岗位，在新的起点开始新的工作，我提出几点希望，和大家共勉，希望大家做到“四个好”。

第一，把老区精神发扬好。延安是革命圣地，是中国共产党人的精神之都。党中央在延安13年，领导指挥抗日战争和解放战争，谱写了中国革命宏伟壮

---

* 选自曾一春党组成员在年轻干部基层挂职锻炼座谈会上的讲话。

断捕捉那些来自生活、来自工作的启示，这些都是我们做好工作的源头活水。我们组织的“驻村蹲点调研”活动，目的就是让年轻干部更多地深入田间地头，更好地了解农村的风土民情。希望大家回到单位工作后，要把挂职期间形成的调研方法总结好，养成问政于民、问需于民、问计于民的习惯，形成向实践学习、向基层学习、向农民学习的自觉，通过常下乡、下长乡，多积累一些植根于乡间田野的心灵感受和人生感悟。唯有如此，我们制定政策和开展工作才能符合基层实际、符合农民意愿，工作起来才能游刃有余。

第四，把联系群众坚持好。部党组《完善党员干部直接联系群众制度的意见》明确提出，“鼓励党员干部在基层挂职期间结对联系基层群众，并努力建立长期联系机制”。大家虽然挂职结束了，但你们与挂职地的联系不应该中止。从工作层面上讲，要继续把挂职地作为自己了解“三农”实情的窗口，继续关注和支持当地的发展，力所能及地为县里、乡里、村里办一些实事，解决一些实际问题。从感情层面上讲，要把挂职地当作自己的第二故乡，常回去看看老朋友，多交几个新朋友，不断加深与当地基层干部和农民群众的深厚感情，有这种深厚的感情作基础，才能有不竭的工作动力，大家的成长之路才能走得稳稳当当。

同志们，挂职经历是你们前进路上一笔宝贵的财富，希望你们珍惜好、利用好这笔财富，健康成长、不断进步。最后，我结合学习习总书记前不久的讲话精神，再给大家提几点希望，希望大家做好“六个人”。

一是做信念坚定的清醒人。革命理想高于天。要坚定理想信念，增强“三个自信”，做到对党忠诚，始终如一，在本质问题和大是大非问题上一定要保持清醒、坚定立场，有政治定力。

二是做品德优秀的高尚人。年轻干部从一开始就要扣好人生的扣子、迈好前进的步子，加强自律、接受他律，把遵守道德法律作为为人处事的底线，模范遵守社会公德、职业道德、家庭美德，培养良好个人品德。

三是做勇于进取的担当人。当前农业农村改革发展遇到的难题不少，年轻干部不能当旁观者，要积极作为、主动作为，勇于承担、敢于负责、敢为人先；在关键时刻豁得出来、顶得上去、经得住考验，真正成为推动“三农”事业发展的生力军和突击队。

四是做服务农民的贴心人。农业部门和农民群众关系最密切，与农民群众打交道最直接，为农民群众服务最具体，我们一切工作的出发点和落脚点都是要切实维护农民群众的根本利益。要以对农民群众深厚的感情和高度负责的精神，想农民群众之所想，急农民群众之所急，真心实意为群众办实事、做好事、解难事。

五是做立足本职的实干人。把简单的事情一直做好，就是不简单；把平凡的工作一直干好，就是不平凡。对于年轻干部而言，脚踏实地、求真务实是进步的阶梯，心浮气躁、急功近利是成长的大敌。年轻干

2015年驻村蹲点调研成果

2014年
驻村蹲点调研成果

浅谈基层治理的困惑与出路

农业部畜牧业司　邓兴照

根据农业部党组部署和人事劳动司的安排，我于2014年3月17日至4月18日在陕西省延安市洛川县荆尧科村开展了为期一个月的"驻村蹲点调研"。驻村期间，我紧紧围绕村情民风、基层治理、社会民生、产业发展等专题，采用与农民同吃同住同劳动、与乡村干部交流探讨等方法，结合基层两年挂职的体会，对相关问题进行了调研。从基层治理来看，基层干部做了不少工作，农民得到了实惠，但有的与"三农"形势的发展还不适应，今后基层治理最薄弱的环节是乡镇与村的联系，基层组织建设还需要给力。具体情况概述如下：

一、荆尧科基本村情

荆尧科村有农民110户、525口人，共有耕地1 150亩*，主要种植苹果，农民人均纯收入超过1万元。荆尧科村有党员28名，党支部是洛川县首批创建的党建综合示范村之一，近年来，该村党支部紧紧围绕"五个好"（领导班子好，党员队伍好、工作机制好、工作业绩好、群众反映好）创建目标，深入开展以"三级联创（县、乡镇、村）"为特色的党建综合示范村创建活动，使基层组织建设得到全面加强，党员素质有了明显提高，人居环境不断得到改善和加强，农民经济稳定增长，苹果产业蓬勃发展，有力地促进了农村经济的快速发展。

* 亩为非法定计量单位。1亩=1/15公顷。

党支部书记荆安民同志获得市级优秀共产党员、县级优秀党务工作者等光荣称号。

但在看到成绩的同时，我们通过入户走访问询，也发现了一些问题，有 51 户不同程度提出意见和建议。主要反映在子女上学远、土地流转不合理、外来务工管理乱、体育文化设施缺等方面，我们已转交有关部门研究处理。

二、基层治理的三点印象

在基层挂职，特别是驻村蹲点一个月，让我对基层治理印象很深的有三点：

（一）农村工作没有想象的那么好做

农村工作重点就是农民的工作。上访是农村治理的难点，有的是分配不公的问题，有的是政策解释不到位的问题，也有个别农民无理要求未能满足的问题。荆书记给我说了一个关于上访农民的顺口溜：“有田有地不找你，有吃有穿不靠你，政治学习不理你，有了问题就找你，动不动还要告你；最后叹道，硬办法不敢用，软办法不管用。”其实，农民上访的深层次原因是政府同农民旧的收粮纳税联结机制终结了，但新的治理机制没有建立起来。

（二）基层干部没有舆论描述的那么差

在与干部的工作过程中，我们学会了理解和敬佩基层干部。大多数基层干部并不是媒体描述的“尸位素餐、饱食终日、无所事事”。目前，基层干部在信访维稳、征地拆迁、发展经济等方面，面临着很大的压力和挑战，但他们不计较上升空间小、工作经费少、工作

查看苹果冰雹灾害

责任大，能吃苦、勇担当、有办法、做奉献，“5＋2、白加黑”努力工作，为经济发展和社会稳定做出了重大的贡献，他们是我们基层政权的脊梁，是我们挂职干部学习的榜样。

（三）政策顶层设计和基层执行没有那么顺畅

基层反映，政策顶层设计的原则性与基层执行的灵活性存在问题。目前，项目基础设施建设和运转维持资金由不同部门监管，基层一些项目建设时红红火火，运转时冷冷清清，钱让搞工程建筑的挣走了。例如，荆尧科村的苹果园灌溉设施已经铺设好几年了，但是水源没着落，无法正常运转，成了聋子的耳朵——摆设。基层干部建议，需要通盘考虑基建和运转资金，尝试对计划和财政的资金进行整合。此外，要改进科技推广模式。我所见的一次专家在基层搞课堂培训，不能贴近生产实际，不用群众听得懂的语言，台上讲得津津有味，台下听得昏昏欲睡，参加培训的农民进进出出、抽烟聊天，效果不太好。

三、基层治理的困惑

改革开放以来，农村发生了翻天覆地的变化，社会观念深刻变革，社会阶层加速分化，社会组织结构加剧调整，乡村干部工作重点也相应从管理职能向服务职能转变。基层干部认为，免除农业税、特产税之后，在计划生育政策的逐步调整过程中，工作也在从收粮催款、刮宫引产，到民生服务、产业发展、治安维稳等方面转变。新的历史条件下，迫切需要提高基层治理能力，但我们无论从制度设计还是干部自身都没有做好这方面的准备。

一是体制机制的问题。国、省、市、县、乡，都属于公务员管理体制，经费人员都有保障，基本上是政令通畅。但问题就出在乡与村的联系以及村民自治上：乡镇干部到村里没有交通工具，也不愿意走路或骑车去，因为老百姓都开着轿车在果园劳动了，自己骑着破自行车去没面子；就是去了也没地方歇

在苹果园劳动

脚、吃饭，到农民家里还给农民添麻烦；车费饭费没有出处，更不用说提供扶持资金，帮村里发展产业、改善民生了。村干部是体制外的干部，不脱产、领工作补助，一年多的 5 000 元、少的 1 000 来元，乡干部要求村干部配合工作，大多是凭着感情、良心在干，我走访的一些村干部，大多没有继续干下去的意愿。在考核机制上，也没有把下乡次数、给农民办实事、解难题的成效，作为乡镇干部考核提拔的重要参照因素。

二是干部自身素质的问题。一些乡镇干部，特别是年轻干部，是典型的“三门”（家门、校门、单位门）干部，对农民不了解，对农业生产技术不掌握，对农村很陌生，真正下农村、到地头，也不知道从何说起，从哪做起，怎样解决实际问题。加上基层干部上升空间狭窄，一些人干了二三十年还是个科员，没有奋斗动力，个别干部安于现状，慵懒混拖，得过且过，人浮于事。

这种结果就导致了乡村管理成了“两张皮”，干部和群众不是鱼和水的关系，某种情况成了是水和油的关系，二者不相溶，干部作为油浮在水面上。村干部和村民认为，乡镇干部作风变了，官僚主义浓了。一是难见人。村干部说，现在的乡镇干部大都是传话干部、会议干部，每周一乡镇开会布置工作一结束，电话就来了，要求他们准备这个材料、那个报表，送到乡镇去。有的干部很少到村里来，不用说认识老百姓了，几个村干部他们都对不上号。二是难办事。个别乡镇干部平时待在乡镇不多，有的还有第二产业和自己的果园，当干部成了副业，周一开会点个卯就不见了，村里有个大事小事还寻不着，无论从发展经济还是解决民间纠纷都起不了多大的作用。

四、加强基层治理的六点思考

“基础不牢，地动山摇”。洛川有位老村支部书记告诉我，今后中国基层治理最容易出问题在村上，最薄弱的环节是乡镇与村的联系，最需要加强基层干部的作风。在洛川两年和在荆尧科村蹲点期间，如何加强乡村干部与农民的血肉联系，强化基层治理，是我们经常谈论的话题，也有了一些思考。

一要转变观念和作风。中共十八届三中全会对社会治理提出了明确要求。今后政府管理是手段，服务是目的，要更加注重服务。基层干部的服务对象是农民群众，必须真正做到在思想上尊重群众、感情上贴近群众、工作上依靠群众、生活上关心群众。“感人心者，莫先乎情”。农村是个熟人社会，常来常往、常来常熟，人熟事好办，解决问题有时靠亲友传动，“只能软过渡，不能硬着陆”。要从思想上教育干部，牢固树立为农民群众的观念，“在其位、谋其政”，保持艰苦奋斗的作风，保持昂扬上进的斗志。要想群众工作好，天天要往群众堆里跑，要经常进村入户听取意见、破解难题，密切与群众的联系。

走访农户

二要推进乡镇机构改革。要按照“精简、便民、效能”的原则，撤乡并镇合村改革到位，科学合理地核定乡镇编制，对现行的乡镇机构进行有效整合。具体是参照其他地方做法，精简压缩驻村干部数量，1 个包村干部包 2～3 个村；对业务相近的机构进行合并，工作量小的机构进行挂靠，设立党政综合办公室、产业服务办、社会事业办、综合治理办、便民服务中心等几大板块；设立主配角工作制度，相互支持配合。机构改革的最终目的达到5个人干的活由3个人干，花4个人的钱，这样既提高了效率，又减轻了财政负担。

三要建立健全制度。上级监督太远、同级监督太软、下级监督不敢。再好的想法，再好的作风，没有相应的制度来规范、来监督、来考核，也无法落到实处。要根据工作需要建立健全制度，通过制度规范干部的行为，做到依法行政，照章办事，推动工作开展。结合党的群众路线教育实践活动，建立长效机制，落实干部下乡时间、与农民同吃同住同劳动、帮助农民办实事解难题、联系帮扶困难群众的考核办法，作为干部工作评价、选拔任用的重要条件。

四要保障工作经费。再穷也不能穷工作经费。基层干部常说，买了马却没钱买草，马的作用无法发挥，养马的意义何在呢？要树立花钱办事的理念，保障干部下乡进村的必要交通、伙食费用，适当安排技术推广、产业发展的资金，让干部办公家事、花公家钱。要解决村级组织正常运转的工作经费，避免富裕地区村干部抢着干，干的却是以权谋私的事；避免贫穷地区村干部不愿干，干活掏私人腰包的现象。

五要提高基层工作能力。合格的基层干部最好能具备3个能力，坐下来能写，站起来能说，下基层能解决实际问题；具备2种水平：在领导面前当专家、在专家面前当领导。提高工作能力，要树立终身学习的观点，基层有的同志工作十来年了，对专业知识、基本的工作方法还不掌握。究其原因，学习上下的功夫不够。在一个岗位工作，基本的专业基础知识和工作方法应该也必须弄清楚。提高工作能力，也要走进农家，走进农村，从丰富的社会实践中，从农民的切实需要中，学技术、学管理，多琢磨、多思考，做到用硬招打开工作局面，用实招奠定工作基础，用新招提高知名度。

六要畅通信访和办事渠道。中央最近出台了新的信访管理意见，基层如何落实：一是改革信访机构。信访制度是对被告的缺席审理，信访机构工作人员也不是全能的审判法官，目前起到的是“二传手”的作用。信访受理部门，要充实相关熟悉业务和法律的人员，对无理上访、需要司法途径解决的上访进行审核，坚决排除到信访程序外。二是改革信访受理办法。建立健全信访受理和办理信息网络，“兼听则明，偏听则暗”，全面真实反映上访事由，到市级以上机关上访的必须附具下级有关部门网上或书面的处理意见及理由，再行受理。地方各级政府逐步取消信访数量“排行榜”，转为考核各级解决合理上访的数量。在全国范围内，警示教育通报一些无理上访典型，要斩断能人支招、富人出钱、穷人跑腿的谋求不当利益上访链条。三是加强基层组织建设。选强配齐村级领导班子，推行决策民主化、透明化，公正办事，密切干群关系，从源头上减少信访数量。学习借鉴浙江“枫桥经验”，聘请有工作经验，热爱调解工作的老党员、老干部做群众调解员，建立自己的调解队伍，化解矛盾纠纷。荆书记 2013 年在镇里社区服务中心兼职工作，牵头成功地处理了几起涉及农机伤人、商铺租赁违约、医疗事故等方面的问题，值得学习借鉴推广。

侯沟门蔬菜产业发展情况调查

农业部规划设计研究院　严　斌

根据农业部党组部署和人事劳动司的安排，我于2014年3月19日至4月20日在陕西省延安市安塞县沿河湾镇侯沟门村开展了为期一月的“驻村蹲点调研”。驻村期间，我与部分农户同吃同住同劳动，紧紧围绕蔬菜大棚种植产业发展，采用进村入户，多点选取，直接参加大棚种植经营劳动的方式，对侯沟门村蔬菜产业发展进行了深入调研。新型技术发展推进种植方式改变，市场经济作用促进种植结构调整，大棚蔬菜产业的蓬勃发展真正为安塞农民带来了可喜的实惠，安塞现代农业发展之路前景辉煌。具体情况概述如下：

侯沟门村地处安塞县中部沿河湾镇，杏子河流经该村，川道较宽，光照充足，发展设施蔬菜具有优越的自然条件。全村有6个村民小组，278户、1 065人。2013年，全村农民人均纯收入13 678元，其中设施蔬菜收入占农民人均纯收入的80%。侯沟门是安塞县和陕北地区发展大棚蔬菜种植时间最早、规模最大、效益较好的一个村。2013年，全村大棚发展到439棚，户均1.5棚，大棚蔬菜在该村产值达800多万元，全村村民人均纯收入由1992年前的不足60元增长到2013年年底的13 678元。全村现有小轿车20余辆、农用车等近百辆。按照新型农村社区建设的标准要求，启动实施了侯沟门一期住宅小区建设，新建了二层居民楼60栋120套，室内总面积10 641米^2。大棚蔬菜在侯沟门村发展的历程，是该村脱贫致富奔小康的历程，也在全县乃至全市棚栽业的发展过程中，发挥了非常好的典型示范辐射带动作用。

一、发展历程

1992 年，安塞利用与山东互派干部交流的机遇，从山东诸城引进了大棚蔬菜。当时一座 50 米长、7.8 米宽的大棚造价在 1 万元左右，投资这么高，谁敢冒这样大的风险？在全县人的疑惑中，当时的侯沟门村支部书记樊明亮，支部委员、村主任杨丰岐和另外 2 名党员一起试种了 4 棚。在县政府的大力支持下、在技术人员的精心指导下，樊明亮、杨丰岐和其他 2 户党员认真学习，精心管理，大棚黄瓜试种获得了成功，不仅产量高，而且品质也非常好，每斤* 黄瓜卖出了 5 块钱的价格，棚均收入达到 12 000 元。侯沟门村不仅在冰天雪地的陕北种出了新鲜的黄瓜，而且收入过了万，这对祖祖辈辈种大田，广种薄收的安塞农民而言，是想也不敢想的天文数字，当时农民们调侃地说："12 000 块钱，就等于是把肥肥的猪肉在大棚里铺了两层"。侯沟门村试种大棚蔬菜的成功，结束了安塞人一年内有半年时间吃腌酸菜的历史，也让贫穷了千百年的农民看到了改变贫穷过上好日子的机遇。第二年，以往冬天里以赌博、串门子、拉闲话打发时间的村民们再也坐不住了。面对发展大棚蔬菜热情空前高涨的群众，是大家一拥而上，还是稳步发展，村支部经过多次开会分析，明白了如果一哄而上，资金、技术跟不上，很可能会劳民伤财。于是，支部在全村认真挑选文化层次高、肯吃苦爱学新技术的 80 户村民，新建了 80 个大棚。当年县上成立了蔬菜公司，为菜农提供技术指导与服务。棚建好后，蔬菜公司技术员和杨丰岐等 3 名党员，东家棚里进，西家棚里出，不分白天黑夜地给农民们指导，谁家菜棚里一有了新问题大家起去想办法解决。于是，在全县其他

---

* 斤为非法定计量单位。1 斤＝500 克。

地方新建的600余棚收入急剧下降，棚均收入不足5 000元的情况下，侯沟门村的新建大棚却棚均收入10 000元以上。此后，侯沟门村坚持解决好水、电、路和技术与投入等问题后，再发展新建棚的思路，建一棚成一棚。经过20多年的稳步推进，到2013年，全村大棚发展到439棚，户均1.5棚，成为全县乃至陕北地区规模最大、效益最好的大棚蔬菜种植基地，被市委树为首批小康示范村。

二、主要做法

一是效益驱动。侯沟门村在发展大棚蔬菜的过程中，始终坚持“以人为本”的科学发展观，“让种植者受益，让旁观者眼红”，依靠利益驱动，使该村的大棚建一棚成一棚，稳步发展了起来。特别是该村从开始到现在，全村所有大棚产量质量稳定和菜农丰厚的收入，让其他村找到了不足和问题，也找到了解决问题的办法，也让几次走进低谷的安塞棚栽业走出了低谷，看到了希望。

二是典型带动。侯沟门村早期建的大棚是照搬山东的模式，1994年冬，大雪过后，部分大棚的蔬菜被冻坏。村民和技术员认真查找原因，找到了陕北冬季气温比山东低，大棚墙体厚度不够，保温性差，形成冻灾的原因。此后，侯沟门村和全县其他乡镇的大棚墙体都加厚了一倍以上，并统一更换，使用了厚草帘，杜绝了冻害的发生。连续种了几年黄瓜后，村民们发现黄瓜霜霉病比较严重，喷农药也作用不大，于是，他们根据黄瓜霜霉菌不耐高温的特点，试着用高温闷棚杀菌。一试还真的成功了，而且效果非常好，于是，这一办法在全县推广，至今还在发挥着不可替代的作用。

三是市场促动。在发展大棚蔬菜的过程中，安塞县一些村组菜农建好棚后，看别人种了黄瓜，担心自己也种黄瓜会不好卖，就种了番茄或其他品种，侯沟门村也出现过这种现象。原支书、老党员樊明亮在营销蔬菜的过程中发现，所有蔬菜营销商只经营一个品种，不会一车里装几样蔬菜。他和支书杨丰岐及时纠正了本村个别菜农种其他品种的错误做法，使侯沟门村成了安塞乃至陕西首个“一村一品”的大棚蔬菜专业村，也辐射带动了全县“一村一品”、“一乡一品”专业村的建设，促进了棚栽业的发展。此外，侯沟门村在发展中，将原来采光效果不好的半地下室竹木结构大棚改良为半钢架拱圆形大棚，将秋冬茬黄瓜改为冬春茬等，也给全县棚栽业的发展起到了良好的示范带动作用。侯沟门村质优量大的黄瓜，在西安、银川、包头和武汉等城市大型蔬菜市场的知名度非常高，村里黄瓜上市时，各地菜商纷至沓来，天天都能装走几大车黄瓜，周边村的蔬菜也拿到这里来销，使侯沟门成了一个蔬菜销售中转站。在种植大棚蔬菜致富以后，支部委员、老党员樊明亮发现收菜的都是外地人，价格他们说了算，菜农老是吃亏。于是，他带领村里的几个年轻人开始搞蔬菜运销，现在他们几个人每年就销售蔬菜近万吨；为了掌握信息，村支部又和县科技局联系，在他们的支持下，2001 年在村里建起了农业信息科技网站，村里又成立了蔬菜专业合作社，为菜农提供产前、产中、产后的技术服务、信息服务和物资供应。合作社在销售中统一质量标准，统一价格，使菜农利益最大化的同时，也赢得了各地菜商的信赖，为安塞大棚蔬菜创出了品牌，也闯出了好销路。

四是党员带头。在发展中，侯沟门村支部一班人始终不忘自己的职责，多年来，村支部班子成员和其他党员，人人帮扶贫困户，为他们想办法、出主意，在大棚种植中党员们手把手地教他们，对个别不思进取的懒汉二流子，耐心开导教育，激发他们的上进心，让他们发展起了自己产业，告别了贫穷；对管理不到位，收入差的菜农，党员们一起分析原因，帮助改进；当一些不法分子在夜间偷盗蔬菜，破坏生产设施的情况发生后，党员们成立了护菜队，夜间轮流值班巡逻，确保了菜农的利益不受损害。各乡镇经常组织菜农到侯沟门参观、考察，步伐滞后。

4. 土地纠纷矛盾突出　苹果生产效益好，果园面积的多寡直接决定着农民收入多少，因此农民对土地分配十分敏感。谷咀村民土地承包合同是1996年签订的，3个村民小组当时预留的机动地其后也根据人口增减情况全部分完，但是村子里的人口依然在发生变化，新添人口的家庭无法分到地。同时，由于苹果树一旦栽种，种植期长达40年以上，属农民私有财产。因此，土地矛盾纠纷调解解决都十分棘手。

5. 农村年轻劳动力离农倾向重　从农户访谈情况看，目前依然经营果园、参与果园劳动的农民年龄都在40岁以上，40岁下的农民基本不从事农业生产，很多都在西安等大城市打工。驻村一个月期间，访谈的20户农户中，仅有1户其23岁的儿子在家，2012年自西北大学毕业后，在临潼打工半年觉得没意思，打算回家乡做点事情，余下的19户儿女全部都在外地城市打工，甚至有些人在城市生活无法完全自立，还需要家里每年给钱贴补。即便如此，从事果园生产的农民也大都不希望自己的儿女继续在果园辛苦劳作，今后谁来种苹果是一个现实问题。

（二）社会公共事业方面

1. 基础设施条件相对落后　尽管谷咀村的基础设施条件和洛川很多村子相比属于完善的，但和县城相比依然存在巨大差距，取暖、洗漱、厕所等和生活息息相关的硬件条件依然落后。而在洛川很多村子，生活用水都靠农户定期去机井打水，农村基础设施建设，特别是西部农村，有相当长的路要走。我驻村期间，日平均温度依然在0℃左右，为了节省柴煤，炕灶除了做饭，不再专门烧了，每天起床都要被冻得一激灵；厕所是旱厕，在庭院把角，尽量避免半夜如厕。访谈的20户农户冬天基本上1个多月去县城洗一次澡，因为家里没有洗浴条件，这些都和城市形成巨大差异。

2. 社保政策深受欢迎　新农村合作医疗、养老保险这两项最基本的社保政策深受农民欢迎，新农合为防止农民因病致贫发挥了巨大作用，养老保险则为很多丧失劳动能力的老人提供了基本生活保障。政策是否受欢迎，从农民是否主动缴纳相关费用就可见一斑。我访谈的第一个农户，是住在我隔壁的一位大妈，她已经77岁，老伴79岁，都丧失了劳动能力，他们有4个儿子、2个女儿，4个儿子都不承担父母的生活费用，老两口的全部收入来自于每月发放的每人150元的养老金，尽管不多，但可以解决两人的温饱问题。

3. 教育、卫生等公共事业已奠定一定基础 农村义务教育普及率很高，谷咀村学龄儿童不存在任何入学困难。但是，由于取消村级幼儿园和小学，家长要接送孩子上下学，带来诸多不便。每个村都设有卫生室，对感冒、腹泻等普通病有相应的治疗手段，同时肩负着慢性病巡查、育龄妇女优生优育等任务，能够看出国家这些年在农村医疗方面投入不小。

4. 环境治理工作基本空白 垃圾直接丢弃到塬下是洛川所有村子的普遍做法，好一点的村子有固定丢弃点，差一点的村子则随意丢弃，没有固定的垃圾车定期搬运垃圾，没有垃圾填埋场，整个农村公共环境卫生管理工作处于空白。谷咀村建设了6～7个垃圾屋，但是没有农户向里面扔垃圾，据介绍，刚建好的时候农户使用过一段时期，由于没有人定期清理垃圾屋，臭味熏天，附近住户无法忍受，慢慢地大家就不再向里面扔垃圾了。果园里铺设的地膜、反光膜等农业废弃物，农民在清理果园的时候都会清理出来，依然是随意丢弃。农村环境治理缺乏的是长期有保障的运行经费，特别是财政收入低的地区，政府难以负担相关费用，建好的垃圾屋也不过是摆设。

（三）乡村治理方面

1. 基层民主深受乡土文化影响 家族势力依然是决定村里公共事务的重要力量，在与村里公共事务相关的决策中，家族势力强的一方往往是利益先得者，如门前道路先被硬化，下水管道先被铺上等，且选举的村干部也往往是强大家族的代表纯收入达到10 410元（其中90%以上来源于苹果产业）。苹果成为洛川县域经济发展和农民致富的支柱产业。

全县有专业合作社272个，年经营量约10万吨，其中23个龙头企业、专业合作社取得了北京奥运会、上海世博会、广州亚运会和中国女排等近30项重大品牌或冠名权。“洛川苹果”品牌估价为42.8亿元，成为全国驰名商标。洛川苹果在香港、广州、北京、上海、深圳、昆明和福州等中心城市建立直销窗口、专卖店22处。2011年，农业部将全国唯一的国家级苹果批发市场落户洛川，建成后将力争打造成为中国苹果物流集散、价格发现和信息传播等10大中心。

二、全国苹果产业发展趋势和洛川苹果产业的差距

近年来，我国苹果产业发展呈现出苹果总产持续快速增长，消费量继续同步提升难度加大，苹果栽培制度发生深刻变化，国际国内市场不均衡发展，农产品电子商务发展迅速等新情况。这些趋势值得洛川乃至全国苹果产业关注。

（一）供需接近临界点

1. 前期旺盛的市场需求促进生产规模快速扩大　苹果是中国第一大水果，世界四大水果之一。近年来，受需求拉动，全国苹果生产规模迅速扩大，2012年全国总产达到3 849万吨，占全球产量一半。在排名前十的主产国中，相当于其他9个国家总产的1.7倍。且最近10年，总产始料未及地以年均187万吨的速度增长。在西部黄土高原产区，栽培面积还在逐年扩大，目前还有大面积幼园没挂果，未来几年苹果总产量还将持续以较快速度增加。

2. 消费量下一步继续随产量同步提升的难度很大　当前，我国苹果的出口量约为每年100万吨，浓缩果汁每年消耗原料果约400万吨，加上其他加工品（果脯、脆片、果醋等）消耗、苹果损耗等，总共不会超过800万吨。按剩下3 000万吨鲜果计算，我国人均年消费量已达22.2千克。同为苹果主产

国的欧美日发达国家居民年均消费量在16～24千克之间。因此，国内鲜果消费量提升空间已比较有限。按照近10年的发展趋势和当前幼园的实际情况，接下来几年苹果销售的压力可能快速加大。

从单产的角度来看，虽然当前我国苹果的单产水平仅相当于法国、意大利、巴西、美国和智利等国的大概一半，但上升速度很快，近10年提升了55.4%，山东省苹果的单产水平已与以上国家基本相当。即使假定栽培面积不再继续增加，按照过去10年的单产提升速度，我国苹果产量将在未来10年增加2 000万吨。如果10年后平均单产水平能够达到发达国家或者我国山东省当前水平，苹果产量将差不多翻一番，即比现在增加3 200～4 000万吨。

（二）栽培制度改革与果园改造

1. 苹果栽培制度改革势在必行 近10多年来，由于劳动力成本的快速上升，世界苹果栽培制度发生了深刻变化，其中最为重要的是矮砧集约高效栽培制度的快速兴起。在欧洲、美国等苹果生产先进国家，大部分采用大苗建园，矮砧宽行密植，栽后第二年结果、3～4年达到亩产3 000千克产量。除采果外，全部采用机械化。目前，我国90%以上苹果园采用乔砧密植的传统栽培制度，其单产水平低，果品品质不统一，商品性差，并因乔砧密植树冠郁闭，不利于发展以机械化为主的现代果业，快速上涨的雇工费用也将不断压缩生产效益。据在洛川的调研，雇佣一个熟练的套袋工，每天要超过100元。即便按照这样的条件，套袋高峰期也是一工难求。此外，全国新建园和苗木市场中80%以上还是乔砧苗木，可能造成5～10年后，中国苹果产业仍然继续着传统的栽培制度，果业现代化也就无从谈起。

2. 在新一轮的优胜劣汰过程中把握先机 蹲点期间对当地的苗木繁育基地和交易市场进行了考察。临近的北霍村几户村民承包了冯家村近200亩地，搞苗木繁育。做法就是从山里打一些秋子回来，每年3月播种，1个多月后，秋子苗长到10厘米高的时候，移栽出来。再等到8月，从周边的果园中剪一些苹果接穗，嫁接到秋子苗上，长大后作为苗木售卖。且不说苗木脱毒、组培，连苗木实际上是什么品种，也只有育苗的农户自己才知道。买卖的时候无需签合同，商量好价格后，给钱就挖走，也没有任何部门规范管理。这样一个原始的繁育基地和交易市场，在陕北地区还是比较有影响的。产业发展的风险可想而知。

未来苹果供过于求，必将倒逼栽培制度改革。先采用现代栽培制度的果区将逐步淘汰落后果区。今后一个时期，如果不从栽培制度上转型，则很难突破乔砧栽培在产量、品质和机械化率方面的“天花板”。目前，延安地区包括洛川县在矮砧栽培的引进示范方面，已经做出了一些尝试。但由于其紧迫性没有深入人心，矮砧技术精髓掌握不够，矮化苗木培育方面重视不够等原因，尚未在新建园中大范围推开。

3. 乔化果园改造的技术创新　通过间伐减密度是洛川县苹果标准示范园建设的四大关键技术之一。但存在少部分农民的抵触情绪较大、进展缓慢等问题。事实上，间伐并非解决果园郁闭的唯一途径。三门峡地区科研机构根据本地自然条件特点，独创了松塔树形，留主干，去大枝，以果压冠，控制树势，能保证每亩栽植110棵乔化果树而通风透光良好，有效解决了乔化果园树体高大导致的果园郁闭、果品品质下降问题。对于洛川已经栽上乔化幼树的果园，在下一步的整形剪枝技术提供了另一种值得参考的技术方案。

（三）苹果种植提质增效

1. 加大投入提升品质　苹果产业提质增效是全国各主要产区的共同趋势。洛川苹果虽然已在全国打出了品牌，但面对各产区的激烈竞争，在“打江山”后要想持续赢得消费者口碑，提升品质是第一要务。目前，从品质的角度，洛川苹果一个突出问题是有机质含量不足。虽然县里提出了果畜结合的循环农业发展思路，利用发展百万头生猪大县支撑苹果品质提升，但是受近两年养猪行业效益差的影响，生猪产业发展受到一定影响，有机肥供应不足。苹果品质近几年一定程度上要靠吃老本。

2. 引入大型企业带动当地栽培模式升级 当前，各产区都在致力于建设不同类型的示范园，推广先进的生产技术，但是缺乏市场机制的示范往往难以奏效。如在洛川示范园里使用的粘虫板、杀虫灯等无公害病虫防治措施，事实上在减少老百姓农药施用量方面的实际影响有限。现在，一些地方正在尝试引入大型企业发展现代化生产方式，带动当地栽培模式升级。

陕西宝鸡和河南洛宁县目前都在与陕西海升集团建立合作关系，在当地建立具有世界先进水平的矮化密植示范园。采用宽行密植、肥水一体化、机械化、篱架栽培等先进的栽培管理技术。目前，洛宁县已引进以苹果种植为主的企业30余家，在洛宁苹果产业发展中起着重要的带动作用。洛川县本地延果集团处于重组过程中，引进外部企业方面还需要进一步加强。

（四）农产品电子商务发展迅猛

1. 农村电商发展迅速与互联网时代传统农产品品牌的危机 在产业基础、产品品质和品牌方面，洛川苹果具有非常好的优势，但是在85后、90后等注重网购的人群中知名度不高。当这代人逐渐成为消费主力的时候，洛川苹果的品牌影响力将可能下降。目前，阿克苏苹果的网民认同度已超洛川几十倍。其他农产品网上销售的发展历程表明，互联网销售的游戏规则是，消费者基本上只认前2～3个区域品牌，也即两三家寡头赢者通吃。如果在寡头形成的过程中，不能占有一席，未来10年洛川苹果的品牌价值可能受到较大影响。但由于本地合作社和经营企业缺乏对电子商务发展趋势和操作方法的了解，目前仍缺乏危机感，电子商务整体发展水平也非常滞后。

2. 洛川利用电子商务发展苹果产业仍面临良好机遇 洛

建园。

（三）抓好现有果园提质增效

对于栽培模式已经固定的成龄果园，鼓励农户加大投入，提高有机肥施用比例，向精品果、精品园要效益。一是加强对高投入、高回报果园的宣传力度，鼓励果农走出去开展交流学习，促进果农增加投入。二是建立有机质含量测定与发布制度。每年对各乡镇土壤质量、特别是有机质含量进行测定并发布。让果商能够识别出品质好的果园，实现优质优价。从而激励各地加大有机肥投入，提升果品质量和可持续发展水平。三是在发展本地畜牧业的同时，加强与其他养殖业大县的联系，多策并举保障有机肥稳定供给。

（四）积极开拓鲜果国际市场和果汁国内市场

提升本地招商引资政策优惠幅度，扶持或引进一批已具规模的苹果经营企业，鼓励其逐步按照国际先进水平，建设包括采收、贮藏、加工处理和运输等环节在内的冷链物流体系。合理利用双边农业合作框架，积极参加国际水果展会。让国际市场在解决产销压力方面发挥更加重要的作用，保障果商和果农利益。加强果汁消费市场宣传，引导消费者转变消费理念，促进大众对苹果汁消费的接受程度。促进加工企业结合中国人饮食习惯，改善加工工艺，创新苹果加工产品，尽早把国内市场对苹果加工产业的巨大拉动作用激发出来。在发展浓缩苹果汁的同时，着力引进企业开发果汁饮料市场；同时，加大对苹果在健康、减肥、抗氧化功效方面的宣传，让老百姓了解、喜爱苹果汁。

（五）充分利用当前优势积极拓展营销渠道

挂职干部已经联系淘宝大学在3月底来洛川开展了一场农产品电子商务研讨和启蒙培训。相关专家考察完洛川苹果产业后，对发展电子商务充满信心。建议洛川以此为契机，成立苹果产业电子商务领导和工作小组，组织本地合作社赴浙江遂昌等地开展考察学习，邀请有关成熟的运营商共同策划洛川苹果产业电子商务发展方案。加大苹果电子商务的支持力度，把电子商务技能培训常态化地固定下来，加强与物流企业沟通协调，积极建立电子商务平台，统筹培育网商生态体系。

苹果致富花开香万里 转型现代升级需后人

农业部农药检定所　薄　瑞

根据农业部党组部署和人事劳动司的安排，我于2014年3月17日至4月18日在陕西省洛川县洛阳村开展了为期一个月的“驻村蹲点调研”。驻村期间，我紧紧围绕韩部长“驻村一月，胜读经年，感同身受，终生不忘”的批示精神，采用同吃同住、共同劳动、走访座谈和查阅资料等方法，对洛阳村农民经济、社会、生活和文化等进行了全景式的调研工作。一篇篇小故事，勾勒出了当地经济社会发展的图景。洛阳村是当地农村发展的一个先进典型，多年来依靠基层党委政府的不懈努力，坚持苹果生产为核心主业，带动全体村民勤劳致富，初步实现了迈入小康生活。一颗小苹果，造福一方人。具体情况概述如下：

一、洛阳村概况

洛川村位于旧县镇政府东1.5公里处，共有农户115户、505口人，2个村民小组；耕地面积981亩，其中果园面积780亩，年人均纯收入过万元，全村1/3的家庭拥有小轿车，初步实现了小康生活。洛阳村基础设施建设相对完善，全村通自来水、通电、通网络，基本实现道路硬化。村“两委”会配合默契，全村共有党员24名。在“党员先锋行动”计划带动下，全村共划分23个联营小区，实行党员带头、五户联营，划区域分片包干实行区域负责制。普通农民善良淳朴，遇事商量的民主氛围较好。社会保障方面运转良好，村上设立了村级卫生室，由专人负责，老年人的体检、慢性病人的跟踪调查以及婴幼儿的防疫等工作有了着落。新农合参保率高达100%，社会养老保险参保率达95%以上，计划生育合格率达到100%，是当地新农村重点建设村和现代果园示范村。

二、几点感触

（一）党委政府的正确领导是农民生活持续向好的不竭动力

驻村期间，我主要是住在洛阳村主任段春季家。跟老段一家熟悉后，老段的夫人陈大姐向我讲述了今昔生活的巨大变化。陈大姐生于60年代，长于70年代，成长的记忆里一直伴随着饥饿。大姐开玩笑讲，相亲后第一次到老段家拜访，偶然发现这儿的面缸是满的，那时心里瞬间觉得这个人家可以嫁，笑谈中带着唏嘘。老段夫妇在80年代初成亲，恰逢农村的家庭承包经营和商品经济逐渐推开。农民可以自由选择种植作物，老段家告别收成偏低的小麦，改种经济作物烤烟，收益一下子提高了不少，从此告别了吃不饱饭的日子。洛川当地昼夜温差大、日照足，这里结出来的苹果，个大味甜水分足，优势得天独厚。90年代中期，县委县政府正确决策，部署全县整建制推进苹果种植，村民们又一次在干部的带领下调整种植结构。如今洛川县60万亩土地，有50多万亩种上了苹果，形成了全国独一无二的“一县一业”的独特局面。据测算，洛川苹果品牌价值52亿元，仅次于赣南脐橙，在全国果业品牌价值榜上位列第二。普通农民每亩果园的净收益在6 000～8 000元，一户人家十来亩地，生活衣食无忧有了最坚实的保障。回顾这段历史，陈大姐由衷地感到，这些年真的是党和政府再带着洛川农民一步一步向着富裕的方向探路。

（二）取消农业税后干群关系发生新变化

农业税取消，不但改变了农民经济生活面貌，还深远地影响了农业农村的社会生活。按照洛阳村书记冯镇海的回忆，有农业税日子里，征税是件特别费力的差事。干部来征税，执行过程往往也不好监督，埋下干群关系紧张的根源。取消农业税不但卸下了农民经济上负担，扩大了农民独立自主生产经营权，同时还深刻改变了基层干部与群众关系。过去基层与干群是如臂使指的命令式关系，现在正加速向合作共赢关系转变。不过，这个过程中也有一些新现象出现，如有些农民对集体事务参与热情淡薄了许多，都忙着个人赚钱，不愿意参加集体事务和集体活动；同时，还有部分干部转变作风不够，依然习惯于高高在上的指手画脚，结果却发现指挥不动，久而久之形成了干部和群众互相之间都有一些指责和埋怨。老乡对此有个生动的比喻："基层干部跟农民，就像现在你们城里的男娃和女娃，结婚后女娃照样打工赚钱，能独立的养活自己，不用依靠男人生活。男娃再也没有打女娃的资本喽。"这个说法很好地隐喻了后农业税时代的基层干群关系，需要双方互敬互爱、互帮互助，真心理解对方难处，才能共同把工作向前顺利推进。

（三）换位思考去理解农民

没有挂职和驻村蹲点之前，对农村农民的事，有很多不理解。在办公室里，有些设计很理想的方案，往往得不到满意的效果。驻村与农民一起下地干活聊天，才逐步体会到要以农民的思考方式，去理解农业农村社会发展的重要。例如，农民需要技术，但他们不轻易接受改变和技术创新。这不是如同传说的源于农民的固执，而是因为他们拥有自己特有的思考评价方式。我在洛阳村比邻街道的示范户的田地里，能看到很多国家补贴提供的物理植保用的黄色粘虫板。在部里工作时，我因为专业缘故，多次阅读到有关技术材料和项目实施情况。然而，沿着田间路走到非示范户的果园，几乎没有一家在使用黄板。示范区黄板飞扬，出了示范区就不见踪影，为什么？后来跟镇农业技术站王升启聊天，他一席话提醒了我。他认为："从效果讲，黄板确实对飞虫有效。但是，苹果生产中，农民混用多

种农药一起打，省工省水，且农药一般也一专多能，飞虫爬虫一起防。示范区外农民用黄板就必须额外花销，经济上不合算，导致推而不广。”有的时候恰恰是功夫在诗外，农业技术推广效果怎么样，不能只看示范效果，还要看看示范区域外有没有人在用。与之相对比的是苹果套袋技术。苹果套袋需要纯人工，技术要求高、操作难度大，一开始不容易学习和掌握。但是，就在这项最复杂的、需要花钱雇佣人工的苹果套袋技术反而在洛川推广的十分顺利，全县苹果园无一例外地都采用。其中的奥秘就在于，套袋后苹果果面更加光滑，不易留疤。果面的苹果好看要比普通苹果每斤至少多卖出 5 毛钱。5 毛钱的力量，推动了整个洛川果农套袋技术的学习，也带活了纸袋加工、套袋用工等相伴的产业。还有很多类似的例子均表明，农民群体一样符合理性经济人的基本假设，只有真正换位站在他们的角度去思考问题，才能规划设计出符合农业农村实际的发展路径。

（四）新农民探索电商路

发展现代果业，离不开苹果生产经营升级。除了生产上新技术投入，经营上电子商务是个好机会。《游褒禅山记》说道，“世之奇伟、瑰怪、非常之观，常在于险远。”好的农产品往往也一样。城里的人想吃的，往往恰好是边远地区的老百姓想卖的，以前把这个信息对接很困难，靠商贩多重传递。现在有网上交易和物流快递，直销变成一种可能。但是这种事，农耕文明下的传统农民搞不定，得依靠熟悉互联网时代的新农民。

3 月 18 日，驻村第二晚，洛阳村里小伙子张永亮就主动找上门，急火火地拉着我去他家住一晚。原来，他听说我是城里来驻村的，所以急着找我给他参谋参谋，到底要不要开一个淘宝店卖苹果。我俩一起“摆龙门阵”，分析讨论了一晚上。

张永亮和其他洛阳村的大多数村民一样，一年 12 个月里，有 10 多个月的时间都花在地头上。拉枝清园、疏花疏果、打药套袋，忙不过的时候还需要雇工帮忙，但大多数时候都是自己一个人在干。直到秋天花熟果落，五湖四海的客商突然出现在村头，收走了一年的苹果。苹果的地头收购价是一斤 3 元，当他听说北京超市里洛川苹果最少也要 10 多元一斤时，张永亮觉得有点不甘心，他寻思着是不是自己也能开个淘宝网店。其实，张永亮琢磨的这件小事，也正是当地党委政府着急的大事。洛川苹果品牌叫响了，怎么能从“微笑曲线”的产业链底端走出来，让农民真正致富。

洛川农民“触电”有几个优势：一是洛川苹果产品好。电商解决的是信息不对称问题，提供更好的对接需求。好产品是前提和核心资源。然而，这个恰好是洛川当地的优势。洛川苹果多年来稳定的优良品质，是其他苹果产区难以比拟的。二是洛川苹果名气大。“奥运果”、“世博果”、“航天果”以及不计其数的各类展览评比获奖证书，都是洛川苹果上的光环。这是多年来政府主导下，一个展会一个展会拼下来的硬声誉，为网上推广洛川苹果奠定了坚实的知名度和美誉度。三是仓储设施相对完备。这是各级农业部门和当地党委政府的前瞻性工作成果。洛川当地的气调库、冷库建设较为完善，为苹果产地储藏提供了物质保障。有了基本仓储条件，才有了杀入市场博弈的底气。四是电商发展的大趋势。阿里、京东已经对城市人完成了网上交易的教育工作，电子支付、物流不断成熟。从洛川县城向全国收发快递的条件已经成熟，网上卖苹果的基础条件已经具备。

农民直接开网店卖苹果，同样有几点不能忽视的风险：一是缺乏风险投资。在洛阳村，农民融资主要依靠乡镇信用合作社，但难以满足全部需要。除此之外，再也没有其他正规渠道。开网店卖苹果，需要有长期稳定的货源。这意味要放弃秋收时一次性卖掉苹果的机会。那么，不但要为收获后苹果储藏进行投入，还是要承担后续市场价格波动的风险。这笔潜在的风险投入，是农民“触电”前必须做好的心理准备。二是树立个人品牌难。淘宝发展已经趋于成熟，平台上有海量的产品出售。搜索洛川苹果，有 2 000 多家淘宝店铺。从不到千分之一的机会里脱颖而出，难度可想而知。需要提前想好自己独特的优势，才能在竞争中生存。三是配套服务跟不上。2014 年，洛川全县萌生电子商务想法都没多少人，真正实践过的更是寥寥无几。苹果在淘宝上线后，如何做好包装、怎样美化宣传，都缺少直接的成熟经验和可以协助帮忙的团队。除了有网线和快递，其他电商配套人员都没有到位，所有事情都得靠个人摸索。这些困难都需要提前预估到位。

大概是因为听了这些话，那一晚明显感觉到张永亮在床上翻来覆去。后来在我结束蹲点后不久，张永亮的淘宝店还是正式开张。2013 年年底，我俩通过一次电话。我问他一年下来淘宝的生意到底怎么样啊。他笑着回答只是赚了些小钱。我心里一惊，连忙追问，2014年还准备继续做么？他十分肯定地说："怎么能不做？不仅要做，而且还要全面扩大网上卖苹果的规模，村里已经有好几个人向我打听，准备跟着我一起做了。"

驻村的生活丰富多彩，收获一生受用不尽，归纳为总结为三句话：一是认识到存在即合理的深刻内涵。通过观察总结，个人认为客观存在的机制必然是利益主体多重博弈后相对稳定的状态，所以一定具有合理性和历史局限性。二是坚定对市场主导力量的信仰。从实践中看到，推动工作顺应市场趋势，就如顺坡下驴，事半功倍；不符合经济效益，或者当前历史阶段内对经济效益无法产生实质影响的，就会如推石上坡，事事难成。三是推进信息公平是政府更好发挥作用的重要抓手。经济上，信息不对称下价格信号反映的是扭曲后的市场。乡村治理信息不对称，也是侵害广大农民群众利益的主要缘由。削平信息鸿沟是促进社会治理现代化的关键因素。

延川县杨家塬村蹲点调研情况

全国水产技术推广总站　李　巍

根据农业部党组部署和人事劳动司的安排，我于 2014 年 3 月 17 日至 4 月 17 日在陕西省延川县延川镇杨家塬村开展了为期一个月的“驻村蹲点调研”，驻村期间里，我紧紧围绕杨家塬村的“三农”问题，深入村民家中，与农民同吃同住，解民情、察民意、探民心，与农民群众和基层干部交朋友，获取了宝贵的调研资料，也经历了难得的实践锻炼。这次驻村蹲点活动，让我有了更多的思考和体会。具体情况概述如下：

一、基本情况

杨家塬村位于延川县城西北约 6 公里处，全村由玉子沟、老沟河和杨家塬 3 个自然村组成，村民小组 4 个。现有 93 户、412 人，移民搬迁至黑龙关 224 人。有党员 19 名，低保户 7 户，外出务工 172 人，现在村居住 240 人。全村土地面积 6 247亩，其中耕地 3 100 亩、退耕面积 1 216 亩、平原地 1 340 亩、坝地 184 亩、山地 360 亩，有苹果 1 340 亩。2013 年生产总值 419.4 万元，人均纯收入 10 180 元。

3 月 17 日，我进到杨家塬村后，就与村支书和村长进行了座谈和交流，明确了调研重点。在一个月的时间里，以普通村民的身份，走进田间地头了解农业生产、查看村上的苹果树生长情况，询问农民一年劳作的辛苦与收成；走进村民家中，同吃、同住、同劳动，了解群众生产生活状况，聆听他们的需求和愿望，走访慰问困难群众，带着深情体察民情；走进村委对待调研工作，我从一开始就树立了认真负责的态度，并贯穿调研工作的始终，从根本上保证调研工作不走过场，得到的调研结果不浮在表层，提出的调研建议切实有效。在与农民座谈的过程中，我们也向群众宣传党的强农惠农政策，耐心解答相关涉农政策。对于群众在调研过程中向我们反映的问题，能够现场给予解答的都当场进行解答；需要向镇上领导反映的问题，我都认真聆听做好笔记，整理后统一向镇上的书记镇长汇报。

在调研中，我接触到了大量鲜活的当代陕北农村中存在的实际问题。例如，政府在推动农村苹果产业发展中面临的劳动力短缺问题，通过实际的走访和调查，我发现这一现象在陕北的农村十分普遍。不光是苹果产业，农业的各项事业都面临乡村劳动力不足的问题，我所在的杨家塬自然村，95 户农户实际常住的人口仅有 27 人，60 岁以下劳动力仅有 7 人，而且最小的都已经 52 岁。究其原因，是由于农业生产周期长、村里的劳动力特别是青壮年持续转移，新生劳动力离农意愿强烈。而且，大部分青壮劳力多年没有从事农业生产，即使回到农村，由于对农业缺感情、缺技能，也很难种好地、养好猪。留守农业人群中，老龄化、低文化、兼业化严重。这些鲜活现实问题是我们坐在办公室里是无论如何也想不到的，只有在调研过程中处处留心这些细节，才能得到最真实的农情民意。

我是第一次有机会集中一个月的时间，直接面对基层的农民朋友，在“田间地头”收集“原汁原味”的第一手情况，而不是听取经过整理、提炼的总结材料。调研中很多问题的发现，来自于村民们谈话中的只言片语，再经过深入挖掘而成。在经历了一个月与农民的深入接触后，让我更认识到了第一手材料的重要性，并下决心在今后的工作中要注意收集最真实的第一手资料，避免工作中掌握的事实不翔实、不准确。

在与村“两委”和大学生“村官”的座谈会上，我真正了解到了基层工作的困难和复杂，需要考虑那么多的问题，需要做如此多的工作。所以，利用调研的机会，我也向具有丰富基层工作经验的同志虚心讨教，看他们是如何正确地处理上级与下级、全局与局部的关系，如何正确地处理主要矛盾和次要矛盾，如何把政策条文变为实际举措取得实效的，学习他们综合协调和分析解决问题的工作方法，不断培养系统思考、统筹兼顾的能力。“知屋漏者在宇下，知政失者在朝野。”群众是政策制定和实施效果的直接感受者，他们的感受最深切，他们最有发言权。

四、把“三农”问题继续摆在基础地位

我在这次调研活动中亲眼见到、亲耳听到、也亲身感受到，“三农”仍有许多问题需要解决。针对调研中发现的问题，在促进粮食稳定增产、农民收入持续增收，推进产业规模化经营等方面还需要继续加大扶持力度。

继续加大对支农惠农的投入力度。加大对农田水利设施建设、农村交通道路、农村环境整治和农村社会事业发展等方面的财政投入力度。由于自然村落分布零散，基础设施配套难度大，可以考虑以城镇化建设为载体，鼓励有条件的地方农民集中居住，及时完善相关配套设施，逐步改善农村生产生活环境。同时，大力发展镇村经济，加快农业现代化和新型工业化进程，以工业反哺农业、城市支持农村，扎实推进新农村建设。继续落实好各项强农惠农政策，确保农民得到实实在在的实惠。

提高和保护农产品价格。国家千方百计调动农民种粮积极性以保障国家粮食安全。但农民收入的主要来源是农业生产，农产品价格过低，直接影响农民收入。一年几百元的种粮补贴对农民来说虽有所改善，但也不能从根本上解决问题。为了提高收入，农民只能选择种植其他收益较高的经济作物或者外出务工来增加收入。因此，可考虑适当调整和提高农产品价格，保障农民的利益。

支持发展现代农业。支持发展现代高效设施农业，提高农业生产设施装备，推进农业综合开发和高效农业规模化进程。积极扶持农村土地流转，鼓励农业适度规模经营；支持发展农民专业合作社等多种形式的农村合作经济组织；以重大公益技术及产业共性技术研究和开发为创新重点，增强粮食安全保障能力，推进农业结构战略性调整，加快农业科技创新，健全农业社会化服务体系。

鼓励农民创业，多渠道增加农民收入。把增加农民收入作为“三农”工作的核心。在发展现代农业的同时，出台和完善更为优惠的鼓励农民创业的政策措施，以创业带动农民增收。加强对农民创业和种养大户的帮扶和引导，加强职业农民培训，提高市场意识和抗风险能力。

红枣发展　路在何方

农业部渔业船舶检验局　魏　琨

根据农业部党组部署和人事劳动司的安排，我于 2014 年 3 月 17 日至 4 月 18 日在延水关镇张家河村进行了为期一个月的“驻村蹲点调研”，与村民们同吃同住同劳动，零距离融入西部农村生活，对当地红枣产业进行了深入调研。我所蹲点张家河村是我镇红枣产业的重点村，也是各级领导、各地游客探访红枣产地的必经之地，利用驻村蹲点的机会，我走进农户，多下地头，通过和枣农枣商的闲谈，简单梳理了关于延水关镇红枣产业发展的一些现状和问题，并尝试对其进行粗浅的分析，期望能对延水关镇红枣产业的发展问题提出自己的一些观点。具体情况概述如下：

一、延水关镇为什么全力发展红枣产业?

延水关镇地处黄河沿岸，土地瘠薄且多为红焦土，是红枣最佳适生区。红枣产业是延水关的传统产业，也是特色产业和主导产业，通过多年发展，延水关镇成为“中国红枣之乡——延川”的主产区。目前有红枣品种 40 个，主要品种有狗头枣、团圆枣、骏枣、木条枣和梨枣等。据资料载，本地所产红枣肉厚、核小、皮薄、含糖量高，并含有多种维生素，是上等的滋补佳品。抗战时期，党中央驻扎延安期间经常用延安红枣招待来宾，其中特别是驰名中外的狗头枣原产地就在本镇庄头村，金日成 20 世纪 80 年代访华时品尝狗头枣，赞不绝口，后引进 300 余棵移植朝鲜，成为中朝两国友谊的象征。狗头枣也就成为了延安精神的一张特殊名片。

因此，延水关镇成为延川红枣甚至是延安狗头枣的一面旗帜，省、市领导对延水关红枣产业青睐有加，经常视察指导红枣产业发展工作。因此，这一产业也成为每任县领导发展农业产业的绝对工作重点。多年来县、镇两级党委政府抓住延安狗头枣优质原产地这一品牌优势，带领群众大力发展红枣主导产业。

红枣是延水关的传统产业，但原先大多是老枣树，发展缓慢。自国家退耕还林政策在延安落地之后，1999—2003 年，在退耕还林钱粮补助政策的促动下，农民将坡耕地全部退耕，种上了枣树。到 2005 年，全镇所有地块都栽满了枣树，红枣面积达 7.5 万亩、户均 20 亩、人均 5.8 亩，常年产量在 6 000 万斤左右，收成好的年份可突破亿斤，常年产值在 8 000 万元左右，农民人均红枣一项收入 5 000～6 000 元，占到农民人均纯收入的 80%以上。据统计，没有灾害的年份，红枣收入最高的户达 23 万元，最低的户 1.8 万元，收入在 10 万元以上有 106 户，占 4%；收入 5 万～10 万元有 320 户，占 12%；收入 1.8 万～5 万元有 21 户，占 84%。在较高的经济效益和社会名誉面前，可以说，延水关镇在退耕还林之后的这一选择无疑是必要且明智的。

二、延水关镇红枣产业发展现状

红枣产业是延水关镇引以为豪的支柱产业，现在红枣产业发展得怎么样呢？经过在张家河村等地的走访调研，我总结出了当前红枣产业发展的几个现状特点。

一是主导产业基础薄弱，抵御自然灾害的能力不强。自退耕还林政策实施以来，陕北生态环境持续向好发展，但是在这一带，春季十年九旱，秋季十年九涝。春季干旱导致农民无法入种，秋季在红枣成熟的 9 月上中旬，往往是阴雨连绵，导致多数红枣在树上就腐烂霉变，根本来不及采摘。很多农户眼看归仓的几万斤红枣几天之间就剩下几千斤，实际收入从原来的几万元一下子掉到了几千元，甚至是没有收入，算下来连一年投入的资金成本都抵不上，群众损失惨重。预防红枣裂果、建防雨棚、发展大棚红枣和促进红枣深加工等任务艰巨，缺乏科学技术和资金支撑。在短时期内，红枣防雨技术一直没有突破性的进展，在可预计的未来，村里农民收入将继续维持在较低的水平。

二是枣林撂荒较为严重。由于各种原因，导致很多农户放弃了对自己家枣树的管理工作，很多枣树地杂草丛生，枣树多年未曾修剪涂白，也不见有人来打药施肥。到了红枣收获的季节也没人来采收，由于缺乏对虫害的联防联控，造成近年来村里红枣病虫害较为严重，红枣的口感品质不高。

三是红枣价格偏低。在张家河村，我走访了几个红枣个体收购加工点，详细了解了他们的生产经营情况。他们大都在 2013 年冬天收购了红枣，经过一个冬天的储藏，这几天忙着雇人在对收购的红枣进行分选清洗、烤制装箱，并且联系了车辆，准备拉到安徽蚌埠、陕西西安等地的批发市场销售。其中，一位老板给我算了一笔账。一般红枣的收购价格在这里大概都在2～3块钱，红枣在这里的加工费用大概是每斤 1 块钱，运输费用每斤大约 0.4 元，拉到销售地的批发市场成本价大概在 5 块钱左右，销售价一般在每斤 6 块钱左右，这样他拉一车 20 吨左右的红枣就能挣到 2 万～3 万元，红枣在销售地的零售价格，最高也就在 8 块钱左右。

四是政府投入较大但成效不明显。近年来，延川县政府成立了专门的枣业局，设立了红枣站，负责全县红枣种植加工技术研究推广。县上每年召开枣树管理春季和秋冬季现场会，县领导亲自出席，旨在提高各级领导干部思想认识程度，普及枣树培育管理技术知识。延水关镇也在每年的红枣管理工作中下了很大力气。关键时间点全员出动，督促指导在村农户开展枣树管理工作，尤其是公路沿线和重点村，各种工作做得都非常强调红枣产业管理工作。但每年的现场会基本都是同样的规模、同样程序和内容，各级领导专家讲话强调后，现场会结束，每年的红枣管理工作到底取得了什么样的效果，是不是达到了管理工作应有的技术目标却没有任何绩效考核标准和程序。政府工作成果衡量标准仍然是程序大于结果。同时，已经建设的红枣技术推广示范基地时间都较晚，没有形成产量，示范作用有限。此外，面对多年来因降雨造成的红枣裂果现象，枣业局等专业技术单位却仍然没有拿出操作简单、价格合理和收效显著的预防红枣裂果的技术方法，依旧在进行红枣修剪整形、保花保果的技术指导推广。技术推广缺乏针对性和实用性，农民不爱听、不服气，技术推广不接地气，没有起到技术部门应有的技术示范指导作用。

四、政策建议探讨

自从我来到延水关镇挂职后，就注意到张家河村有很多不营业的红枣门面，到山上看也有很多杂草丛生的枣林。延水关镇红枣产业发展仍然走的是一条粗放经营、依靠资源禀赋先天优势的路子。面对这样曾经繁荣但如今不尽如人意的红枣产业发展现状，我认为可以尝试从以下几个方面入手，来改善目前红枣产业发展令人尴尬的局面。

一是加快红枣专业合作社建设步伐，健全土地流转制度设计，加大政府投入引导，摸索出一条适合本地区经济发展水平和红枣产业管理特点的相对集中的红枣种植发展之路。农业专业合作社各种资源集中，产品标准统一，议价能力和抵御市场风险能力强。目前，张家河等几个村子已经陆续成立了几个红枣专业合作社，枣林也集中流转到合作社进行统一管理。但运营初期合作社的一切都处在摸索当中，运营资金也存在一定缺口，各项管理制度和分红模式也需组织参与者不断磨合调整。针对这种情况，镇上对枣树管理工作开展较好的合作社进行了必要的物质奖励和财政补贴，鼓励这些合作社利用自身的资源优势摸索出一条适合本地实际的枣业合作社发展之路。在今后的发展过程中，应大力鼓励推动土地流转，加强农技服务模式创新，加大对红枣专业合作社主要管理人员的培训力度，积极扶持弱势联合的农民合作社发展，明晰产权、财会制度和利益分配制度，提高红枣专业合作社的服务、带动能力，实现全体农民的共同富裕。

二是政府管理部门尽快转变自身角色，增强服务意识和服务水平，增强红枣技术推广实效性，做好红枣技术、市场和资源的培育工作，引导红枣产业走上健康持续发展道路。首先要进一步加强学习，学习先进的公共管理理念、学习先进地区的发展建设经验、学习更为丰富有效的“三农”知识，通过自身素质的提高带动周围群众思想意识的提升和产业的发展。在实际接触中，我发现很多政府工作人员对于从事“三农”工作的知识较为欠缺，遇到问题解决方法简单粗暴，很多工作效率较低，无法取得应有的工作效果。因此，加强学习非常重要。其次要变当前的红枣产业管理为红枣产业服务，完善周边配套、加强技术带动，为红枣产业健康发展创造出宽松、优质的服务环境。枣业局应加大投入，建立专门的红枣技术试验示范园，开展红枣防裂果、有机红枣种植和优新品种培育等创新性工作，始终走在红枣科技发展前沿，同时向全县农民开放，随时供农民参观学习，以先进技术指导全县枣农开展红枣种植管理工作。

三是积极利用现有资源开展种植养殖多种经营，以副业带动主业，积极研究摸索，充分利用这种资源环境优势，形成较为完整的生态红枣产业链条，提升红枣附加值，增加农民收益。在现阶段红枣种植产业效益不高的情况下，镇上提出在政策允许的范围内，枣树地套种马铃薯、红薯、油菜或开展小规模枣树地养鸡、养羊等产业，以副业经济收入补充目前较低的红枣种植收入，同时以鸡粪羊粪入肥，提高地力，以增强红枣品质。另外，利用枣树剪枝等管理过程的下脚料，也可以探索开展蘑菇种植，产生有机肥反馈土地，提高红枣品质。

四是积极引导农民尝试电子商务等先进营销手段，缩短红枣产品销售链条，提高农民收入。大多数从事红枣种植的农民已经40～50岁，对于他们来讲，电子商务是非常遥远而陌生的，但近几年的发展却带来了农产品生产销售质的改变。通过一系列电商营销策划来提高本地优质农产品的知名度、竞争力已成为被全社会日益广泛接受的一个共识。如何研究尝试将电子商务平台引入延川红枣的销售推广是非常有挑战性且意义深远的一项工作。越来越多的大学生“村官”投身农村工作也让这样的畅想变得更加可能。

《窑湾日记》摘选

中国农村杂志社　姜玉桂

根据农业部党组部署和人事劳动司的安排，我于 2014 年 3 月 17 日至 4 月 18 日在陕西安塞县窑湾村开展了为期一个月的“驻村蹲点调研”。驻村期间，我采用文献调查、询问调查和参与调查等方法，对窑湾村的经济、文化、教育、法制、党建、乡村治理、社会结构、发展变迁和风土人情等方方面面的情况进行了较为全面的调研，并将所见所闻、所思所悟以日记的形式记载下来，形成了五万余字的《窑湾日记》。现摘录其中 2 篇日记如下：

日记一：我身边的农民

我来自农村，从小身边几乎全部都是农民，按理说应该非常了解农民，但事实上我的了解十分有限。下面我结合本人在安塞农村的一些经历，来谈谈我身边的农民。

双　重　面　孔

如果说大多数农民都是吃苦耐劳、憨厚淳朴的，我觉得很少有人会反对。吃苦耐劳自不用说，而陕北农民的憨厚淳朴，我感受尤深。我们镇上开小饭店、做小买卖的，一般都是脑子相对灵光的农民，但就是和这些实际上已经是商人的陕北农民打交道，都能发现他们身上有股农民憨厚淳朴的劲，不善忽悠，也不善要价。而那些在农村生活的农民更是如此。有个例

驻村蹲点住所

子，我和“挂友们”都说过，因为印象特别深刻。2013 年防汛救灾期期间，我住在一个村书记家里，当时雨还在下，村里窑洞也垮了几处。但我自己觉得没什么危险，倒头就睡着了。第二天醒来，发现这位农民满眼血丝，跟我说话的声音也变得有些嘶哑。我有些好奇，结果他跟我说，半夜里起来检查窑洞时，发现窑洞背墙上新裂了条缝，但是看到我睡得太香，不好意思把我叫醒，于是就用面粉把裂缝糊住以便观察裂缝是否扩张，如果还继续扩张，再把我叫起来转移。就这样，这个农民对着裂缝盯了整整一个晚上没有合眼。我听了，是又感动又哭笑不得。我现在驻村，平时在庄子里走着，碰上农民，不管以前认识不认识，只要拉上两句话，对方就会热情邀请你进屋喝水。一进大棚，农民看到我都会给摘个瓜吃，这个季节的香瓜可是 15 元一斤。当然，我也知道他们自己平时根本就不舍得吃，所以也会马上制止。

挂职期间，总是不时有基层干部和我说起，农民愚昧、自私和重情轻理。在我们这儿，农民的愚昧主要就是表现在封建迷信思想比较严重。平均下来，我们镇上每个村有 1.5 座神庙。就拿我们村来说，就有 3 座庙，一座龙王庙、一座玉皇庙、一座蛇精娘娘庙。村里的老人都对蛇精娘娘深信不疑，说这个蛇精已经修炼一千年，再修炼五百年就成神仙了。而且这个蛇精娘娘在村里还有个替身，每年庙会的时候，蛇精娘娘都会依附到这人身上给村民算命和看病，当然收费，价格几百元不等。农民舍不得吃舍不得穿，在捐钱建庙上却从不吝啬。

说到农民的自私，基本上每个我接触过的镇上干部都和我说过。事实上，作为一个群体，农民为我国的现代化进程做出了巨大的贡献或者说牺牲，在很长一段时间里，我们从农民手里拿走的比给予的要多得多；作为个体，农民也普遍热情、大方、好客。但一涉及个人利益与公共利益的冲突时，一些农民则会置公共利益于不顾。所以说，与其说农民自私，不如说他们缺乏公共利益观念更为贴切。不过在基层干部看来，自私则符合他们切身的感受。就在前天下午，我们村里的包村干部带着施工队和铲车到村里来，准备实施一项小河流域整治工程，这属于纯粹的公益之举，大部分农民都会受益，唯一有损失的就是一户在坡地上种了些洋槐树的农民。洋槐已经成材，林木面积也不大，因为洋槐树的经济作用主要也是提供木材，所以即便砍伐，农民实际损失也不大。本来农民和干部都谈妥了，可施工队一入村，农民又变卦了。眼看着施工人员和机械都进场了，干部气得不行，却也只能重新谈判。实际上农民也不过是想借机多争取补偿，希望政府能够补助自家已经毁坏的窑洞。

至于重情轻理也不重视法律，则是非常普遍。不过这可能不是农民所独有的特点吧，只不过在农民身上体现得更加明显一些罢了。因此，我开始思考自己对农民的观察方法。潜意识里，我把农民和其他群体做了区分，但是这种区分实际上存在问题，就是会让自己误认为农民和其他群体存在本质的不同，而忘记了在本质上作为人，农民和其他群体并无区别。

双 面 由 来

大家都知道，农民生活在一个“熟人社会”。而熟人社会里，基本上一成不变的环境，接触的又都是知根知底的亲友邻居，往往会促使人变得憨厚淳朴。因为在这样一个环境里，短期的、投机的和取巧的行为必然遭到暴露，因而巧言令色和滑头的特质容易招致唾弃且毫无必要。而农民在表现出憨厚淳朴和愚昧的同时，为什么常常又表现出狡猾、贪婪自私的一面呢？我觉得其实也好理解。人类作为一个高度进化的物种，没有狡猾的一面反而是不可思议的。人在对外界的认知能力上可能是有区别的，但是在自家三分地上遇到危险或者侵犯的时候，高等物种的本能敏感并不会有太大的差别。农民有时候让人觉得狡猾，恰恰在于没有掩饰自身本能的敏感，因而这种赤裸裸的狡猾某种意义上也是愚昧的表现。事实上，许多农民遇到威胁或者诱惑时的表现，往往与孩子无异，这可能也是为什么许多乡镇干部总结出了对付农民的“三板斧”：一哄二骗三吓唬，和家长对付孩子的招式惊人类似。不过，虽然农民和孩子的行为客观上可能都是狡猾的、贪婪自私的，但是旁人的主观感受则截然不同。因为农民弱势，极度缺乏安全感，因而显得特别患得患失。他每一次和政府打交道，都会担心原本该享有的或者可以享有的好处，没有的得到或者有所遗漏，而且像

深夜时窑洞里的村民会议

孩子般赤裸裸展示出来无所顾忌，因此平时十分憨厚的农民就会一下子变得贪婪和刁蛮。而干部们则往往难以理解这种拙劣的、赤裸裸的贪婪，在愤怒的同时往往还有点鄙夷，进而训斥农民。我们当地一些干部遇到类似的事情时，往往会训斥农民“难道连娃也要政府替你生吗?!”这话虽然能一时把农民呛了回去，但是农民未必就心服口服。所以，干部又总是指责农民出尔反尔、狡猾无赖，进而陷入恶性循环。

我想，对待农民，必须认识到农民高度缺乏安全感又极度信息不对称，政府一点点动向，都会引起他们的高度怀疑。形式主义和贪腐行为，都会极大加剧他们对政府的不信任，所以确实需要足够耐心细致，设身处地多照顾农民的感受、多分析农民的忧虑，以诚相待。

农民之新

现在社会都在讨论新型农民，我觉得新型农民不会凭空产生，首先必须要有一个新的农村或者说变化了的社会环境。而即便在陕北，社会环境变化不如东部地区来得巨大，但农民群体的面貌还是有些变化。一是大量的青年农民外出揽工，虽然基本都在延安本市内，实际上我们村里的农民基本都是县内打工，但是也让农民获得比原来多得多的信息量。另外，加上现在无孔不入的传媒，农民的权利意识、维权意愿明显高涨。但是这种变化，在基层政府看来，农民就是越来越不好管了，农民被中央惠民的政策惯坏了，政府越来越缺少管理农民的手段了。这确实是基层干部包括村干部的真实感受，但是我个人认为，这未必完全是坏事。

共和之前，皇权止于县政，乡村治理依靠宗法礼治和乡绅，正常年景里官民的接触有限；新中国成立后，尤其是人民公社以来，农民被高度集中组织起来，公社对农民实行全面而且严密的管理，政府可以轻而易举调动农民，所谓“干部动动嘴，农民跑断腿”；而改革开放以来，无论是家庭承包经营，还是村民自治，总的来说，都是赋予或者说恢复农民更多的自由或者说权利，而且尤其是允许农民进城以来，农民的身份其实也产生了变化。以前的农民基本上都是单一的农业生产者，而现在的农民，除了农业生产之外，有可能是工厂工人，有可能是小老板（个体户），也就是说，现在一部分农民之所以还叫农民，只是一个户籍的概念，这也就意味着农民的社会关系更加复杂，和户籍所在地基层政府的依附关系也大幅减弱。而面对这样的农民，或者可以想象一下，基层政府用原来的管理方式来管理市民，会显得多么不合时宜。

但是，社会的惯性巨大，基层政府，尤其陕北这边，时至今日，依然沿袭着以前那套曾经行之有效的做法和思维，虽然现在会议上、文件里，当地的领导们也都在谈转变政府职能，打造服务型政府，但是未必真心如此认为，而且更为关键的是，即便在全国大的环境里，基层政府怎么转如何转貌似也没有成功的先例可循。但政府不知道如何转变，不意味着客观环境会停止变化，不意味着农民的自我意识不会提高，不意味干群的关系不会变化。在旧的治理体系遭到破坏、而新的治理体系又尚未建立时，农民和干部都会产生不满。因此，如何快速顺利地度过这个阶段就显得非常重要。

日记之二：变局

驻村已然结束，回头整理自己的日记时，一个月的经历又一幕幕在我眼前出现。这一个月，这一年，接触过形形色色的农民，遇到过林林总总的问题，但作为一个外来者，作为一个过路者，总会面临各种各样禁区，有些事情要搞清楚来龙去脉非常困难，掌握所有的细节也不大现实。日记更多的只是记录所见所闻，归纳和思考却有很大欠缺，但毕竟在基层生活工作了一年，想来想去，自己对基层到底有一个怎样的总体认识或者说判断呢？既然是判断，囿于判断者的学识和见识，总是难免有些武断。但回想起所见所闻，所感如鲠在喉，不如写在结尾，以便抛砖引玉。

了解养猪户的困难

这一简单粗陋的判断，我用“一种抵触的情绪，两个未建立的秩序”来概括。

总的印象，相比起 20 世纪 90 年代，现在农村大矛盾已经不多，但小矛盾不断；激烈的冲突较少，低烈度的对立时有发生。农民一方面由衷赞赏中央现在的政策，尤其是“种粮国家不收钱还发钱”，“退耕还林也给钱”；另一方面，农民对政府又有着较强烈的抵触和不信任情绪，问起缘由，主要还是基层政府作风不实导致的。通过和农民的交谈发现，农民的这种情绪目前还只是针对基层政府，大部分农民都会说，“中央政策是好的，是下面的人搞坏了”。但是，这种认识在一定外部的条件下是非常容易被改变的。因为如果所有政策都是好的，就很难被搞坏，即便是人的问题，那管人的政策至少是需要改进的。社会情绪是一种重要的社会事实，但是我发现，对待这种情绪，一些干部却比较麻木。

在这种情绪的背后，还有着农村社会巨大而且深刻的变化。这种变化可以概括为：旧的秩序已经动摇，新的秩序尚未建立。

一是农村内部的秩序产生了变化。传统的农村社会基本上每个村落都有几个德高望重的长者，村民对他们的话，即便谈不上言听计从，也是非常尊重的。但是现在的农村，要找这样的人比较困难。不是说能力强的人少了，实际上，能力比较强、比较富裕的农民几乎村村都有，但是真正让村民服气的不多。一则现在大部分村民平时在外务工，接触的信息多了，独立意识也就强了，不容易服从；二则能力强的人未必德行高。原来的农村关系网里，不论是基于血缘关系还是威望，往往有着地位高低的区别，也往往有着几个中心点，现在则是明显的去中心化，农民之间的关系也更加平等化。农村社会平等化本身是一种可喜的变化，但是问题在于，农民对自身的权利缺乏正确理性的观念，如何平和理性地认识和利用权利是农民所不擅长或者不习惯的，权利意识较重，义务意识较轻。可以说，农村原本基于血缘、人情的礼治秩序已经动摇，而基于法律、理性的法治秩序并没有建立起来。

二是乡村治理的秩序产生了变化。在家庭承包经营、农民自由进城、村民自治等一系列恢复农民更多权利的政策出台后，对农民实行高度集中管理的秩序基本上也已经动摇了，因为这种秩序在农民的生产、生活、政治上都没有了制度支撑。而服务型政府怎么搞，现在在一些细节问题上基层也开始在摸索，但是总体上的思路并不清晰，还明显处在摸着石头过河的阶段。因此可以说，原来行政命令式的乡村管理秩序已经动摇了，服务型的乡村治理秩序尚未建立。

一百多年前，风雷激荡，桑海沧田，国人感叹国家面临“三千年未有之变局”，而在其后的历史上，农民也一度跃到一个相当高的位置。但是，国家社会一旦稳定下来，绝大部分农民限于自身素养和占有的资源，必然又回归到社会的最底层。恰如狂风之下，尘土不论如何飞扬，风停之后，尘归尘、土归土，其本身并不会出现多少变化，而在精细呵护和耕作之后，尘土才可能成了沃土。因而，随着社会几十年快速稳定发展，农民自身正在发生也已经产生了重要的变化，或许现在的农村，才面临着一种悄然的但却是真正的“三千年未有之变局”。

窑湾村面貌

值得注意的是，新的秩序孕育时，旧的秩序必然遭到破坏；而旧的秩序破坏时，新的秩序往往又不能马上建立。这一过程，可能由于旧秩序的好处没有了，新秩序的好处却尚未出现，所有人都会感到不适甚至不满。就农村而言，就是几乎所有的村干部都跟我抱怨农民没法管了，而农民对村干部也是横挑鼻子竖挑眼。如何快速度过这一阶段，显得特别重要，而解决一些面临的问题时，也应该结合这一背景和趋势来综合考虑。

黄土地上锤炼作风 小山村里问计“三农”

农业部国际交流服务中心　郭　粟

根据农业部党组部署和人事劳动司的安排，我于2014年3月17日至4月18日赴我所挂职的安塞县真武洞镇任塔、陈家洼两村开展了为期一个月的“驻村蹲点调研”。驻村期间，紧紧围绕“深入农村，了解‘三农’”的目标，我与两村的老乡同吃同住同劳动，访遍了村里所有住户，走遍了村里所有产业，发放问卷200余份，对两村农业产业发展、农民文化教育和农村社会发展等方面进行了深入调查，得出了3个基本结论：一是农业依然弱势，但因地制宜发展产业就有出路；二是农民依然辛苦，但加强教育注重引导就能致富；三是农村依然落后，但政策对头各方努力就有发展。具体情况概述如下：

一、任塔村与陈家洼村基本情况

（一）没有“塔”的任塔村

任塔村位于真武洞镇西北，距县城8公里。任塔之前并不叫做任塔，而是叫任塌，因最早在这里落户的人家姓任，又因这一带都是塌陷地带，所以就叫作任塌。只因陕北方言里“塔”和“塌”同音，而“塔”写起来比“塌”简便些，久而久之昔日的任塌村就变成了今天的任塔村。任塔村下辖3个自然村，3个村民小组，65户、391人。全村总土地面积6.8平方公里，其中耕地1 676亩、川台地500亩、基本农田374亩，累计实施退耕还林2 436亩，其中退耕地面积860.4亩。

从村里调查的情况看，全村现在65户中除任姓“青”字辈家族和“海”字辈家族是世居于此的老户后裔外，其他均为后来迁入户后裔。在年龄结构上，60岁（含）以上老人33名，占比8.4%，20～60岁青壮年名244名，占比62.4%，7～19岁学龄儿童61名，占比15.6%，7岁以下幼儿53名，占比13.6%。但在实际入户调查中发现，在村中很少发现20～40岁的青壮年，小学、初中、高中适龄青少年也很少见到。随处可见的基本上是老人和幼儿，典型的“9961”部队，也从一个侧面反映出任塔村劳动力外流比较严重。

（二）陈家洼村也没“洼”

陈家洼村位于安塞县城以西7公里处。该村包括5个村民小组，分别是陈家洼、黄瓜塔、井塔、毛圪坨和后崾岘。其实陈家洼之前叫“陈家坬”。坬（读作“瓜”）是方言，本指山坡、土坡，但在做地名时，读音为“洼”。不过“坬”字不常用，人们在书写时就经常用同音字“洼”代替，久而久之，“陈家坬”就变成了“陈家洼”。

陈家洼全村总土地面积13.4平方公里，主导产业是林果业，有果园3 400亩，其中有幼园1 400亩、盛园1 600亩。村民有139户、共783人。参加合作医疗的有783人，参保率100%。有低保22户，共67人，五保4户4人，扶贫户65户，192人。村民中有劳动能力的有507人，外出务工人员234人。从姓氏上看，郭姓、安姓和张姓为前三大姓氏，占人口总数比例超过一半。从性别比例看，其中男性387人、女性396人，男女比例为0.98∶1。从年龄结构上看，60岁以上老人68人，占比8.7%；20～60岁劳动力548人，占比70%；7～20岁学龄儿童95人，占比12.1%；7岁以下儿童72人，占比9.2%。对比来看，陈家洼村的人口结构要优于任塔村，青壮年劳动力人数多。由于陈家洼村是苹果专业村，基本上户户种苹果，因此劳动力流失现象并不太严重。外出劳动力主要是因为子女在县城上学，随同照顾生活。

二、农业经济发展要依靠特色产业

农村是落后地区，农民是弱势群体，农业生产只能围绕以土地为核心的自然资源进行，如何提高土地收益是农村发展，农民致富的核心问题。任塔和陈家洼是陕北地区典型的拐沟村，耕地资源差，交通不便，单靠种粮实现致富是行不通的。以任塔村某农户的 12 亩承包地为例，2013 年种植 9 亩玉米、2 亩谷子和 1 亩洋芋。谷子和洋芋主要自用，收入来自玉米。9 亩地基本能收 7 000 斤玉米，按当年玉米 1 元/斤的价格，9 亩玉米能收入 7 000 元，刨去翻地、种子、化肥和农药等投入，实际获利近 5 000 元。但传统种植业主要靠天吃饭，如果碰上像 2013 年延安暴雨那样的自然灾害，农户可能颗粒无收。要实现农业经济发展，迫切需要找到适合当地实际的农业产业。

（一）任塔村的山地大棚之路

山地大棚是多山地区立足实际、因地制宜发展农业生产、破解农民增收难题、促进农村经济发展的一大创造，也是任塔村的主要农业产业。任塔现有大棚 319 座，其中新型五型大棚 30 余座（折合标准棚 71 座），占地 400 亩，涉及 3 个村民小组。全村从事棚栽业的有 54 户，占总户数的 85%。

大棚最大的优势就是受天气影响小。以种茄子为例，每年 10 月植苗，之后平均每 10 天就能采摘一次出售，每次能卖 2 500斤左右，一直持续到第二年八九月常规种植茄子上市为止，一个生产周期可以卖 35 次左右。等到八九月大棚茄子下架，种植户就开始晒棚、高温杀菌、整地，等到 10 月再次播种，周而复始。大棚茄子刚上市最高价可以卖到 3.4 元/斤，到八九月份下架时价格最低，只能买到 0.5～0.6 元/斤，平均下来，一斤茄子的价格在 1.5 元左右。以一个生产周期卖 30 次，每次 2 500 斤，平均价 1.5 元计算，一棚茄子一年可以为农户带来 131 250 元的收入。如果刨去一年的水电费 2 000 元、化肥 6 000 元、农药 5 000 元、积肥（有机肥）6 000 元和覆膜 6 000 元，种植大棚茄子一年能为种植户带来 10 万元左右的纯利润，以大棚使用寿命 10 年计算，一个大棚累计能为种植户带来 100 万元的利润。山地大棚已成为任塔村农民条发家致富的法宝。

（二）山地苹果——陈家洼村的希望果

与任塔村相似，陈家洼村在耕地资源贫瘠的现实情况下，利用丰富的山地资源，通过长期摸索，找到了适合本村发展的特色产业——山地苹果。

与山地大棚相比，山地苹果的最大特点是省人工，利润期长。据该村苹果种植能手郭喜红介绍，以他家的 20 亩山地苹果为例，每亩果园平均栽 30 株果树，盛果期果园平均亩产 5 000斤苹果，平均一株果树产果 200 斤左右；幼果期果园平均亩产 2 000 斤，平均一株果树产果在 50 斤左右。他的 12 亩盛果园和 8 亩幼果园，每年能产苹果 76 000 斤左右。如果成果果型好，色泽佳，平均一斤能卖上 2.8 元，一年能给他带来 212 800 元的收入。除去每年农药、套袋、水电、燃油和人工等投入 120 130 元，年均纯收入在 92 670 元。如果人工自已出，那么年均纯利润超过 10 万元。要是再算上苹果树至少 10 年的盛果期和 40 多年的树龄，山地苹果给陈家洼村农民带来的稳定收益十分可观。2013 年，陈家洼全村果园面积达到 3 600亩，农民人均纯收入达到 10 000 元以上，小小苹果已成为陈家洼村农民致富、经济发展的希望果。

三、农民发家致富要重视文化教育

在任塔村和陈家洼村，我对两村农民受教育的情况和文化生活进行了调查。

从受教育程度来看，任塔村现有村民中无人受过高等教育（大学）；具有高中文化程度村民 4 人，占比 1.02%；初中文化程度村民不足 10 人，占比不到 2.6%；小学文化程度村民人数超过一半，另有 1/3 的村民是文盲。整体文化水平较低。再看陈家洼村，具有高中以上文化程度的村民 89 人，占全村人口的 11.4％；具有初中文化程度的村民 339 人，占比 43.3％；具有小学文化程度的村民 279 人，占比 35.6％；文盲 76 人，占比 9.7％。虽然情况好于任塔村，但整体受教育水平还不高。对于村民的文化生活，通过在两村蹲点调研期的观察，总体上看，农民的文化生活还是比较匮乏的，农民所从事的文化活动整体层次偏低，总结起来主要有几种：喝酒、打麻将、看电视、上网和唱歌。这些都是一些层次比较低的文化活动，像阅读、旅游和文艺演出等能够陶冶情操、增长知识的文化活动基本没有。

要解决人的问题，要培养符合时代发展的新农民，农民教育是重要手段。一方面，需要通过政府引导，干部带动，以健康的文化活动为载体，在广大农村地区和农民间培育崇尚文化知识，追求健康生活的整体氛围；另一方面，要把对农民的教育培训进一步做实：要加强农村基础文化教育，对于之前农村撤点并校带来的消极影响要吸取经验，推动社会资本和民间力量在农村开办基础教育；要继续办好农村职业教育、成人教育，产学结合，找准切入点，以产业为依托，利用多种渠道，为农民开办职业培训、业余教育、现场教学等，为农民提高知识水平拓展平台；还要注重教育的手段，要用农民喜闻乐见、易于接受的方式去进行教育培训。通过这些手段，在农村形成健康向上，具有地方特色的文化氛围，把农民培养成有文化、懂技术、会经营的新型劳动者。

四、农村社会发展要依靠各方努力

农村是农民的家园，是他们祖祖辈辈守望的故土和精神家园。建设好农村，给农民营造一个美好温馨的家园，是一项非常重要的工作。但就任塔村和陈家洼村调查情况看，目前农村的社会发展状况还不尽如人意。

首先基础设施落后。任塔村和陈家洼村都是拐沟村，道路出行不便，自然村之间的连接道路都还是黄土路，每逢下雨，泥泞不堪，车难进，人难出，也为农产品销售带来了不少麻烦；水电网络虽然基本覆盖，但是保障服务欠缺。对于居住离聚集区比较远的村民，一旦供水供电发生问题，很长时间得不到解决；通信设施也亟待提高。任塔和陈家洼的通信网络还做不到百分之百覆盖，很多地方农民打电话是“坡下通话卯上断，屋里屋外两世界”，互联网普及率更是低下。其次公共服务落后。与群众生活密切相关的医疗和教育服务在农村基本没有。村级小学在撤点并校时被一刀切地撤销了，村级卫生室形同虚设，既没有设备也没有医生，农民看病还要费时费力到县上去，交通不便的住户一来一回就得一天。除了医疗和教育服务，日常的生活服务也十分匮乏，村里连小卖部都很少，日常用品采购也都要进城去买，很不方便。

但是，即便农村条件还很落后，调查走访的绝大多数村民都表示不愿进城生活。“农村空气好，生活成本低，要是交通好一些，孩子上学能解决，谁愿到城里去?”这是受访村民共同的心声。按照中国社会科学院《中国农业转移人口市民化进程报告》的数据显示，农民进城变市民，第一年的个人成本为11.8万元，主要包括1.8万元的生活费用和10万元左右的购房成本。此外，平均每一名农民变为市民，政府相应的公共成本支出就会增加13万元，对于农民和政府来说，都是一笔沉重的负担。如果没有稳定的经济来源，农民融入城镇确实困难。要让农民不离故土，要让农业发展有人力保障，除了要探索特色产业，把人留住，还要靠政策带动、政府投入、社会关注、干部落实，各方共同努力，不断推动农村社会事业向前发展，为农民营造温馨家园。

五、结论

一是农业依然弱势。从两村调查情况来看，虽然山地大棚和山地苹果等产业发展迅速，对农村发展和农民增收贡献不小，但是从全县范围看，油气资源才是经济支柱，才是第一位的产业。与二三产业相比，农业的比较收益依然偏低，获得的支持度和关注度也不够，其弱势地位在相当长时间内依然无法改变。

二是农村依然落后。虽然靠近县城的川道村借力城乡一体化发展迅速，村容村貌、基础设施和农民生活已经与城镇居民差别不大，但是地处深山的拐沟村发展仍然滞后。道路交通、用水用电、网络通信和医疗教育等配套设施全方位落后，新农村建设任重道远。

三是农民的确辛苦。虽然农业税早已取消，近几年各项强农惠农政策支持力度不断加大，农民肩上的负担减小了。但是，城乡收入差距依然巨大，农民生活压力还在不断提高。受限于自身文化水平和素质，农民提高收入的手段和途径还有限，获取收入主要还是依靠从事农业产业或进城务工。劳动强度高，收入稳定性差，工作保障性不强，生活依然艰辛。

四是"三农"工作大有可为。农业弱势、农村落后、农民辛苦，"三农"问题无疑是我国经济社会发展最大的短板。但短板恰恰又证明有着巨大的潜力。习近平总书记指出，"中国要强，农业必须强；中国要美，农村必须美；中国要富，农民必须富。"可以预见，未来中国的经济增长点在农业，未来中国的最大市场在农村，未来中国发展的希望在农民。

信天游·忆延安挂职

七百里的峁来三百里的川，
虎踞龙盘是咱延安；
滚滚延河水来巍巍宝塔山，
赤色一片是咱延安；
展堂堂的人来豁亮亮的天，

心中圣地是咱延安。
几回回梦来几回回盼，
终于挂职到延安，
捧一捧黄土流一流汗，
拜师基层学一年，
攀一攀梁来走一走川，
实事求是谋发展。
延河水唱来宝塔山笑，
说不尽咱延安风光好。
洛川的苹果延川的枣，
杂粮羊肉是安塞的宝。
川道上建大棚，
苹果栽上峁，
清洁循环是“果—畜—沼”。
技术带动来政策好，
黄土地结出金元宝。
忘不了，
绿豆地瓜糜子酒，
吃不够，
馍馍饸饹小米粥，
拉拉手，
嘘寒问暖在炕头，
回回首，
依依不舍送村口，
老乡的情谊比天大，
延安是咱第二个家！
吃一嘴苹果山里的鲜，
日出日落就过了一年，
喝一口米汤娘家的甜，
忘不了这三百六十天。

一般在250～260斤干叶，在其他乡镇适宜种植黄烟的红土地里，亩产能达到600斤。四是卖难。烟叶收购时还要根据烟叶的长度、厚度和烤制质量等因素评定等级，每斤收购价格在3～12元。五是面积任务每年不同。黄烟种植任务是每年一定，2013年四十里堡镇黄烟种植任务是4 000亩，2014年只有2 600亩。2013年于家河村的任务是120亩，2014年只有40亩。六是贷款难。种植黄烟投入较大，需要办理小额贷款。3月18日一早，我就和村干部一起到镇上的信用合作社去办理。种植黄烟贷款的标准是600元/亩，信用社把钱打到烟农的“烟卡”里，“烟卡”在镇烟站手里，烟站给烟农提供烟苗、地膜和化肥，等8月黄烟收获后，贷款本金和利息（6.5厘）从卖烟收入中扣除。信用社的业务员说，2014年政策有变化，超过10万元的要找2个农户担保，10万元以下的贷款户可以互保，并且要提供贷款人及其家属的户口本、身份证，还要本人签字。于是，大家又纷纷回去取证件、叫家属。业务人员一再强调，必须贷款人本人填写，老乡写字写得手都软了。填完后按手印，按了20多个，前后一个折腾了2个多小时才算办完。

二、大棚西瓜

于家河村受邻村苑家庄村的带动，种植大棚西瓜的农户很多，近两年外出打工的人多了，种西瓜的人比以前少多了。种西瓜成本不高，大棚的主要支架都是竹子的，村里的西瓜棚一般都用了五六年了。盖棚的薄膜，一个棚（占地1亩）要450元，用地精心的话能用3年。农民一般都自己育苗，算上种子、化肥，折合一颗苗子2元。再就是化肥，要用4袋化肥，130～140元/袋。算总账，一个棚的成本在2 000元左右。产量能到8 000斤，能卖到1～1.5元/斤，效益还可以。主要就是浇水麻烦，坐住果以后基本上一周就得浇一次，夏天棚内温度能达到四十五六度，瓜秧爬满了棚，直不起腰，在里面只能爬着走。

3 月 19 日，我帮大棚西瓜种植户于春忠（52 岁）把嫁接好的西瓜秧从育苗棚移栽到定植棚。于春忠介绍说，种植西瓜不能直接播种，必须要用南瓜砧木嫁接，葫芦也行，南瓜更好。因为家里只有 2 个劳动力，忙不过开。2014 年种了 2 批，第一批 1 500 棵，是 2013 年腊月二十三点的南瓜种，正月初五在南瓜秧旁边点的西瓜种，等 2 棵苗子长得差不多一般高的时候，正月十三嫁接的，二月初六已经移栽到定植棚了。现在是第二批，大约 1 700 棵，正月二十点的南瓜种，二十八点的西瓜种，二月初六嫁接，这两天正好移栽。

于春忠说，他从 2005 年开始种大棚西瓜，2013 年种了 1 500 棵，2014 年儿子要结婚，所以多种了一些，原来的地不够，又流转了 7.5 亩，租金 400 元/亩。除了种西瓜，还准备插 1 万棵葡萄苗，另外还有 3 亩苹果园，天天就忙地里这点活。为了干活方便，在地头搭了间房子，平常就吃住在地头，养了 2 只猪、4 条狗，还养着鸡和兔子。于春忠开玩笑地说：“我这可以算一个小型的家庭农场了吧?”

19 日那天刚好阴天，没有出太阳，棚里温度 25℃，干活正好，于春忠说，“要是有太阳，棚里温度能达到 40℃，直接受不了，我都得光着膀子干活。”我们一共 4 个人，分工合作，于春忠的对象（山东人对妻子的称呼）在育苗棚里选符合移栽条件的西瓜秧，嫁接好的西瓜秧是盛在一个小塑料袋（6 元钱 2 000 个）里，选好的秧苗先在水桶里蘸一下，让塑料袋里的土充分吸水、抱团，便于移栽。然后，把南瓜秧的顶尖掐掉，整齐地摆放到塑料框里。育苗棚与定植棚有 150 米左右的距离，于春忠用一辆小独轮车，三筐一次地来回运输。于大哥的母亲（73 岁）在定植棚里栽苗。我由于没干过，怕把秧苗给糟蹋了，就负责把装秧苗的小塑料袋撕破，摆放在定植穴旁边。尽管温度不高，汗珠也是滴答滴答的。

中午就在于春忠地头的小房子里吃的煎饼、大葱蘸酱和大锅菜。吃完饭接着干，经过一上午的培训，我基本掌握了移栽的技巧。其实也不需要什么技术，就是把西瓜秧摆放到定植穴里，西瓜苗朝南，南瓜苗向北，用土填实，把挖定植穴时带出来的化肥尽可能地填回定植穴，稍稍按实就可以了。上午看老大娘种得挺轻松，下午我也开始栽，倒是不累，就是蹲时间长了受不了，干一会儿就得坐在地上歇一会儿，真是看着容易做起来难啊！

到天色擦黑，总算种完了一个棚（长 120 米，宽 4.2 米），一共 810 棵。于春忠说，这一个棚能产 8 000 斤左右，五一前后就能上市，如果是有大车到地头来收，2013 年是 1.05 元/斤，自己拉到县城零卖能卖到 1.7 元/斤，一车能装 800 斤左右，一天能卖完，不过得躲着城管。于春忠说："要是周边能有个大的菜市场就好了！"

三、大棚蔬菜

大棚的主人叫于洪德，今年 36 岁，以前当过兵，现在沂水县城的一家油顶加工厂打工，这两天正赶上黄瓜苗移栽，所以在地里干活。于洪德一共建了 2 个塑料大棚，每个占地 1.2 亩左右，这两年行情不太好，只种了一个棚，另一个棚准备种花生，也算倒倒茬。明年看情况，好的话都种蔬菜，不好的话轮换一下，还是种一棚蔬菜，另一个种花生。

育苗的地方是另外一个小塑料棚，是 3 月初播种的，一半黄瓜、一半南瓜，3 月底时把苗子分别起出来，用南瓜苗当砧木，嫁接好以后栽种在穴盘里，现在正把穴盘里的苗子往大棚里移栽。大棚宽 12 米，长 60 米，分 8 个宽畦，2 个窄畦，宽畦里种 2 行，窄畦里种 1 行，一共有 2 300 多棵苗子。于洪德说，以前村里还有两三家种蔬菜大棚的，现在就剩他一家了。

一是成本高。建大棚没多少钱，已经用了 5 年了，当时一个棚也就 1 万块钱。种子贵，黄瓜种要到沂南县的苏村去买，再加上南瓜种，一棵苗子就得 1 块钱。肥料得用有机肥，180

元/袋，还得买粪肥，60～70元/方。二是费工。黄瓜定植后，要不停地搭架、授粉、落秧、去叶、摘瓜，一般要重复3～4次，管理的好的话得5～6次，落1次秧每棵黄瓜能结6～7根瓜，一个棚能产2万多斤。三是不好卖。规模小，销路就成问题，在沂水卖不上价钱，要到沂南县的苏村去卖，每斤比沂水能高出3～4毛钱，好的时候能卖到1.3～1.5元/斤，但是也有卖四五毛钱的时候。都是用自己三轮车拉过去卖，一车能装2 000多斤，50多公里路，光油钱就得20多块钱。

四、大棚油桃

户主叫于纪文，今年43岁，是于家河村唯一一个种植大棚油桃的。之前我到他家的棚里去过两次都没见到人。3月28日那天，我又转到于纪文家的大棚附近，听见里面有浇水的声音，依然没看见人，顺着院子的围墙绕到大棚南边，看见一个中年妇女正在摆弄浇水的管子，上前一看，原来浇水的管子横穿一条小路，不知道什么原因被划了一个三角形的口子，妇女正忙着把坏掉的一段管子换掉，我于是走过去帮忙，管子两头都是带卡槽的，两头拧开，换上一根新的管子，从旁边搬过来十几块红砖，摆在管子两边，又抱来些玉米秸秆，盖在管子上面，这回比较稳妥了。换好水管，跟着妇女来到大棚里，主人于纪文正好也骑着摩托车回来了。

于纪文说，他以前在外打工，给中石油铺设管道，有时还能出国打工，挣了一些钱，2010年回到村里，用打工积攒的钱，又借了亲戚朋友一些，盖了3个养鸡鸭的大棚，一个油桃大棚，鸡鸭养了2年多，也就刚挣回本钱，由于县里集中治理畜禽养殖的粪便污染，不让养了，又干不了别的，就一直闲在那儿。油桃一直种了下来，大棚占地有1.5亩，当时花了6万多块钱，栽了501棵油桃，现在已经进入盛果期，一棵树能产20斤左右，不过也不是都能卖，有些太小的、品相不好的、有伤疤的和裂核的就不能卖了，算下来，一年能产8 000斤左右。

于纪文说，种油桃需水量不大，一年浇 4～5 次就行，这是采收前最后一次浇水了，主要是配合施肥，用的是果树专用肥，每百斤 170 元，还买了一袋 30 斤的硼肥（80 元）。于纪文说，这个肥劲大，管用，施上以后这树 3 天就变样。也正因为化肥的劲大，于纪文不敢直接在树盘里撒施，而是用水溶解后，随着浇水的水流慢慢往里加。于纪文两口子分工合作，于纪文坐在大棚入口处的水管出水口的地方，负责溶解化肥，化肥溶解的很慢，于纪文用了 6 个塑料桶轮换着，不停地搅拌，溶解好的就用一个塑料勺一勺一勺地往出水口处加。在水里干活穿不住鞋，于纪文干脆把拖鞋扔到大棚外面，光着脚干活。妻子在棚里负责引导水流，棚中间是主干渠，两边的桃树被分成一个个小畦，她就负责把浇满水的畦封上口，然后在下一个畦再开一个新口。

于纪文说，别看这个棚不大，得浇差不多一天，好在水不用花钱，旁边有塘坝，用自家的拖拉机抽水，不过油钱也得 50 元。浇完这一次水，可以出去打打零工，2014 年打工的活少，国外没活，国内也不好找，所以一直还没出去。等 5 月底左右，油桃就该卖了，到时候还得回来卖桃，得半个多月才能卖完。

于纪文说，种油桃也不容易。一是投资大。除了一次性投资外，每年光肥料就得 2 000 多块钱。这次主要是复合肥，等桃子摘完了，再上一次冲施肥，秋冬两季还得再上一次基肥，还有有机肥。现在不让养鸡了，有机肥还得从外面买。二是离不开人。天天都得到棚里来看，冷了得盖草苫子，热了得防风。于纪文说，虽然现在盖草苫子安上了自动卷帘机，方便了很多，但是每次都得 2 个人操作，因为卷帘机有时会在某个地方卡住，得人工去辅助一下。现在天气暖和了，不用天天盖草苫子，才能出去打工。三是不好卖。于纪文的油桃都是拉到集市上批发给小商贩，都是整筐整筐地卖，但是压级压价很厉害。最常见的是“扣秤底子”，也就是装桃的筐，明明一个筐只有 4～5 斤，谈价格的时候小贩们都不过秤，直接就按 7～8 斤扣，你要是非得称，他就挑你桃子的毛病，有时候能挑出半筐来。要不就是砍价，过完秤一斤再少给个一二毛。四是价格不稳定。油桃刚上市的时候能卖到 5～6 元/斤，但是价格很不稳定，一天一变，有时候一天就能降 1 块多到 2 块，卖到后来就 2 块多一斤了，到最后该剪枝了，1 块钱 1 斤也得卖。2013 年一共也就挣了 2 万块钱。五是周边种的人太少。村里只有他一家种油桃，附近的村里也很少，由于形不成规模，不会有大车上门来拉，只能自己卖，又没有专门的市场，到处受欺负。

高家柳沟村农民现状调查

农民日报社　张　丛

根据农业部党组部署和人事劳动司的安排，我于2014年3月17日至4月18日在山东省莒南县高家柳沟村开展了为期一个月的“驻村蹲点调研”。驻村期间，我紧紧围绕在“四化同步”加快推进过程中的农民现状（目的），通过采取生产生活体验、问卷调查摸底、召开村“两委”会、党员村民座谈会、上门走访考察和档案资料查询等方法，对该村的人员结构、产业结构、经济收入、农村剩余劳动力外出务工、农村社会管理和基层组织建设等开展了深入细致的调研。通过一系列的调研工作，对该村正在变化着的乡村经济发展的轨迹追寻，能够发现一些我国农业发展未来趋势的端倪。具体情况概述如下：

列宁说过：“在一个文盲充斥的国家内，是建成不了共产主义社会的。”“我国现在的文盲这样多，而社会主义的建设又不能等到消灭了文盲以后才去开始进行，这就产生了尖锐的矛盾。这个严重的问题必须在农业合作化的过程中加以解决，也只有在农业合作社的过程中才能解决。山东莒南县高家柳沟村的青年团支部做了一个创造性的工作。这种学习班，各地应当普遍地仿办。”——摘自毛泽东为《莒南县高家柳沟村青年团支部创办记工学习班的经验》一文写的按语。

1955年12月27日，毛泽东主席在高家柳沟经验材料旁边，写下了800多字按语。这是他为《中国农村的社会主义高潮》一书所写 104 条按语中字数最多的一条。高家柳沟团支部也是他唯一亲笔批示过的团支部。这个批示成为高家柳沟村历史最亮丽的一笔，为该村开展业余教育、提高劳动人民的文化水平指明了方向。

一、教育现状

81 岁的严汝美那可是村里响当当的铁姑娘。3 月 25 日下午，这位当年的识字班班长、妇女主任提起往事来脸上泛着红晕，“1978 年，我在北京过的八月十五。参加第四次妇女代表大会，并在会上发言介绍组织妇女学习经验，1 997 个正式代表，临沂地区县里就我一个。”她骄傲地说。

1953 年，村里已有了 40 多个互助组，共计 260 多户。此外还成立了夜校。虽然如此，但由于 40 多个互助组的土地不能统一管理、使用，水利、水患不能集体兴修、排除，这个村的经济生活和文化生活，仍未得到很好的改善。1952—1953 年，缺粮的有 140 多户，约占全村户数的一半。而民校呢，也没有办好，是“年年学，年年从头学”，7 年民校，年年都是念第一册，群众的学习情绪也很低落。

1954 年，高家柳沟建立了红旗农业生产合作社和它的 2 个分社。由于村里识字的人太少，找不出记账员，有时划杠杠，有时划圈圈，有时数黄豆粒，有时画图样，记账员沈德芹和高西秀记的几笔账是这样的：

“0 文疃 0 卖牛 0 八分”

“上 0 家沟给牛 00 生八分”

“吴—上西南 000 地记工 7 分”

这三笔账是什么意思呢？第一笔是“赶文疃集卖牛肉八分”；第二笔是“上严家沟给牛搬先生八分”；第三笔是“吴家路上西南坪子垒地记工七分”。月底结账，杠杠圈圈和图样实在记不全。个别顽固派乘机煽风点火，叫嚷“社难办，账难算，不如趁早散”，个别人还提出要退社。针对这一问题，

选编的高家柳沟业余学校教材

业中班、业大班，老年政治班、农学班、农机班、果林班、养殖班、维修班、妇女缝纫班、医疗卫生班、业余文艺班。70年代末期该村基本扫除青壮年文盲，而现在全村青壮年基本上都掌握了1至2门实用技术。

高家柳沟从贫穷走向富裕，从落后奔向先进的历史告诉我们：百年大计，教育为本，“三农”大计，农民职业教育为本。改革开放以来，由于更多重视农业发展和农村建设，对农民自身发展关注不多，职业农民的培育一度被忽视。习近平总书记深刻指出，中国要富，农民必须富；解决好将来“谁来种地”的问题，核心是解决好农民问题，要富裕农民、提高农民、扶持农民。中央提出“大力培育新型农民和农村实用人才，着力加强农业职业教育和职业培训”，这是发展现代农业最本质、最核心的内容，也是最为迫切的要求。

二、教育存在的问题

（一）管理体制不顺，统筹协调难

人力社保、农业局、教育局和供销联社等部门，社会团体的共青团、妇联和科协等都在抓农民培训工作，各自为政，自成系统。一个主管部门一条线、一张网，部门之间重复设置机构，浪费教育培训资源。各部门的培训任务、资金都是由其上级部门对口下达，对培训的管理、资金的报账拨付都不尽相同。在实际的工作中，政府对各部门间的各类培训整合起来难度大、协调难，农村教育培训的经费使用效率不高。

（二）机制不健全，工作随意性大

目前，新型职业农民培训缺乏长远的规划，有些乡镇实施培训主要是为了完成上级任务，缺乏人力资源开发的紧迫感、主动性和自觉性。从短期的培训学习来看，一些培训项目本着“短、平、快”的速成原则，三两天或一两个星期培训一批人员，培训结束即代表完成培训工作，缺乏长期的学习机制、跟踪机制。

（三）学习培训与农民实际脱节，培养效果不佳

一是学习内容与农村发展实际有所脱节。农村社会不断变迁，农民职业日趋多元化，所需要的知识也日趋多元化，目前集中的培训内容往往只与一少部分的需求相吻合，难以有效满足农民多元化的学习需求，导致培训学习的内容转化现实生产力的效率不高。二是培训与农民创业需要脱节。目前的培训在扩大农民就业门路，加快农村劳动力向非农产业转移中的作用还是有限的。注重形式上的数量培训，忽视了培训质量及培训效果。农民经常在接受一次培训后，在创业之前还得进行“二次投资”。

（四）农民的整体素质偏差，参加培训积极性不高

农村剩余劳动力大多年龄偏大、文化水平低、培训意愿不强烈。未能升学的农村初、高中毕业生，受家长、自身和社会择业观念的影响，对职业培训不够积极主动。由于务农人员大多老龄化、兼业化，培养有知识、懂技术和会经营的新型农民难度大。教师素质参差不齐，直接影响培训质量。参与新型职业农民培训的教师，大多数是从相关的农业部门临时抽调的专业技术人员，他们对当地的经济发展水平、农村产业结构现状以及农民参训需求缺乏了解和分析，知识比较单一和陈旧，从事教学的时间和机会偏少，注重理论辅导，授课经验不丰富。

三、关于发展教育的建议

（一）义务教育植入农业内容，为农村未来接班人奠基

目前，我国的农村教育以“智识教育”为主，主要对象是学龄阶段的农村青少年，教学内容以升大学为目的，而最终能够考上大学的在农业大省都不足20%。当前的农村教育，无论在目标、体系建设还是内容设计上，都存在强烈“离农化”倾向，使得农村学生缺乏对农村的认同感，更不熟悉农业的基本知识。因此，针对16岁以下的农村青少年，应该引入“双元制”教育理念，改革现有的农村义务教育模式和内容，纠正“离农化”倾向。可以在智识教育的课程之外，增设劳动技能课程，适当安排适应当地需要的劳动技能和技术教育。此外，应在课程设置上，适当增加乡土教材尤其是结合当地实际情况的自编乡土教材，使学生加深对农村、对家乡的热爱和了解与认同感。通过教育目标定位，培养一批立志农村经济发展的人才。

（二）整合培训资源，健全常态长效的工作机制

莒南县“农村实用人才培养认定”工作经验值得推广。健全农村实用人才领导小组，组长由农业部挂职干部担任，县农业、财政和人社相关部门为成员单位，按照“全面筛选、综合认定、级次管理”的基本思路，探索推行了以“组织发动、逐级推荐、多元培训、专家评审、公示监督、综合认定”为主要内容的“六步法认定模式”，实行统一安排培训计划，统一编制和审查培训教材，统一审定培训学校，统一核拨和审计培训经费，统一聘请技术教员，统一进行监督检查，统一实施考核发证，使培训工作科学化、制度化和规范化。截至目前，莒南

县已经建立“千人”农村实用人才库，首批认定农村实用人才100人。其中，初级70人，中级20人，高级10人；累计举办培训30余场（次），培训各类能人、能手1万余人（次），发放各种技术资料1.5万份、培训教材2 375册。

（三）深入摸底建档，严格新型职业农民资格认定

要结合地方实际制定《新型职业农民培育认定及管理办法》：一是做好培育对象的摸底与建档。新型职业农民的培育对象以镇街为单位，以自愿为原则，对现有的规模种植、养殖大户进行入户调查摸底，对符合条件的对象作为新型职业农民的培育对象进行建档立卡。二是完善培育机制，分产业制定新型职业农民的培育模式。三是确定新型职业农民的资格认定标准。应支持政府引导，农民自愿，严格标准，动态管理的工作原则和坚持公开、平等、择优及德绩并重的认定原则。

（四）强化培训和示范基地建设，充分发挥基地作用

一是强化培训基地建设。加强与大学、农业科研院所的联系，形成以农广校为中心，辐射镇、村的新型职业农民培训基地网络。切实落实培训场地、培训机构、培训人员、培训经费，加大培训设施投入力度。二是强化示范基地建设。按照“农业发展产业化、产业发展园区化”的思路，建成一批体系完善、效益显著、各具特色的现代农业示范园区，高起点、高标准建设一批规模化、标准化、专业化和产业化程度较高的新型现代农业生产示范基地，为新型职业农民提供广阔的学习、示范、生产、创业平台。

二、解决管理创新问题

一是改善民生，赢得民心。加强以保障和改善民生为重点的社会建设，强化社会服务，促进社会公平，让农民群众更多的享受改革发展成果。尤其要加大对农村公共基础设施建设的投入；进一步改善农民生产生活条件；大力改善农村的交通、通信、文化体育设施、环保设施和农田水利设施等；加强农村社会保障建设，建立完善的农村社会保障体系。

二是城乡统筹，缩小差距。“三农”问题的根本成因，还是公平问题，必须逐步打破导致城乡就业、创业、教育等各种机会严重不平等的体制、制度、政策。从政治上、经济上给予农民以“国民待遇”，城乡各类经济主体应平等地享有产业准入、信贷金融服务以及公平的市场竞争条件等权利。建立跨城乡、跨地区和跨所有制界限的城乡统一市场，城乡居民享有平等的迁徙和居住权，组织农民接受职业技能培训，增加其进城就业机会，取消对农民工的各种歧视性限制政策。有条不紊地推进农村社区建设，加快农村城市化进程，实现城乡共同繁荣与进步。

三是多措并举，化解矛盾。定期调研摸底，掌握面上情况，强化源头预防和治理。整合各方力量，推进综合治理，实现社会治安联防、矛盾纠纷联调、突出问题联治、基层平安联创。要敢于正视矛盾，积极排查矛盾，绝不回避矛盾，主动解决矛盾，把矛盾化解在当地，把问题解决在基层，把隐患消除在萌芽之中。建立完善的群众上访机制，引导上访群众依法、理性、有序表达诉求；对极少数无理缠访闹访、扰乱社会秩序的依法进行处理。

四是依法行政，维护权益。深入开展普法教育，切实增强群众的法制意识和守法观念。加大法律援助力度，完善司法救助机制。坚持依法行政，严肃查办在农村惠农政策、教育医疗、土地征用等方面侵害群众利益的案件，维护群众合法权益，确保党在农村的各项惠民政策真正落到实处。

三、解决素质提升问题

高素质的农民是市场经济中最有生机与活力的主体，他们除了应具有强健的体魄、较高的科学文化知识、技术、能力和道德水平外，还应具有能够适应市场变化的先进思想理念。实现新时期农民综合素质的提升，必须注重以下几个方面：

一是大力发展农村教育事业。要加大对义务教育的投入，不断改革、完善教育体制和经费保障机制，切实落实对困难家庭学生的优惠政策，减少贫困儿童的辍学率；加强师资队伍建设，提高教师待遇，鼓励和吸引更多的优秀人才到农村中小学任教；改善校舍和教育设施，逐步引进现代化教学手段。要大力发展职业教育和成人教育，办好各种类型的学校和培训班，把扫盲教育和技术教育结合起来，普及科学文化知识，加快培养农村实用人才；充分利用广播、电视、网络、报纸、杂志、图书及其他载体，扩大科技知识的传播，逐步形成多层次、多形式的成人教育体系。

二是积极改善农村医疗卫生条件和文体设施。进一步增加对农村公共卫生体系的投入，重点用于预防性措施，确保合作医疗参保人员享受免疫接种、早期疾病检查和常规体检等服务；以加强新型农村合作医疗制度建设为重点，加大各级政府对医疗救助的支持力度，确保贫困农民看得起病，用得起药；解决农村安全饮水问题，综合治理生产生活垃圾污染。要因地制宜地建立农村文化场所，配备体育设施，组织开展形式多样的活动，提高农民的身心健康水平。

三是全面加强农村思想道德建设。要坚持不懈地把思想道德建设放在农村各项工作的重要位置，渗透到教育人、培养人的各个方面之中。要突出思想内涵，强化道德要求，使农民的精神生活得到充实，道德修养得到提升，促进农民道德建设水平进一步提高。要引导农民自觉遵守“爱国守法、明礼诚信、团结友善、勤俭自强、敬业奉献”的基本道德规范和“敬老爱幼，邻里和睦，文明守纪”的村规民约道德规范，树立正确的世界观、人生观和价值观。要引导农民发扬艰苦奋斗、自力更生精神，增强发展意识、竞争意识、效率意识，形成“村村谋发展，家家忙致富，人人思创业”的良好氛围。要引导农民破旧俗，树新风，做移风易俗的表率，努力形成协作互助、扶危济困、平等友爱、融洽和谐的文明乡风。要积极开展农村道德先模人物的评选表彰活动，制定相关制度，完善奖励机制，落实优惠政策。

四是高度重视农村劳动力转移就业。一方面，农民通过外出打工可以培养市场经济的思维方式、风险意识，学习科学知识、生产技术和管理技能，提高自身素质；另一方面，随着大量农民外出就业，在农村从事农业生产的越来越多是妇女和中老年劳动力，整体素质呈现结构性下降。因此，在当前和今后一个时期，既要稳步推进农村富余劳动力转移，又要确保务农劳动力素质稳定和提高；既要逐步增加工资性收入对农民增收的贡献，又要确保农业生产不受影响。两个方面的任务都很艰巨，必须两手抓，两手都要硬。

四、解决经济发展问题

发展是硬道理，发展是解决农村复杂问题的关键和“瓶颈”。从当前形势看，加快农村经济发展需要做好以下几个方面的文章：

一是盘活集体资源。充分挖掘自然、文化、旅游等资源，加快市场化运作。规范集体资产承包，盘活荒山、荒滩、水库等集体资产、资源，对承包期满的进行科学梳理，依照程序重新发包；限期改正长期侵占集体资产的行为，依法追缴拖欠的承包费用。

二是发展优势产业。围绕实现“一村一品、一村一牌、一村一模式”的目标，积极发展农村专业合作组织，采取典型引路、示范引导的办法，结合当地实际，尊重群众意愿，对主导产业进行科学区划，逐步扩大规模、调优结构、提升档次，通过强化管理、培育市场，推动优势产业发展。

三是引进外部投资。积极稳妥地推进土地流转工作，吸引高效、生态、环保型企业到村投资兴业；优先选择家庭困难、接受能力强的租地农民入企务工，学习先进的生产和管理技术，带动产业发展的同时，促进农民群众增收致富。

四是用活惠农政策。抓住国家投入重点向“三农”倾斜的战略机遇，积极争取相关部门的支持，全面整合各渠道项目、资金、技术等资源，建立政府引导、农民主体、社会参与的多元化投入机制。用民主协商的办法，鼓励和引导农民投工、投劳，建设农村公共设施，提高农村城镇化水平。

对沂蒙红石官庄农业产业发展的思考

农业部人事劳动司　刘庆宇

根据农业部党组部署和人事劳动司的安排，我于2014年3月17日至4月17日，在挂职所在地——山东省临沂市沂水县许家湖镇参加了“驻村蹲点调研”，采取个别访谈、调查问卷、集中座谈、参与农业劳动和民俗活动等多种形式，全面了解蹲点村——红石官庄的历史、文化、教育、经济、乡村治理、社会结构和风土人情等各方面的情况。通过学习村集体争创先进的宝贵经验，追溯村民致富奔小康的辛路历程，查找村集体经济久久不振的原因，与广大村民和镇、村干部细致谋划村里的产业发展，总结归纳出“依托地域明方向、依据优势定类型、依附区域找品种、依靠人才促发展、依仗科技固成果”5项红石官庄村农业产业发展建议。具体情况概述如下：

一、村庄的基本情况

（一）人口少、土地贫、收益差

红石官庄地处沂山南麓，隶属山东省临沂市沂水县许家湖镇，村里人口不多，只有158户、453口人，耕地面积1 025亩。低矮丘陵地貌和瘠薄的土地，使其极易受到旱灾的侵袭，素有“十年九旱”、“三日不雨小旱，五日不雨大旱”之说。春季干旱尤为突出，对越冬作物的生长影响较大。2014年入春以来几乎没有出现有效降水，截至4月底，仅有2场小雨天气，降雨量不足5毫米，大田冬小麦受旱严重，花生等经济作物难以下种。伴随周边城镇化的发展和土地收益的相对减少，村里的青壮劳动力多数选择外出打工作为增收致富的门路，只有留守家中的老人和妇女从事农业生产，种养品种多是小麦、花生、肉鸭和生猪等寻常品种，难成规模，更无产业。据镇里相关部门统计，2013年全村农民人均纯收入9 000元左右，低于全省平均水平。

（二）荣誉多、基础好、后劲弱

红石官庄在当地是老先进，曾先后被市县两级政府授予精神文明建设模范村、先进党支部和农业农村工作先进村等荣誉称号。近10年来，村集体借助优先发展重点镇的东风，凭借团结稳固的村“两委”班子，积极争取多方建设资金，相继完成了道路硬化、自来水入户、照明卫生和文化广场等工程，极大改善了村民的生活条件，初步实现了“村容整洁、设施完善”的目标。村庄建设充分利用自然资源，布局合理，功能完备，生产和生活区界线明显，村容村貌整洁美观。整村依地势建于山岭南侧缓坡之下的平坦地带，岭上东西走向栽植了足以为全村抵御寒流大风的松林。村内房屋坐北面南，有效预防了北风直袭，确保了房屋本身的保暖保温。每户一处独立院落，充分照顾村民以务农为主的生活习惯。东西主街贯穿整村连接进村道路，街南为旧村老房（约占全村房屋的1/4），街北为新建住房（约占全村房屋的3/4）。南北主街自最南端沿坡北上，穿过北面防风林与外村相连，将村内房屋均匀分为东西两部分。村庄东北、东南、西南、西北4个方位建有小型塘坝，南北塘坝依据地势由沟渠相连，有效看护周边农田灌溉，村南及村中水利机房确保塘坝和水池水量充足。村北自来水井地势较高，确保水源质量的同时有效节约送水耗能。自来水东侧空地建有文化广场，体育健身器材一应俱全，花草树木美化其间，成为村民休闲娱乐的最佳场所。邻近村南的土地专门设置了“家前菜地”，各户均分，保障村民日常用菜。以村民住宅为中心四周农田均匀分布，桑园、蚕棚散落其间，麦子、花生星罗棋布（详见“红石官庄村示意图”）。近年来，由于缺乏稳定的资金支持，村里各项事业的发展遭遇了人、财、物短缺的“瓶颈”，迫切需要建成规模特色产业，凭其壮大集体经济，确保新农村建设的持续发展。

（三）民风淳、干部实、情意浓

村户和谐、村委团结，才能孕育淳朴民风，保障乡村建设和农业发展。红石官庄的村民历来淳朴安定，在大是大非面前一向识大体、顾大局。如土地分配问题，在其他村一直是上访的热点，而红石官庄村却从未出现过因土地分配不均造成的上访事件。村干部工作做得好是其一，更重要的是村民懂得道理，不会斤斤计较，更不会贪图便宜。这些年不管是什么项目落到村里，村民都会积极配合，给自己造富的同时给党委政府长脸。所以，各级领导都愿意拿红石官庄村当典型抓，当示范村待。1992 年至今，红石官庄的村“两委”成员只有一人因年龄问题进行了调整，班子整体团结稳定。治村建设的 22 个年头里，村“两委”在韩长征书记的带领下团结一致、努力奋斗，取得了优异的成绩，赢得了村民的良好口碑。村“两委”在做任何决策、办任何事之前，想到的都是家乡的长治久安、村民的个人利益，因此不会急功近利瞎折腾，更不会争名夺利乱闹腾。驻村期间，多次偶遇县、镇干部下基层联系群众，跟着他们访农户，见证他们解民忧。致残村民许进荣不费周折领到了低保、五保户解云芳得到不间断的关怀和实实在在的生活保障、喂羊老汉石瑞利大字不识也能科学生产……一桩桩一件件感人的事例，让我对基层干部由衷敬佩，从他们的言行中我看到了基层干部的为民务实，感受到了他们与老百姓间那份浓浓的鱼水情深。

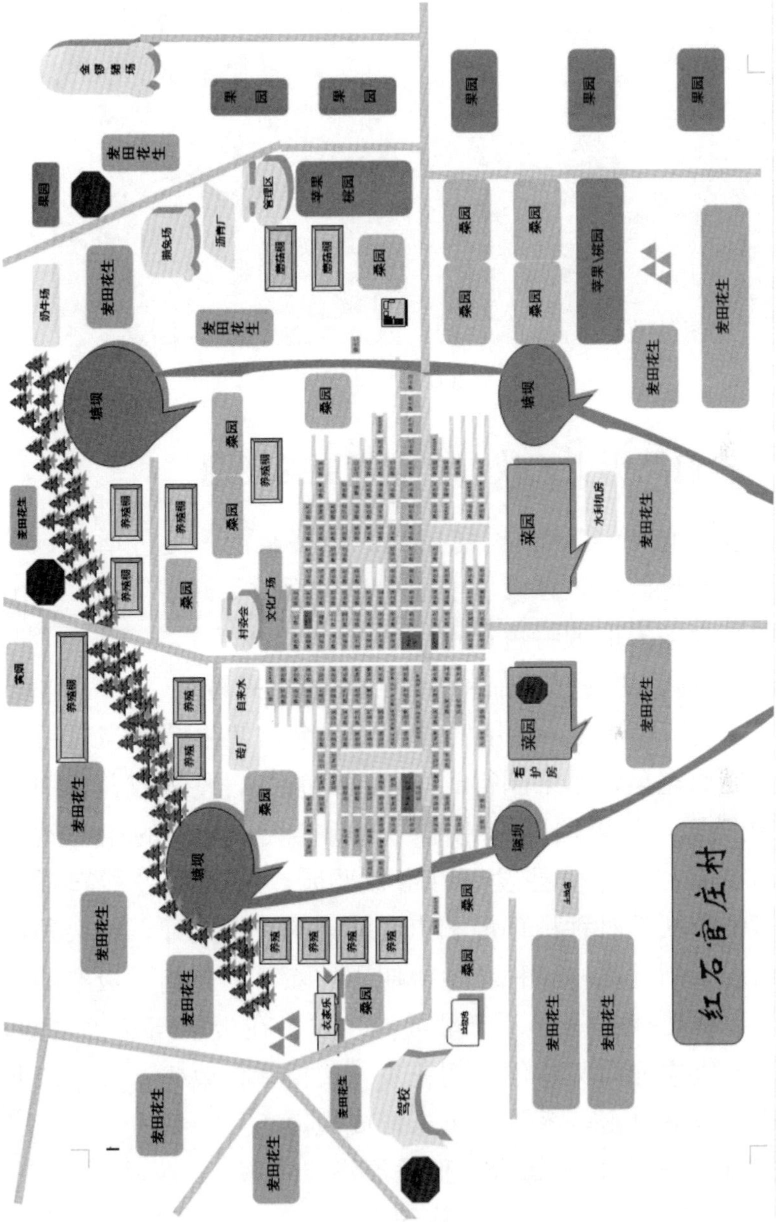

红石官庄村整体布局示意图（走访绘制）

红石官庄村的街道

二、追溯历史，找寻产业发展的问题

在过去的 40 多年里，村民为了发展经济、促进增收，不断问市场、比效益，在发展农业生产方面做了许多努力，但由于多种原因均未形成特色产业。

（一）盲目更替种植品种令产业发展由兴转败

20 世纪 70 年代，村里发展了 200 余亩苹果园，当时村里劳动力资源充足，苹果园得到了很好的管护，整体收益稳中看好。20 年后，苹果园因老化需要更新换代，苹果的相对效益也大不如前，恰逢全县发展万亩板栗园，村民顺势种起了板栗，但由于缺乏对种植环境和市场前景的考察论证，板栗种植很快出现了问题，村民种花生所使用的除草剂影响了板栗的花期，导致板栗掉花落叶，产量极低。村民在板栗与花生之间，选择既能供应油料又能创收的花生，拔掉了板栗树，林果产业由此遭受致命打击，多年来再未形成规模。

（二）缺乏科技支撑令产业发展举步维艰

10 多年前，曾在村里插队的老知青为了回馈村民，主动回乡带领大家发展养殖致富，创造了半年完成 5 000 只蛋鸭规模场建设的纪录，村民们似乎看到了致富的希望，随即购进鸭苗跟风饲养。但由于管理经验不足、技术落后，先是产蛋回收出问题，后是防疫环节出纰漏，结果不到 2 年的时间，投资 20 余万元的蛋鸭场便亏损殆尽，跟其发展的村民也遭受了较大损失，大家因此对发展规模养殖有了戒心。近些年，伴随环境综合整治的开展以及养殖防疫和用地审批的严格限制，在村里办规模养殖场几乎没了可能。

村民为建设文化广场义务出工

（三）农业生产后继乏人令产业发展前景堪忧

村里植桑养蚕的历史悠久，从 30 年前的“地边桑”到现在的连片桑园，村里人引良种、学技术、摸经验，掀起了规模种植桑园 300 亩的热潮，并抗住了分田到户和价格波动等不利因素的影响，至今仍保留下集体连片桑园 171 亩，确保了亩均 5 000 元的收益。桑蚕业在村里得以持续发展令人欣慰，但随着比较效益的降低和城乡资源发展的不均衡，劳动力和人才流失严重，村里从事桑蚕种养的只剩下老人和妇女，产业老龄化、弱势化已成事实。

三、思考分析，深挖产业难成的根源

在与基层干部群众深入探讨，并比对周边村镇发展情况后，我认识到，虽然红石官庄的区划位置偏、地质条件差，发展特色产业存在一定难度，但问题的根源还在于人。

到村獭兔场调研

（一）村民的信心不足

一是对自己缺乏信心，全村 74.61%的成年人只具备初中或初中以下学历，大家获取知识的来源贫乏，牵头发展产业的能力不够、积极性不高。二是对政府缺乏信心。村里人都说："老百姓就怕政策烙大饼，翻来覆去瞎折腾。"前些年政府倡导养殖致富，可遇到环保专项整治，整改关停起来一点不留情面。镇里农技站的三两个人，整天忙计划生育、综合治理的事儿，每年到村里指导生产、推广技术的次数掰着手指就能数清。管理区的干部业务方面不熟，来村里再多也指导不上。不管是发展啥产业，没有人指导生产，产业很难健康稳定发展。三是对市场的信心不足。这些年的农产品价格很不稳定，农资价格却一直在涨，猪肉、生姜、花生等农产品的价格起起落落，村里人很不踏实，一旦统一发展的产品卖不出价儿，搞个血本无归可如何是好。

（二）村干部的决心不够

稳中求进一直是红石官庄的特点，22 年来，村"两委"一直秉承小步慢走的执政方针，没有十足把握的事绝对不干。稳是好事，但也成了发展的"瓶颈"，村干部在一定程度上怕变革、怕创新。在他们看来，改革失败的结果会让自己长久树立的威信扫地，会背上邻里责备的负担。因此，在产业发展方面，虽然镇领导找村里“两委”座谈过多次，但村里的干部一直在考察、在论证、在犹豫不决，而除了村干部牵头外，村里其他有本事的人陆续从事非农行业，不愿再回到农村搞涉农产业，这就造成了村里的农业产业迟迟不能发展推进。

四、抛砖引玉，提出产业发展的建议

驻村走访期间，通过与广大村民、村“两委”、管理区包村干部以及镇里的领导的多次研讨，对红石官庄产业的发展进行了细致谋划和简要归纳。

（一）依托县域规划定位发展方向

从沂水县的建设规划来看，红石官庄村不在城区建设范围内，但未来地理位置的相对优势却更加明显。新城区建好后，红石官庄将紧邻城区南三环，与县经济开发区三期工程做邻居。按照村里韩书记的说法：“未来的村里人，出门就有环线路，几步就能上高速，城里城外一墙隔，互帮互助同进步。”因此，村里仍要以发展农业产业为根本，借以壮大集体经济，完善基础设施建设。吸引村外的能人来村里投资搞实业，逐步建成自己的小型加工企业，发展服务城区的配套行业。

跟着基层干部访农户

（二）依据自身特点明确发展类型

既然定位了以农业产业为根本，就不能依旧停留在种植小麦、玉米、花生的低效益作物上，要选择适宜发展的高效品种作为产业发展的方向。首先，村中劳动力不足，只有 453 口人，外出打工的人本来就多，未来周边再建起经济开发区，靠打工增收的现状只会有增无减，留在家里发展农业的劳动力只会是留守妇女和老人，因此劳动密集型的农业产业不适合村里发展。其次，比邻经济开发区和县城，受到环保条件的制约，即便发展高效产业，前期投入也不会太大，因此类似蔬菜大棚的高起点高耗能的农业产业暂时不能发展。最后，土地贫瘠，配套设施差，村民经济条件有限，高起点高耗能的农业产业暂时不能发展。综合以上三点，村里发展高效果品才是未来依托土地增收致富的好出路。

（三）依附区域优势确定发展品种

区域优势对于果品销售至关重要，环顾周边，“后坡的大桃”、“沂水的苹果”和“夏蔚的樱桃”都已初具规模并产销两旺，借助其区域优势发展果品产业定能事半功倍。苹果和大桃日常管理要求相对严格，技术含量高，耗费时间多，对于家务琐事繁多的留守妇女和年迈的老人不够适合。樱桃种植管理相对粗犷，前期投入不高，而且亩均效益较好，相对适合村里发展。

（四）依靠人才力量迈开发展步伐

发展产业的关键在人，只有多出好政策、多宣传致富经、多给村干部压上担子，才能逐步打消干部群众的顾虑，重塑村民的信心、坚定干部的决心，让他们踊跃投身樱桃种植，成为种植樱桃的行家、经营销售的能人，借助现行的农村实用人才认定培养项目等多种平台，为村里储备自己的能人秀才，携手并进迈开樱桃产业发展的步伐。同时，当地政府在各项公共资源发展方面应加大对农村经费和制度的保障力度，建立城市资源为农村服务的机制，加强城市对口部门与农村的帮扶，改善农村公共资源的基础条件，留住人才、留住保障产业发展的力量。

（五）依仗科技支撑稳固产业发展

空有一腔抱负，不懂得运用先进的管理和成功的技术，付出再多的努力也无法实现农业产业的健康发展，村里曾经失利的产业就是最好的证明。建议积极争取各级农业部门大力支持，引入优良品种，掌握先进技术，确保果品在市场的竞争优势。鼓励农户成立果品专业合作社，实现规模化、标准化、专业化生产，增强自身抵御市场风险的能力，保障林果产业长久稳固发展。

生活节奏，对上楼以后的生活非常担心：没有地种了去干啥？就算有地种，距离太远怎么去？还有，种地用的锄镐、旋粉皮用的缸和瓮、浇地用的管子和泵，都往哪里放？

二是六七十岁的老人。他们基本不具备劳动能力，平时生活主要靠领取养老金和儿女供养。这些老人没有别的奢求，就是天冷的时候在墙根下晒晒太阳，天热的时候乘乘阴凉，一起打打牌、拉拉呱，或者独自拎着半导体眯着眼睛听评书。而如果住进楼房，这样原本简单的快乐可能就不简单了。因为年龄和身体状况的原因，上下楼对他们可能都是一种较大负担。一位姓赵的老大爷今年 72 岁了，说起上楼的事儿，赵大爷指着自己手上的纱布说，我得了中风，刚输液回来，这要是把我放到楼上去，我估计我一年也下不来一次了。房东牛大爷也说，年纪大了，抬腿抬脚的就很费力，别看我走路还行，那是走平地习惯了，是要让我天天爬楼梯，肯定不行。另外，老人恋老宅的心理也很重要，很多老人儿女都在县城有房子，但是他们依然愿意守着老宅度日。一位张大娘正在张罗着翻修自己的老宅，攀谈中了解到，大娘儿子女儿都在县城，头两年去县城帮忙看孙子，现在孙子上小学了，自己就把老房子再翻修翻修回村住，村里环境好，出门方便，还有很多老伙计可以聊天，生活更自在。

三是家庭作坊的经营者。主要是粉条、粉皮业经营者。粉条粉皮的机器化加工，需要有一定的场地放置机器，同时晾晒粉条粉皮所需要的土地也不小。但是，这些家庭作坊经营者又暂时没有能力或不打算申请建设用地开办正式工厂，一般都是把自己的宅基地和口粮田用作厂房或者晾晒场地。而一旦实现社区化，将对他们的生产经营带来诸多不便以及不稳定因素。因此，他们对于实现社区化的态度并不积极。

此外，村民对要上的“楼”进行了考察，也发现了一些问题：第一，楼房是砖混结构，不是框架结构，在抗震性上存在缺陷，第二三层以上水压低，日常用水缺乏保障；第二，小区配套设施不够完善，部分安全、卫生等措施不到位；第三，多数缺乏集体供暖；第四，存在为了赶工期导致质量隐患的问题。

建议：城镇化建设的问题成了村民关心的焦点和谈论的话题，这是好事，说明村民们也开始重视这件事了。虽然反对的声音还比较多，但是这样才能真正了解村民需求。中共十八届三中全会《中共中央关于全面深化改革若干重大问题的决定》提出：完善城镇化健康发展体制机制。坚持走中国特色新型城镇化道路，推进以人为核心的城镇化。以人为核心，关键还是搞清需求，对症下药。例如，仅针对前面了解到的情况，如果能在社区建设时，尽量合理选址，不给村民田间劳作带来过多困扰；严格控制质量，建出村民们放心的楼房；强化配套设施建设，提高舒适便捷性；针对“上楼”确有困难的村民，在村庄拆迁的同时留出一部分宅基地供其居住，满足老人恋家之愿，解困难者一时之急等，推进起来应该会更加顺畅得多。村民庄大哥说的对：“好事，要慢慢做，条件成熟，才能办好。”

二、村容村貌——发展中易被忽视的角落

从社会主义新农村建设的目标来看，村里的环境问题目前是最需要引起重视和着力解决的。

一是经济发展带来了污染代价。大环境上，全县近几年加速引进大型石油化工企业，虽然在拉动经济发展，提供全县人民生活水平方面发挥了巨大作用，但是也在一定程度上导致了环境的恶化。虽然环评标准非常严格，但是依然对全县的空气、水质等都产生了一定的影响。有一个细节很能说明问题，村里几个老人很喜欢钓鱼，以前经常到沂河边垂钓休闲，现在则是要开车到沂源县去钓鱼，因为沂河水脏了，钓的鱼不能吃了。小环境方面，村子南侧有一家饲料加工厂、一家面粉厂，东侧有一家棉纺厂，几家工厂的存在，对村子的环境也有不小的影响。听说以前还有一家造纸厂，当时的污染更加严重，小

河里的水都是墨色的，后来被关停。村民都说，村子里的地下水已经没有以前好了，喝起来有些发涩，现在一般都是用来做饭，会专门到南山的老宅去打水回来供饮用。

二是不良习惯导致的破坏行为。镇里在村设置了3个垃圾投放点，每个点有3个垃圾箱。但是，大部分的垃圾还是被村民们扔进了村南的小河里面。据老人回忆，这条小河流经村里的一段就叫寨里河，以前河床很浅，河水清澈，是妇女洗衣服、小孩子嬉戏的好地方。后来，因为盗挖河沙，导致河床越来越深，现在已经深达20多米。由于不良习惯，村民们平时都是把垃圾投入河中。随着人们的生活水平越来越高，生活垃圾和生产垃圾也越来越多，清澈的小河也不知何时起变成了垃圾场。现在的寨里河，河道被垃圾堵塞，河水呈墨绿色缓缓地流淌，水面浑浊，毫无生气，有一股难闻的气味。讽刺的是，就在小河旁边，便有3个垃圾箱，可惜一个破了肚皮，一个裂成了两半。而就在我转身离开的时候，一辆拖拉机驶来，将一车斗的垃圾倾倒在河边，后面还跟着一辆小型铲车，几下便将垃圾铲下了河道。

房东牛大爷告诉我说：虽然村子里设置了垃圾投放点，可是对垃圾箱的管理不到位，来运走垃圾的时间间隔过长，经常垃圾箱堆满了，垃圾车也不来；对垃圾箱也没有保护好，肚皮破了的就是因为有村民把炉灰倒进了里面导致烧坏的。加之，村民本来就没有使用垃圾箱的习惯，多数还是随手就丢进了河沟里，等雨季到来后，涨水把垃圾冲走，有的还会在丢下河沟之前进行焚烧。

村里的粉条粉皮加工厂，对环境也有一定的影响，突出表现为，冲刷粉条的水，随意排放。每家厂子每次冲刷用水大概在半吨以上，而随意排放的结果，就是废水乱流。

建议：村容整洁是社会主义新农村建设的重要内容之一，良好的村容村貌不仅体现一个村庄及其村民的精神风貌，而且有利于提升村民的居住环境和生活质量。因此，在发展经济致富的路上，村容村貌也应该更加重视，从小抓起，从根抓起，治理好村里的环境。

一是争取上级支持，彻底治理被污染的河道，清污清淤，并加强管理，还村民一条清澈的河流。二是规范村里的垃圾处理，适当增加垃圾投放点，并且根据垃圾的投放量合理安排垃圾清运时间，保证垃圾箱发挥最大功效。三是加强宣传教育，让村民了解和意识到保护环境的重要，但是优秀教师互相监督，互相提醒，培养村民良好的卫生习惯，形成良好风气。四是继续积极争取项目资金，实现村庄的合理规划，从而使村庄规范整洁。

此外，还有一些好的经验可以借鉴，如采取垃圾集中收集处理，要求村民每天 8 点前将生活垃圾在门前，雇佣保洁人员每天按时收取并集中处理；建立卫生保洁制度，将每户村民承担的卫生保洁任务制度化，定期清理房前屋后卫生；村“两委”带领党员定期打扫村主路卫生等。

三、儿童教育——改变农村花朵的生活轨迹

随着生活水平和认识水平的提高，村民们对于孩子受教育的问题越来越重视，聊天过程中，孩子学习好的村民难免得意之色，也会受到其他村民的艳羡。村民的普遍观点就是：现在小孩子就是要好好读书，将来才能摆脱种田打工的命运，到县城端上铁饭碗。

但是，目前由于种种原因，农村孩子辍学的现象还很严重。一般 16 岁初中毕业后，如果成绩不好，便不再读高中了，多数选择进城务工，少部分在家务农。这种情况又以女孩子为多。根据了解，村里初中毕业后及不再读书的占到 1/3 左右，其中女孩子占 2/3。一位彭姓大姐，大女儿 16 岁了，初中毕业后因为学习吃力，成绩不好，就主动放弃读书，到一家棉纺厂打工，每天工作 10 个小时，没有周末，每个月工资大概 2 000多块。还有很多家庭存在这种情况。

造成这种情况的原因大概有三：一是农村小学的教学条件相对较差，硬件条件和城区学校有差距，师资水平也有限，使得同等素质的农村学生在硬件保障、眼界见识等各个方面都弱于城里学生，平均成绩差于城镇学生，影响了学习积极性。例如，某年村里小学来了一位年轻语文老师，所教的班语文平均成绩当年就提高了十几分。后来，这个老师被调到了县重点，充分反映出优秀的老师在促进学生学习方面极其重要，但是优秀教师也是农村学校非常缺乏的。二是村民的学历水平普遍不高，同时每天忙于农活，对孩子学习缺乏管理、引导和帮助，不能给孩子营造一种学习的氛围。武光洲今年 36 岁，孩子上小学 5 年级，他告诉我："平时常年在外打工，基本上没时间管孩子，而且两个人文化水平都不高，在学习方面和孩子没有办法进行更多沟通，孩子虽然懂事，但是因为没有学习的好环境，加上天资不足，成绩一直不很理想。"三是虽然现在农民的生活条件越来越好，但是大多数村民还远谈不上富裕，都需要辛苦劳作换取收入，这样的环境导致了孩子对打工挣钱的愿望远远大于学习，他们更希望早一点在经济上为家里做出贡献，特别是学习成绩不是很理想的孩子，这种愿望尤为强烈。

建议：进一步深化教育体制改革，加快推动教育均衡发展，引导全社会的力量关注农村教育事业。不但要让农村的孩子有学上，上的起，更要让他们爱上学、学得好，让农村的孩子和城里的孩子一样，享受平等的教育资源。同时，给予他们更多的关心和帮助，给他们创造一个良好的学习环境，让他们在学习中找到乐趣，找到信心，找到创造未来、改变命运的方法。

一个山村的农业与经济调查

农业部农业机械试验鉴定总站　侯方安

根据农业部党组部署和人事劳动司的安排，我于2014年3月7日至4月23日在山东省莒南县小岭村开展了为期一个多月的“驻村蹲点调研”。驻村期间，我以农民关注的农业与经济问题为重点，按照切片式调查的思路，运用统计分析、案例分析和农户访问等方法，对小岭村的土地利用、劳动力与外出务工、种植业和养殖业等方面进行了实地调查，在微观层面上具体观察并分析了农业与农村经济的发展变化特点与存在的问题，提出了相关建议。具体情况概述如下：

一、土地的分配与利用

小岭村位于鲁东南鲁苏交界处的莒南县东北部，属于低山丘陵区，村中山岭缓布，岩石裸露，土层较薄，是当地“九岭十八坡，两岭夹一河”地貌特征的典型代表。“要吃小岭饭，得拿命来换”，这是50年前村支部带领全村人整修梯田、兴办水利时开始流传的谚语，也是对当地农业生产条件的生动写照。

在小岭村，土地依然是农民赖以生存和发展的最重要的资源禀赋之一，农业也是土地的主要利用途径。调查得知，除了沟壑、塘坝、村民宅基地以及路、街等公共建设用地外，小岭村大部分土地都已经用于农业了。养殖大院建设占用的只是很小比例，约20余亩，其他的有用于种植业的耕地面积670亩、荒山50亩、1个小型水库和8处塘坝（养殖水面30亩）、桑园 50 亩、果园 20 多亩、山楂园 50 亩，没有计入耕地的河滩地 100 亩。养殖水面、果园、山楂园、河滩地和荒山还是由村集体经营，50 亩菜园和 20 多亩晒场按照人口均分到户。村中 670 亩耕地分布在 45 块大地块上，按照全村公认的四级地级标准，又被划分为 995 小块承包到各家各户，平均 1.36 块/人、0.67 亩/块，合 0.92 亩/人，户均 3.64 块，主要种植小麦、玉米和花生 3 种农作物。

以承包地为例，通过调查可以看出土地在农村中的分配与演化过程。小岭村承包地的分配现状是自第二轮土地承包后承接和变化而来的，实际上，大部分农户的承包地大小与区位已经发生了变化。据调查，小岭村承包地变化的形式主要有：①承包地互换。农户之间自主互换的情况比较普遍，涉及地块比例近 2/3。②子种父地。一般地，由父母（也包含叔叔、大伯等父辈直系亲属）将其名下的承包地交其所有儿子（或侄子）或指定的儿子（或侄子）种植，父母生活所需的粮食和油料由种地儿子供给。子种父地的情形涉及 40 多户老人和百余户子女户家庭。③父种子地。夫妇两个无偿耕种着已成家的儿子户下的承包地，甚至生产资料也要代为投入，地里的产出仍归儿子。小岭村有 60 多户涉及此情形的家庭。④代种。

如在外打工常年不回家的农户，将其承包地交给邻居和认为合得来的农户种植，没有明确的承包费和产出物的协议。在小岭村也有几户这样的家庭。⑤“卖地”，这是当地对土地转包的俗称，涉及“卖地”的有20多户，有确定的承包费，一般一年一结，一年一议。

二、劳动力与外出务工

（一）劳动力资源与分配

在小岭村的农业与经济投入要素中，农户支配空间最大的是劳动力。按照户籍口径，小岭村现有家庭271户、总人口730人，户均2.69人，这是小岭村人口资源的基数。在总人口中，实际上处在农业生产与经济活动中的从业人员总数为540人，其中男性264人、女性276人，平均年龄45.32岁。这里把这一数据作为可支配的劳动力资源总量。

在小岭村，除了因残疾、年老休养、五保户和重病等不从事农业生产与经济活动的23户农户，其余248户均从事农业或其他行业，占全村总户数的91.51%。其中，种植业从业农户215户，占比最高，达78.97%；畜牧养殖户135户，占49.82%；非农务工家庭198户，占73.06%。全村纯农户49户，其中专事种植业的农户17户、种养兼业的32户，这些农户的年龄较大，户主年龄平均67.71岁和56.58岁。专业务工农户31户，户主平均年龄只有37.03岁，是各种从业类型中平均年龄最小的。农业兼业农户167户，其中，既从事种植业又从事非农务工的64户，户主年龄平均50.19岁；既从事种植业、养殖业又从事非农务工的103户，户主年龄平均49.69岁，且这种类型的农户数量最多，占比38.01%。

小岭村有401个劳动力从事种植业，占74.26%；有150个劳动力从事生猪养殖业，占27.78%；151个劳动力从事牛、羊、蚕、鱼、兔的养殖。据调查，小岭村男性劳动力平均兼业2.00个从业类型、女性劳动力则兼业1.84个。从从业者年龄上看，47 个专事种植业的劳动力平均年龄最大，超过 60 岁；139 个专事务工的劳动力，平均年龄最小，为 30.83 岁。其他兼业类型中的劳动力年龄则随着兼业农业的比重呈有规律地增加。

（二）外出务工：农民收入的主要来源

外出务工占据了全村劳动力最优势的劳动力资源，也是农民收入的主要来源。据调查，外出务工中占比最高的类型是企业打工，有 151 人，占 44.94%，其次是建筑业务工 120 人，占 35.71%，其他类型务工 64 人，占 19.05%。从非农务工地域看，195 人在村外县内务工，占比最高，达 58.04%，73 人在村内务工，占 21.73%，省内县外务工仅 61 人，占 18.15%，占比最低的是省外务工，仅有 6 人，占 1.79%。就近就地去企业打工是小岭村年轻人的首选，主要分布在县内周边的玻璃厂、钢铁厂、木材厂和鸭屠宰场等，从业人员并不集中。企业打工收入较为稳定，按月开支，也相对高一些。据了解，妇女打工的月收入1 800元以上，男性劳动力的月收入在 3 000 元以上，最高的可达 5 000 元。其次，年龄稍大一些的男性劳动力将从事建筑业作为首选，主要依靠体力，技术含量不高，每天往返于村庄与工地之间，成为工作地不稳定但职业相对稳定的农村上班族。建筑业务工多是短期的而非固定，一般按日计收入而非按月。小岭村有 3 个较为稳定的建筑队和 2 个装修装潢队，成员多为几人，且不固定，最多时 7～8 人，主要在就近从事农村住宅的建设与装修。

调查发现，很多劳动力甚至在一年中还从事多种工种，务工时间也很零碎，连续性和稳定性低，据估计全村外出务工带来的人均收入约3 100元，超过了种植业与养殖业纯收入的总和，是小岭村人均纯收入的主要组成部分。

三、种植业中的经济分析

当小岭村的农民把优质的劳动力资源配置给外出务工时，全村 79.80%的农户把 74.26%的劳动力配置给了种植业。小岭村村民普遍有种植粮食和油料自家食用的习惯，小麦产量的一半、花生产量的1/4～1/3由农户自己食用。收获的玉米也少有到市场上销售的，主要用于粉碎后加工成饲料来饲养生猪。

（一）花生的种植

尽管有自产自用的习惯，但是花生产量的大部分还是要到市场上销售的，农民对花生种植的经济期待还是维系花生种植面积稳定的最主要原因。然而，自 2013 年以来，花生收购价格日益下滑，使其和生猪收购价格一样，成为我驻村调查中听到最多的抱怨。通过对 4 户农户花生种植成本收益分析得知，花生种植的直接支出成本平均 665.75 元/亩，用工 14.72 个/亩，自营地折租 200.00 元/亩，亩产量（花生米）218.75 千克，销售价格按照调研时的商贩收购价 6.40 元/千克计，若不计人工和自营地折租费用，纯收入为 904.87 元/亩，考虑进自营地折租费用，则纯收入为 704.87 元/亩。据估算，现市的价格所带来的种植收益只实现了以 2013 年年初的价格为基准的预期的 30.85%，农民的抱怨根源于此。

（二）小麦与玉米的种植

由于国家对小麦、玉米有保护价收购政策，市场行情相对稳定，人们对小麦、玉米种植的预期没有大的起伏。据调查，小麦、玉米一年两作中的平均成本与收益：小麦种植中，直接支出成本 461.44 元/亩，用工 6.81 个，产量 400.00 千克/亩，若不计人工和自营地折租费用，小麦种植亩纯收入为 554.56 元/亩；玉米种植中，直接支出成本 309.02 元/亩，用工 6.09 个，产量 400.00 千克/亩，若不计人工和自营地折租费用，小麦种植亩纯收入为 650.98 元/亩。

在小岭村，每家都有 1 000～1 500 千克小麦的囤积，主要作为口粮，平时用来换煎饼或者自己磨成面粉后加工煎饼。尽管有成本利益的考虑，但是由于小麦不需要当季卖掉，也要留作口粮，能够囤积较长时间，而玉米主要用于作猪、羊等牲畜的饲料。因此，尽管小麦、玉米种植的收益不高，但是农户对其表现的经济敏感性较低。

四、养殖户的喜与忧

（一）生猪的养殖

小岭村家庭小规模自繁自养生猪的传统由来已久，普通农户多在住宅内的圈舍中饲养母猪，自繁自育。2014 年以来，受到行情影响，据估计能繁母猪存栏量已减少到 190 头，与上一年比较近 1/3 已经被淘汰，商品猪年出栏量预计将降至 3 300头，养殖户减少到 110 户，其中 80 多户养殖户只有一头能繁母猪，占大多数，饲养 2 头母猪的有 20 多户，3～5 头母猪的有 20 多户，5 头母猪以上的只有 5 户，户均能繁母猪 1.5 头。

以小规模生猪养殖户为例，其成本收益：按照商品猪平均出栏重量 95 千克/头、驻村调查时的价格 9.82 元/千克计算，平均销售收入 934 元/头，生猪养殖中亏损 234 元/头。尽管由于管理、技术等个体差异，不同养殖户之间的亏损额会有所不同，但是当时的行情对小岭村百余户的生猪养殖户来说是艰难的，直接后果是养殖收入的减少，养殖户纷纷淘汰母猪。生猪的市场价格形成是由供求关系决定的，国内供给增加，国际进口量攀升，势必造成生猪价格下跌。调查时了解到，有关部门已经启动针对抑制生猪价格下跌的调控机制，实施猪肉收储计划，希望给小规模养殖户带来一些摆脱困境的机会。

（二）牛的养殖

牛的养殖以肉牛养殖为主，多数采取自繁自育的方式，牛存栏量 55 头，年出栏量 70 多头，全村有牛养殖户 35 户，存栏量在 5 头以上的只有 4 户。根据调查，养牛也有成本高、繁殖慢、风险大和行情变化大的特点，300 千克母牛需要上万元购入成本，半年后怀孕，10 个月生产，小牛犊还要 1 年半才能达到 500 多千克的育肥牛出栏标准，单头育肥牛的纯收入平均 2 680 元左右。由于母牛的生育周期和育肥牛的养殖周期都比猪的长，牛的市场行情还算平稳，但是一次性投入的回收期长，养殖户较少。随着生猪行情的低迷，有些养殖户为了抵消生猪养殖带来的亏损，也开始买牛育肥，生猪价格的波动开始向具有替代性的畜种传递。

（三）羊的养殖

在小岭村，羊的小规模养殖户有 23 户，母羊存栏量在 120 只左右，户均 6 只，主要品种是波尔山羊和小尾寒羊，以自繁自育为主，年出栏量在 300～360 只。行情不同，每只羊的养殖利润会有浮动，一般在 330 元/只左右。羊的养殖特点是好管理，喂精饲料少，成本小，疾病少，疫苗和药费支出较低等。虽然羊的市场行情在 2014 年春节至 5 月前也处于低谷期，但是受到生猪行情的影响，羊的养殖户数量和存栏量都在增加。

（四）桑蚕的养殖

小岭村桑园分布在村庄的东部和南部，占地 50 亩，年可养蚕 110 张，产茧 3 000 千克左右。桑园归集体经营，农户承包，承包费 120 元/亩。村内现有养殖户 14 户，其中植桑 5～8 亩的有 3 户、2 亩的有 4 户、2 亩以下的有 7 户。据调查，小规模养殖户一般不雇工，由家中妇女负责日常管理，采桑忙时家中男劳力帮忙，但是稍大一些的养殖户要雇工，特别是在桑蚕饲喂的后 10 天，采食量增加，只有雇工采桑才能及时供应桑叶，正常年景下平均纯收入 1 500 元/亩左右。但较高的利润并没有给越来越少的蚕农带来明显的利益诱惑，相反，现有的蚕农没有愿意继续养蚕的了，主要原因是疫病多，风险太大，劳动强度太高，尤其是在天热时，蚕进食很快，采摘桑叶的劳动强度非常大。

根据以上的调查与分析，按照现时市场价格，可估计 2014 年养殖业可为小岭村农民带来纯收入为 450 元/人。如果按照往年生猪养殖平均 200 元/头的纯收入水平测算，2014 年养殖业的纯收入可以达到2 500元/人。因此，生猪行情对小岭村农民收入的影响是巨大的。

从小岭村的收入来源与分布看，小岭村农民收入的一半来自外出务工，其次是养殖业，但是行情变化带来的养殖风险对收入的影响很大，种植业收入虽然较为稳定，但是其收入水平最低。

莒南县洙边村驻村调研报告摘录

农业部农垦局　李梓正

根据农业部党组部署和人事劳动司的安排，我于2014年3月17日至4月18日在山东省莒南县洙边村开展了为期一月的“驻村蹲点调研”。驻村期间，我紧紧围绕深入基层、了解民情、提升能力和锤炼作风的目的，采用座谈、走访、问卷调查和查阅资料等方法，从当地自然条件和农业生产方式入手，对当地农民生活状态、收入结构和生产经营情况进行了全景式的调研工作，通过分析村民收入水平和收入结构特点，研究提出促进该村村民持续稳定增收的途径。同时，还对洙边村博丰家庭农场进行了专题调研，该家庭农场在当地具有一定的代表性，对于家庭农场发展具有一定的借鉴意义。具体情况概述如下：

一、基本情况

莒南县博丰家庭农场是莒南县首家个人独资家庭农场，成立于2012年年底，位于洙边镇洙边村，农场流转洙边村村民连片土地310亩。2013年种植小麦、玉米各212亩，花生30亩，栽植桑园68亩，建设了1 800米^{2}桑蚕大棚。作为莒南县成立较早家庭农场，经过实践和探索，经营取得了较好成效。

（一）实现增产增效，提高了粮食产量

家庭农场通过流转土地把分散的地块整合起来，实现了规模化、集约化经营，提升了机械化水平，节约了劳动力，提高了生产效率。由于地块分散，目前周边农民玉米播种和收获都

未实现机械化，小麦播种也部分依靠人工。规模经营为机械化作业提供了基本条件，博丰家庭农场玉米和小麦种植实现了全程机械化，仅玉米每亩地即可节约5个人工，而且连片地块比零散地块机械化作业效率也大幅提高。同时，集约化经营有利于种植技术水平和基础设施建设水平提升，增加粮食产量。在同等条件下，家庭农场种植小麦每亩较农户分散种植可增产100斤以上，玉米每亩可增产200～300斤，仅小麦和玉米每年可增产7万斤以上。

（二）经营效益较好，增加了农民收入

经营家庭农场的第一年，尽管遭遇了春旱和管理经验不足等困难，除去生产成本和地租，农业经营的纯收入达到了10.7万元。小麦、玉米和花生每亩地分别实现193元、160元和540元纯收入。据估计，正常年景年纯收入可达到35万元左右。此外，家庭农场通过雇佣农村剩余劳动力，增加了周边农民收入，仅桑蚕养殖一项雇工支出就超过9万元，为周边农村的农民提供了增收渠道。

（三）场社结合，示范带动作用明显

博丰家庭农场将农场建设与农业机械化合作社建设紧密结合，投资40余万元购买了农业机械，成立了农机化种植专业合作社。2013年，合作社参社农户达30余户，拥有大型拖拉机4台、小麦联合收割机5台、小麦免耕播种机2台、玉米免耕播种机2台、旋耕机3台、植保机械10余台，“机械化作业＋土地托管”5 000余亩，辐射带动村民1 000余户，起到了良好的示范带动作用。

二、发展家庭农场面临的问题和困难

（一）土地流转困难重重

适度规模经营是家庭农场的前提，在莒南这样一个经济发展相对落后、耕地较为分散的农业大县，土地流转困难是目前制约家庭农场发展的首要难题。一是人均耕地少，地块分散。

洙边村人均口粮田仅 0.79 亩，土地过于分散使得规模流转土地十分困难，博丰家庭农场所流转的 310 亩土地来自于洙边村 900 多户村民，每人口耕地面积仅 0.12 亩，若非由村集体统一协调，当前条件下，很难流转如此规模的连片土地。二是农民流转土地的意愿不强。莒南县经济相对落后，二三产业不发达，提供给农村富余劳动力的就业岗位有限，农民除务农外缺乏稳定的收入来源，不愿轻易放弃土地经营权。再者，目前经营农业尤其是种粮的利润有限，土地流转的租金对农民的吸引力不足，也是制约土地流转的重要因素。

（二）融资难现象突出

家庭农场在经营初期一次性投入比较集中，如博丰家庭农场初始投资达到 150 多万元，包括建设粮食农机库、办公用房、粮食晾晒场、蚕棚，购买农业机械，缴纳地租，购买农资等，即使除去库房、办公用房和部分农业机械等可以延缓投资的内容，也需要至少 60 万元以上的资金，但是融资比较困难。首先，家庭农场主要是由农户经营，多数经济实力不强，自有资金较少，资金缺口大，融资需求十分迫切。但农民的融资渠道比较狭窄，很难通过资产抵押等方式获取银行贷款。同时，融资成本较高也是普遍存在的问题，博丰家庭农场借贷资金达到 130 万元，其中信贷 30 万元，年利率 12%，借款 100 万元，年利率 10%，每年仅资金成本在就在 10 万元以上。

（三）基础设施较为薄弱

家庭农场的土地流转自分散的农户，农田基础设施普遍薄弱。一是农田水利设施缺乏。农场周边的水渠由于年久失修和淤积，已不能使用，农田缺乏水源，摆脱不了靠天吃饭的窘境，由于干旱缺水，2013 年农场小麦和玉米产量都比正常水平低 20%以上。二是规模种植比农户分散种植对基础设施要求更高，普通农户收获的粮食大都在路旁或自家庭院晾晒和储存，而家庭农场数百亩地收获的粮食以 10 万斤计，没有烘干的粮食卖不出去，晾晒及储藏设施缺乏成为突出问题。

三、对家庭农场发展的几点思考

（一）家庭农场是未来农村生产经营的重要力量

尽管在当前和今后相当长一段时间内，小规模分散经营仍是我国农业生产经营的普遍的形式，但随着农村劳动力转移以及劳动力成本不断提高，农业规模化经营是不可逆转的趋势，但发展规模经营并不能完全依靠工商资本。一是粮食安全和农民利益难以保障。二是资本逐利的特性决定只会优先投资条件较好的土地，经营利润较高的经济作物。我国丘陵和山地占到全部耕地的一半以上，像莒南县这样丘陵为主的地区，丘陵和山地占到全部耕地的 7 成以上。这样的耕地同样需要实现农业现代化，现阶段只能依靠农民自身。三是农民有规模化经营的愿望和需求。虽然农业生产经营收入占农民收入的比例在不断下降，但仍然是农民收入的主要收入来源。事实证明，规模化集约化的农业生产是有利可图的，我国城镇化之路仍然十分漫长，大量农民依然难以离开农村，如果规模经营农业可以得到与打工相当的收入，对于农民具有很高的吸引力。在调研过程中，有很多农民表示希望从事农业规模经营。家庭农场作为新型农业经营主体，以农民家庭成员为主要劳动力，以农业经营收入为家庭主要收入来源，适合我国今后一段时期农业现代化发展的需要，将在农业现代化进程中发挥重要作用。

（二）家庭农场要以“质”取胜

家庭农场相对于千家万户的分散经营，并不是仅仅是土地耕种数量的变化，更需要有质的提高。家庭农场要健康可持续发展，需要达到“一个提升”，完成“两个转变”，实现“三个提高”。一是效益提升。家庭农场从农民手中流转土地，开展规模经营，必须要实现更高的效益，使土地流转双方都有利可图，得到更多的收益。没有效益的提升，这样的模式只能是无源之水、无本之木，不可持续。二是生产方式和管理方式转变。生产方式上，小规模经营可以使用人工操作，几百亩规模必须实现机械化，否则会面临缺乏劳动力、成本过高等问题；管理方式上，经营几百亩耕地，需要有较强的管理和调配资源的能力，2013年农场养秋蚕劳动力需求高峰时正值玉米收获季节，农民都忙于自家土地，雇佣不到劳动力，所养的秋蚕面临无人喂食的局面，损失超过3万元。三是劳动生产率、土地产出率和资源利用率提高。近年来，随着工业化城镇化发展，劳动力成本逐年增长，以洙边镇为例，周边劳动力价格以每年超过10％的速度上涨，由2011年的每人每天60～70元上涨到2014年的每人每天100～110元，劳动力成本占农业生产成本的比重不断上升，挤压了农业生产的效益，小麦、玉米农户分散种植的人工成本分别占到总成本的30％和60％以上，家庭农场要提高效益，首先要提高劳动生产率。我国人均耕地面积不足世界平均水平的一半，保障粮食安全和农产品供给压力巨大，家庭农场作为未来我国农业重要经营主体，提高土地产出率既是自身经营的需要，也是保障我国粮食安全和重要农产品供给的需要。一直以来，我国农业生产过于倚重资源投入，农业资源和环境的约束越来越大，依靠资源投入提高农业产出难以为继，提高资源利用率也是家庭农场提高效益的必然选择。

（三）家庭农场发展仍需政府引导和支持

家庭农场的发展还处于初始阶段，面临着许多的问题和困难，流转难、缺资金、缺技术，这些问题都是制约发展的关键性问题，也是难以完全依靠市场解决的问题，需要政府发挥引导支持作用。土地流转困难不仅是经济问题，还与当地经济发展水平、农民观念等因素密切相关，需要政府加以扶持引导，促进农村土地流转健康有序进行。资金缺乏是家庭农场遇到的普遍问题，也是农业规模经营者的普遍难题，农业特别是粮食生产利润较薄，负担不起过高的资金成本，不能单纯依靠市场的力量，还要政府给予一定的支持措施。此外，农业科技进步是家庭农场提升效率关键因素之一，现阶段农业技术推广无法完全通过市场化的手段解决，需要政府提供指导和帮助。

四、几点建议

（一）完善土地流转机制

土地流转是建立家庭农场，实现规模化、集约化经营的前提，稳定的土地承包经营权是家庭农场健康可持续发展的基础，没有相对稳定的土地承包经营权，家庭农场的经营者不愿也不敢进行长期投入。土地是农民最后的依靠和保障，而农民受知识文化水平所限，在土地流转双方中一般处于弱势地位，可能会出现流转时间过长、租金过低等显失公平现象。土地流转是农户和家庭农场经营者双方都最为关注的核心问题，应按照“依法、自愿、有偿”的原则有序推进农村土地流转进程。一是建立完善的土地流转服务体系。加强对农村土地流转的指导和服务，建立规范的土地流转程序和评估机制，为流转双方提供可靠的服务和保障。二是因地制宜制定土地流转补贴政策。根据各地实际，在合适的时机对于土地流转给予一定的补贴，可以有效促进土地流转进程，推动农业生产集约化、规模化进程。

（二）加强对家庭农场的金融支持

扩大农村贷款担保抵押物范围，鼓励金融机构优先针对家庭农场，研究将大型农业机械设备、土地经营权和农业基础设施等纳入抵押贷款范围，增加家庭农场的融资渠道，缓解资金缺口。研究针对家庭农场的贴息贷款，降低家庭农场融资成本，降低家庭农场的资金压力。加强政策性农业保险支持力度，创新商业保险，为家庭农场提供全方位保险服务，提高抵御风险能力，降低经营风险。

（三）加大基础设施建设支持力度

一是强化对公共性农业基础设施的规划和投入，如粮食烘干和储运设施，投资较大且不可或缺，建议由政府统一规划建设，既有利于优化布局，提高资源利用率，避免浪费，也可以切实减轻家庭农场的投资压力，解决家庭农场资金缺口大的难题。二是农田基础设施建设向家庭农场倾斜。研究建立农田基础实施向家庭农场倾斜的机制，既可以切实提高家庭农场的建设水平，增加效益，促进家庭农场的发展，也有利于增强家庭农场的示范引导作用，促进农业生产规模化和集约化，加快农业现代化进程。

孟良崮下访代庄

农业部农村经济研究中心　方　华

根据农业部党组部署和人事劳动司的安排，我于2014年3～4月在山东省沂南县孙祖镇代庄村开展了为期一个月的“驻村蹲点调研”。驻村期间，通过查阅资料、召开座谈会、上门走访和参加生产劳动等方式方法，对代庄村经济、社会、历史和文化等方方面面进行了全面深入调查。调查发现，代庄的经济社会结构正处于剧烈的转型中，以石英砂开采、服装制鞋等为主非农产业正在崛起，农村青壮年劳动力正在加速向农外转移，农村家庭类型正朝着小型化方向演进。具体情况概述如下：

一、代庄概况

代庄，又称岱庄，是孟良崮脚下一个沂蒙山区小村庄。代庄地处沂南县孙祖镇西部，距镇驻地10公里，距沂南县城界湖镇24公里。2001年之前，代庄是原沂南县代庄乡驻地，2001年代庄乡并入孙祖镇，代庄成为孙祖镇行政村之一。代庄所在的孙祖镇是沂南县西部山区乡镇，全镇总面积153.7平方公里，辖36个行政村，全镇总人口4.2万多人。代庄村处在两山之间，西边是孟良崮主峰之一的雕窝，东边是代庄北山，县道葛岸线穿村而过，新修通的“红色专线”[1] 从村南而

① 即连接京沪高速孟良崮出口与沂南县马牧池乡的山东省党员干部党性教育基地的专线公路。

过，总体上看代庄交通便利。

代庄历史悠久。据称，孙祖镇因三国时吴国将领孙祖①身亡于此而得名，而代庄则因宋代戴氏立庄而得名。代庄西边的孟良崮相传为北宋杨邺的部将孟良操练兵马处，孟良、焦赞曾在此山安营扎寨，至今留下了跑马梁、试刀石、旗杆石和古城墙等遗迹。抗日战争和解放战争年代，孙祖镇和代庄村曾留下过徐向前等老一辈革命家的身影。1939 年 6 月，徐向前在代庄就任八路军山东第一纵队司令员，随后曾入驻孙祖镇东高庄村等多地，并于翌年 3 月巧布神兵在九子峰前阻击日军，歼敌 190 余人，史称孙祖战斗。1947 年 5 月，举世闻名的孟良崮战役发生，代庄成为主战场之一。

二、代庄的人口与就业

代庄在孙祖镇 36 个行政村中属于中等规模村。2013 年，代庄全村总户数 385 户，总人口 1 345 人，总人口在孙祖镇 36 个行政村中排名第十。代庄全村分为 6 个村民小组，其中一组人口最多，五组最少（表 1）。一组、二组和四组聚居在葛岸线南北两侧的代庄大街上；三组有多个自然村构成，散居在代庄北山地区；五组有 2 个自然村构成，居住在孟良崮山腰麻家岭上；六组居围着孟良崮水库而居，本村人称他们居住地为杏峪子。

表 1　代庄村人口基本情况

项目	户数（户）	人口数（人）	居住地点
一组	96	322	代庄大街
二组	87	297	代庄大街
三组	83	282	代庄北山
四组	48	171	代庄大街

① 孙祖，字元台，原名孙威，三国时吴国将领，官至虎贲中郎将、临川侯、偏将军，生于 157 年，卒于 215 年。合肥之战被乱箭射伤，撤退途中经过本地时身亡，后来此地得名孙祖。

（续）

项目	户数（户）	人口数（人）	居住地点
五组	32	127	麻家岭
六组	39	146	杏峪子
代庄合计	385	1 345	

数据来源：根据代庄村档案资料整理。

代庄全村共有人口 1 345 人，其中男性 653 人、女性 692 人。代庄村劳动力资源较为丰富，全村有劳动力 950 人，占全村人口 70.6%。劳动力就业中，家庭经营劳动力 560 人，其中农业劳动力 326 人，分别占总劳动力的 58.9%和 34.3%。在本地从事非农产业的劳动力 234 人，占比 24.6%。外出务工劳动力 390 人，占比 41%。纵观代庄村近年来劳动力就业变化情况，可以发现以下几个特点：一是本地非农产业就业劳动力人数近几年增长很快，由 2009 年 160 人左右增长到目前的 234 人。这主要是由于代庄村 2011 年以来新上马了一个服装厂、一个制鞋厂，吸收了 200 多个女工就业。二是外出务工劳动力连年增加，由 200 多人增加至近 400 人。三是当地外出务工劳动力主要以省内就业为主。据了解，青岛、烟台等山东省内经济发达的城市一直是代庄村外出劳动力的主要目的地，近两年随着临沂市和沂南县县域经济的起步发展，到临沂市和沂南县就业的代庄人也逐渐多了起来。四是代庄农业劳动力持续下降，由 2009 年 440 人逐年下降至目前的 326 人，减少了 114 人（表 2）。目前，代庄从事农业劳动力的主要老人和中年妇女。

表 2　代庄村劳动力就业

项目	2009 年	2010 年	2011 年	2012 年	2013 年
劳动力	836	836	850	950	950
家庭经营劳动力	601	580	570	580	560
其中农业劳动力	440	420	402	380	326
本地非农劳动力	161	160	168	200	234

（续）

项目	2009 年	2010 年	2011 年	2012 年	2013 年
外出务工劳动力	235	256	280	370	390
其中乡外县内	45	45	38	70	74
县外省内	140	140	207	275	290
省外	50	50	35	25	26

数据来源：根据代庄村历年经管统计资料整理。

由于代庄村民非农就业较多，代庄村农民人均纯收入水平也较高，不仅高于沂南县平均水平，也大大高于全国平均水平。2009 年以来，代庄农民人均纯收入以年均 12.4%的速度增长。2013 年，代庄农民人均纯收入为 10 558 元，比沂南县农民人均纯收入高 283 元，比全国平均水平多 1 662 元（图 1）。

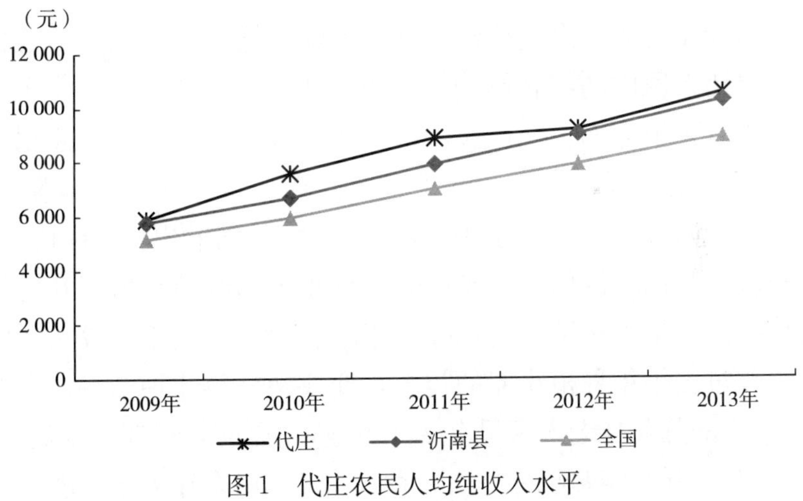

图 1　代庄农民人均纯收入水平

三、代庄的农业生产

代庄地处山区、耕地稀少，全村共有耕地 1 413 亩，人均耕地 1 亩多，另有林地 1 000 多亩。小麦、花生、玉米和地瓜（红薯）是代庄的主要作物，小麦和地瓜是主要口粮，花生主要用来榨油。2013 年，代庄主要农作物种植结构是：花生为第一大作物，种植面积占36%；其次是小麦，种植面积占30%；第三大作物是玉米，占15%；地瓜（红薯）是第四大作物，种植面积占7%（图2）。此外，代庄人种植的作物还有大豆、棉花和蔬菜等。

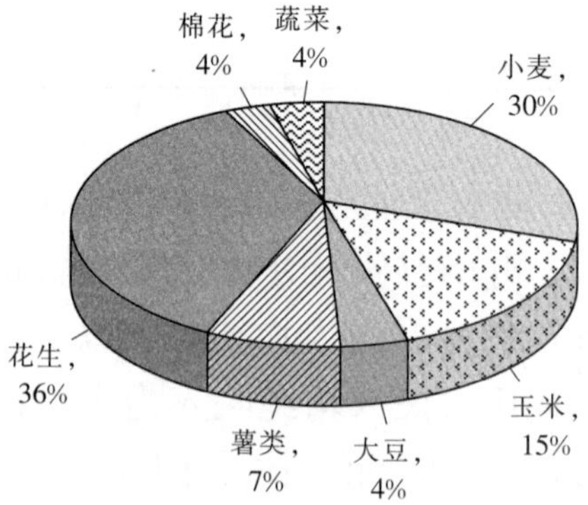

图2 2013年代庄村农作物种植结构

近年来，由于农资价格上涨、劳动力老龄化和农产品价格低迷等诸多原因的综合影响，代庄农业生产有所滑坡，突出表现在小麦种植方面。统计显示，代庄村近年来小麦播种面积逐年下降，由2010年436亩下降到2013年368亩，下降了15.6%。调研发现，代庄小麦种植越来越少有以下几种情况：一是改种其他经济作物，典型的是种小麦的改种花生等其他经济作物。二是隔年种小麦，种一年吃多年。一些年龄较大的农户一改过去年年种植小麦的传统，变成两三年才种植一次。今年70岁的陈英祥老人家里有2.3亩地，“以前年年都种点麦子。从2009年开始隔两年种一次，种一次1 000多斤麦子，够吃两三年。今年种了，明后年就不种了。”三是将原先种小麦的田地栽上杨树等速生经济木材。这主要发生在一些外出打工农户当中，但这种现象在孙祖镇具有一定的普遍性。据林业部门统计，自2010年以来孙祖镇杨树林面积大幅增加，2010年和2011年各增加了3 300亩和2 700亩，最近两年杨树林面积增加虽有所减缓，但每年仍增加500亩以上，四年新增杨树林7 290

亩。据了解，新增杨树林面积中有 8 成左右原先是种植小麦的耕地。

除了小麦种植面积下降，代庄农民在小麦种植上也越发粗放，“人种天收”的现象比较突出。一方面，他们在种粮上不愿过多投入。尤其是近几年，随着化肥、农药等农资价格高涨，很多农民减少了化肥的投入，防虫治虫上也不愿过多投入，对采用新技术提高产量的热情也不高。另一方面，精耕细作等管理模式正在被抛弃，“人种天收”现象比较突出。驻村期间，适逢小麦拔节生长的关键时期，但代庄地区已经持续一个多月没有下雨，部分地块已有干旱迹象。但这些地块的农户并没有采取措施抗旱，而是听天由命，“老天要下雨就收着，实在不下雨今年麦子也就不用收了。”

代庄农业还是典型的小规模分散经营，农作物种植规模平均只有3～5亩。通过土地流转发展规模经营在代庄尚未起步，除了举家外出将土地交给父母兄弟或邻居耕种外，代庄尚没有明显的土地流转行为。对此，一些人认为，当前土地价值不高是一大原因，“现在果子（即花生）、小麦价格贱得狠，把地包给别人种也就两三百、三四百块钱，一家一户也没有几亩地，都包给别人也就千来块钱。现在谁家也不缺这千来块钱，包出去干啥?”此外，当地还存在另外一种困境，“要是自已村里人零星包三五亩地，价格也就两三百块钱，毕竟现在种地不挣钱嘛。但要是外面人来整片整片包地，两三百块钱肯定不行，没个五六百七八百的肯定包不下来。”

四、代庄的畜禽养殖业

畜禽养殖业也是代庄农业的重要组成部分。代庄畜禽养殖主要以肉鸭、生猪为主。据统计，代庄目前有肉鸭养殖户 18 个，养鸭农民 40 多人；生猪养殖场 4 处，养猪农民 10 多人。在代庄，养肉鸭基本都是建简易棚来养殖，即在一块平地上搭建 1 米多高的简易鸭棚，地下挖沟 1 米多深，上铺钢丝网，即“高网养殖”。

这种养殖场投资小，普通农户都能投资的起，一个占地 1 亩左右的养殖棚只要投入 3 万元左右就可以建成。

代庄肉鸭养殖场处于肉鸭养殖“沂南模式”的最底端。在“沂南模式”下，肉鸭屠宰加工企业或者“鸭头”会给养殖户放苗，养鸭所需的饲料、兽药等也都可以由加工企业或“鸭头”联系供货企业送给养殖户赊销使用，带肉鸭出栏卖给加工企业后，由加工企业或“鸭头”与供应商结算，养殖户与加工企业或“鸭头”只结算养殖户所得。而肉鸭养殖户只要投资建好了养殖棚就可以养鸭挣钱。正常情况下，养殖户养鸭一只可以得到 1.3 元左右的收益，一个占地 1 亩左右的鸭棚由夫妻两人共同经营，一棚鸭按 5 000 只计算，年养殖 5～8 棚鸭，一年可以净收入 3 万～5 万元，合人均年收入 2 万元左右。所以，养鸭对代庄村民来说是个不错的选择。

简易棚养鸭最大的问题是环境污染严重。近两年，村庄的河道、沟渠因为养殖户随意排放粪便污水而水体尽墨，养殖场周围 500 米左右即臭气熏天，村里发生多起村民与养殖户之间的吵嘴打架纠纷。代庄的肉鸭养殖环境污染问题在沂南县具有一定的代表性。2014 年开春以来，沂南县就布置开展畜禽养殖及加工污染整治工作，孙祖镇也在全镇范围内开展畜禽养殖污染整治工作。按照孙祖镇的整治工作方案，全镇被划分为禁止养殖区域、限制养殖区域、适合养殖区域 3 个区域，禁养区域内禁止一切形式的畜禽养殖项目，养殖场棚必须在拆除、转移或转产；限制养殖区域、适养区域内所有养殖场户一律采用干清粪或利用环保垫料方式养殖并有完备的治污设施，限养区内不再审批新的养殖场，适养区内在拆除、转产养殖减量的情况下，才可以审批新建相应规模的养殖场区并保持原有总量不增。代庄村大部分处于禁养区，只有北山一小部分属于适养区，这意味着代庄大部分肉鸭养殖场棚都必须拆除。代庄村从 3 月 5 日开始，先是由村干部登门动员养殖户自主拆除，4 月 25 日开始由村里组织拆除工作队对尚未拆除的养殖场棚进行强制撤除。驻村期间，这项工作正在进行中。

五、代庄的非农产业

代庄是一个典型的农业乡村，2011 年之前除了一处石英砂矿外没有其他工业企业。随着沂南县捷登服装厂、临沂巧华鞋业有限公司和沂南瑞昌精密铸件有限公司等工业项目的上马，代庄产业结构正在发生着急剧变化。不过，代庄目前仍然是一个以第一产业为主的村庄，2013 年代庄第一产业产值占比 55%，第二产业产值占比 32%，第三产业占比 13%（图 3）。

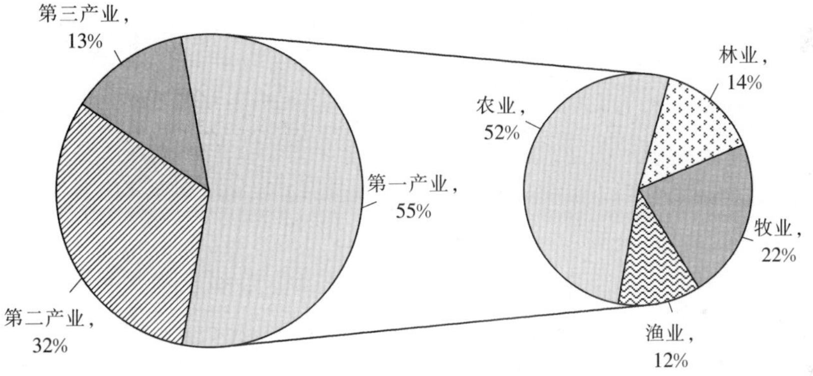

图 3　代庄 2013 年产业结构

数据来源：根据代庄村历年经管统计资料整理。

瑞昌铸件和巧华鞋业是代庄规模较大的工业企业。其中，瑞昌铸件由青岛瑞驰公司投资建设，总投资 5 000 万元，占地 40 亩。公司以汽车、大型工程机械精密配件生产为主，可实现产值 8 000 万元。临沂巧华鞋业有限公司总占地面积 53 亩，总投资 6 000 万元，建设 2 000 米^2 的 4 层办公楼、1.2 万米^2 的标准化生产车间，公司主要研发和生产加工各种高档鞋类、运动类用品及相关制品，投产后提供 400 多个就业岗位。

代庄服务业以传统的商品零售和集市贸易为主。在代庄大街上，有 30 多家各式小商店：农资店、电器店和杂货店等，可以为代庄村民提供日常生活生活物品供应。此外，代庄集市也很出名，集日上市人数通常在 1 000 人左右，孙祖镇第二大集市[①]。代庄集市逢农历四、九集，一到逢集日十分热闹。集市上有各种摊位 170 多个，分别卖蔬菜、水果、牛羊肉、服饰鞋袜和各式农具。集市上的摊主既有常年出摊的生意人，也有偶尔出摊、售卖自家产物的。

① 孙祖镇除了代庄集市外，还有 5 个集市，分别是连顶集（农历逢一、六集）、铁峪集（农历逢五、十集）、崖子集（农历逢二、七集）、栗林集（农历逢五、十集）和孙祖集（农历逢三、八集）。其中，孙祖集规模最大。

化压力为动力　化问题为机会

农业部市场与经济信息司　卢凌霄

根据农业部党组部署和人事劳动司的安排，我于2014年3月17日至4月17日，在挂职所在地山东省临沂市沂南县铜井镇两泉坡村开展“驻村蹲点调研”。驻村期间，我紧紧围绕新村建设，采取个别访谈、调查问卷和集中座谈等多种形式进行调研。驻村调研不仅有助于青年干部熟悉农村基本情况，也能密切干部与群众的感情，还能通过与百姓交流体会农村政策怎样制定更切合百姓需要，从而在以后更好地开展工作。具体情况概述如下：

一、山东省临沂市沂南县铜井镇两泉坡村概况

两泉坡村清朝就开始建村，村东、西岭坡下各有一泉，该村紧靠镇政府驻地和229省道，地理位置比较优越。先后获得“山东省农业旅游示范点”、“山东省自驾游示范点”、“山东旅游最具风情民俗景区”、“山东省人居环境范例奖”、“山东省特色旅游村”、“国家AAAA级旅游景区”、“全省民族团结进步集体”、“全市民族团结先进集体、文明村”、“社会治安综合治理创安先进村”和“农业和农村工作先进单位”等称号。

两泉坡是铜井镇唯一的回民村，回民占全村人口的51%。2013年年底，全村共有256户，总人口数759人。其中，非农户口15人，包括离退休人员、县城或者乡镇工作人员。从年龄看，除了7～15岁，男性人数多于女性，其他几个年龄段都是男性人数小于女性，见下表。

2013 年两泉坡村人口构成表

年龄（岁）	合计	男	女
＜6	58	26	32
7～15	62	32	30
16～59	479	227	252
＞60	160	71	89
合计	759	356	403

数据来源：铜井镇劳保所。

当地产业是农业为主，工业为辅。一是种植业，全村土地面积1 030亩，其中 680 亩良田、300 亩丘陵、50 亩山坡，人均 0.9 亩。种植作物以小麦、玉米和花生为主，在 20 世纪 90 年代末曾经有 200 亩果园，主要品种为苹果、油桃，后来有段时间水果价格暴跌，加上树木品种老化、结果率低，果树纷纷被砍掉，目前本地果树面积大约还有 50 亩。二是养殖业，两泉坡村曾经是远近闻名的黄牛养殖专业村，但近年来，随着环保养殖政策出台、外地规模化养殖冲击等，兼业养殖的农民越来越少，目前村里仅有 3 户养牛、贩牛农民。三是农产品加工业，两泉坡村周围有华强食品、华宇食品、天元肉类和得胜食品等几个肉类食品加工厂，需要大量工人。很多人去杀鸭厂打工。四是制造业，村里有 2 家私人开设的鞋厂和大工厂。五是服务业，本村有很多人在附近当保安、服务员。

二、两泉坡村两区同建情况

（一）什么是两区同建、城增村减

“两区同建”是指农村社区和产业园区同步建设，推动农民集中居住和现代农业发展，这是推进工业化、城镇化和农业现代化的切入点。通过农村居住社区建设，完善农村社区配套，丰富公共服务内容，改善农民生活条件，提高农民生活质量；通过农村产业园区建设，加快农业转方式、调结构，推进农村经济集约发展、规模经营。“城增村减”全称是城乡建设用地增减挂钩，随着城市化进程迅猛推进，城镇建设用地日益紧张，为了保护土地，保障耕地总量动态平衡，促进节约集约用地，中央出台城乡建设用地增减挂钩试点政策，即城镇建设用地的增加与农村建设用地的减少挂钩，农村建设用地腾退后复垦为耕地，置换城镇建设指标。增减挂钩试点项目通过拆旧区与建新区一起申报，复垦出来的耕地可折抵同等数量的耕地占用指标，实现“死地”变“活地”，有效破解建设用地占耕地指标不足的难题。

（二）两泉坡两区同建的经验

1. 积极稳妥，逐步推进　该村被列入“城增村减”项目后，地方政府高度重视，成立专门的领导班子，项目在实施中分三步：第一步村集体统一收回村内空闲宅、闲散地；第二步村集体集中建设青年安置房；第三步村集体集中安置老年人。项目拆旧区涉及居民点用地面积 151.51 亩，需拆迁户数共 297 户，需要安置户为 237 户，项目完成后能净增耕地 151.51 亩，截至 2013 年年底，安置房 237 套已建设完成，其中青年楼房 136 套，老年房平房 101 套。现已搬迁住户 247 户，剩余未搬迁住户 50 户。已复垦土地 110 余亩，其中东部 100 多亩集中连片，复垦整理达到种植条件。新村实施了硬化路、自来水和有线电视等 5 项“户户通”工程。新区有线电视、电话和宽带入户率达到 100%，建设超市等便民服务设施。主次道路硬化率达到 100%，主要道路架设路灯，栽植绿化树木 2 000 棵，粉饰路边墙壁 2 000 米^2，安装路灯 50 盏，两泉坡村的面貌焕然一新。

2. 充分调研，统一思想　村书记坦言：“以前村里路窄，硬化的水泥路面少，大小车进出交通不便，旧村改造是好事，通过项目扶持，新建的社区街道宽阔，房屋漂亮，旧房子拆除倒出来的地还是百姓自己的，但是操作很困难”。2010 年，村里报上了“城增村减”“两区同建”项目，开始村里开会讨论时，有些人不赞成、不同意。一方面，不知道新社区会建设成什么样；另一方面，从老房子里面搬出来很费事。在这种情况下，村书记利用自己当人大代表人脉广的优势多方打听，外出踩点，然后轮番带着村委、党员、村民代表到马牧池乡常山社区、蒲汪长虹桥社区等地参观，让百姓自己看到项目完成后崭新漂亮的房子、宽敞的大街和硬化的路面，让百姓亲眼看到、亲耳听到、亲身体验到旧村改造带来的好处。经过充分调研，百姓逐渐统一思想，发自内心认可、支持项目实施。

3. 尊重民意，户型多样　村书记先邀请县设计院规划适合本地实际的新房方案，然后外出参观，经过多方比较，决定借鉴周边同类项目的户型，借用别人的设计图纸，自己修改完善后提出供村民选择的几种房型。村里召开村民大会，村民自己报名说愿意住多大的房子，想要哪种户型，最终第一批报名48户，都是年富力强有一定经济基础的中年人，他们希望住上好房子，于是村集体与户里签协议，确定盖二层楼，户型由户主在村委推荐的基础上自己确定，村里统一规划，核定价格为11.6万元/户。新房盖好后，大家发现房子比自己盖的都好，还省心省力，于是，以后的工作就好办了。第二批村里没盖二层楼，而是针对65岁以上、困难、没钱买房的老人，由集体出资给他们盖2间房，老人原有的房子由物价局打价，值多少钱如数返还给村民。所谓集体出资，也是项目资金中结余部分的合理利用，房子产权属于集体，先给老人住着，老人百年后归集体所有。这个方案在党员会通过后，发动村民报名，最终有46户愿意要这种房子，每户房子造价2.3万元。第三批，有81户报名要3间房，价格核定为3.86万元/户，80户要二层楼，价格还是11.6万元/户。虽然分批次建设，但是村委进行了统一规划，回汉分开，不同户型的分开，新小区前面盖老年房、后面盖青年房，避免青年楼楼房挡了老年房的光，下水道、天线、路灯、垃圾桶和绿化带等都预留空间。

搬迁中，村委主动上门沟通宣传政策，对于上年纪的老人，村书记、村委成员主动找他们拉呱，用“树挪死，人挪活，越搬越长寿”这样老人顺耳的话跟他们交流，很快做通了老人的工作。穷家难舍，村里专门请摄影师为每一位老人在自家门前与老屋拍照留念。村委做的工作村民都看在眼里，明白村委是切实为群众利益着想。很快，村民们都主动报名搬迁。有位一直住在危房的老人搬迁后说，做梦都想不到这辈子还能住进新楼房。

在搬迁的过程中，村书记总结出搬迁宣传口号：“拆迁不强拆、先同意的先建先拆，后同意的后建后拆，不同意的不建不拆，什么时候同意，什么时候再建再拆，新社区随时欢迎你”，两泉坡不像某些村先拆再建，村民只能住帐篷或借宿亲戚家，而是先建再搬再拆。考虑到村民大半辈子住惯了瓦房，村里没有建“5＋2”的楼房，而是建起了2层小楼房，方便村民生产生活。工作方法上抓两头带中间，中心开花。村委通过耐心细致的宣传工作，让老百姓主动愿意搬迁，这样的工作方法，既让群众认识到政策的好处，也使村委掌握了主动权。最终，两泉坡顺利实现了整体搬迁，没有像某些地方一样出现强制拆迁、上访现象，政策落到实处，百姓得到实惠，地方得到稳定。

4. 集中采购，精打细算　两泉坡旧村改造可以利用政策性资金1 585万元，对于这个搬迁项目，一家公司曾要承包建设，2层青年楼建筑公司承包盖房开价14万元，书记计算成本后发现自己盖只需要11.6万元，一般农民的旧房子物价局评估价格3万～5万元，相当于自己出5万～6万元就可以住上2层楼。于是决定自己盖，将节约的资金用于建设公共设施，给百姓谋福利。党支部自己成立监督小组管理新区建设，2个村委委员统筹安排建房细节，1个技术员负责技术问题，1个收料管料，1个看大门负责水泥、沙石等原材料保管。前面4位由村集体开工资，2 200元/月，看大门1 600元/月，1年开11个月的工资。监督小组自己买材料，省了中间环节，降低了建筑成本，最终核定的价格比百姓自己建设还便宜。不仅盖好了新社区，还通过项目结余新建了价值 26 万元的卫生室和价值 60 万元的清真寺，村集体还有了 46 套周转房，按照 2.3 万元/套计算，价值 105.8 万元。新社区完善了排水管、道路、广场和自来水，大大改善了村民居住条件。新村占地 80 亩，其中 55 亩是村里以前招商引资后因为环境整治关闭的砖厂的地，26 亩是利用平山头的石头渣子垫的地，只有 9 亩是耕地。旧村拆迁后流转出的土地仍然归本村所有，可以搞农业项目。村委把城增村减项目当成村民改善居住条件、集体资产发展壮大的机会，精打细算，盘活了资产。

5. 甘于牺牲，博大胸怀　在两泉坡的村庄建设中，村书记和村委成员的付出是难以用金钱衡量的，开始建设城增村减项目时，村民中闲言碎语很多，不少人住惯了原来的房子，又不知道以后新村会建成什么样，忐忑之中对旧村拆迁、新村建设颇多怨言。在新村建设过程中，村书记、村委成员都或多或少遭到群众的埋怨、误解，有的村民住进新房子后，遇到各种问题都说村委不好，哪里漏了，坏了，就打电话给村委，埋怨，要求尽快修好。但是，他如果自己盖房子，出现类似的小问题，就不会如此较真。村委一方面要完成上级交办的城增村减项目；另一方面要符合百姓要求，压力很大。村庄建设包给建筑商很省事，但是价格要高出不少。村委希望能够借项目实施尽量让百姓多得到点实惠，于是自己出工出力买材料监工。对于建设过程中的闲话，村委没有太计较，一心为民踏实干活，最终新社区建成了，房子漂亮、道路宽阔，清真寺、卫生所等基础设施在周围社区首屈一指，百姓对于村委班子非常认可。虽然村集体给了村委成员一些误工补贴，但是村委在房屋建设过程中花费的心血难以用金钱衡量，村委通过项目整合出来的资源远远大于村委个人拿到的辛苦钱。这是老党员的责任心，也体现了几位村委甘于奉献的人生态度。

两泉坡新村

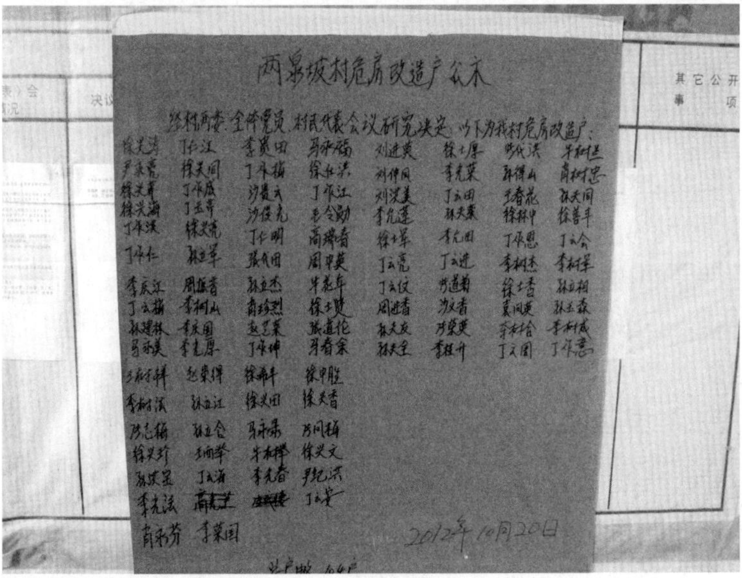

两泉坡村危房改造户公示

经村两委、全体党员、村民代表会议研究决定，以下为我村危房改造户：

2012年10月20日

两泉坡村危房改造户公示

三、调研体会

农村事情很复杂，城增村减是难事，但两泉坡村集体化压力为动力，化问题为机会，克服各种困难，发挥全村农民积极性，事情不仅办成了，而且办好了。调研两泉坡让我认识了几位一心为公的村干部，更从他们身上学到干事创业的基本素质。

（一）自我反省

在建设新村过程中，两泉坡村集体预留多套方案，带村民外出参观，统一村民意见，实事求是的研究问题，解决问题，最终得到百姓的一致拥护。宏观政策出台前，要多往基层走，问基层怎么想，听基层怎么说，看基层怎么做，在做好试点，充分总结经验的基础上再推开。如果某项政策得不到基层积极响应，多反思政策设计是否合理，需要怎么改进。

（二）乐观大度

两泉坡的新社区建设搞得如火如荼，与村干部聊天发现新村建设过程中遇到各种麻烦：村民不理解政策的、不愿意搬迁的、嫌原有房屋价格打的太低的、嫌新房户型不好的、嫌新房位置不好的，村干部都是耐心细致的解释，千方百计解决问题。村干部殚精竭虑为新村建设谋划，百姓知道他们出于公心为民谋利，但也眼红他们从集体得到的误工补贴，百姓住上了新房很开心，但仍然抱怨新房比老房空间小。所谓宰相肚里能撑船，要想做好一方工作，富裕一方百姓，带头的干部必须积极主动，乐观大度，基层的工作如此，北京政策设计的工作同样需要如此。

（三）灵活机变

基层常常要在上级规定的考核目标和百姓诉求间找平衡，创造性思维化解矛盾，既不违规又能服众，既赢得百姓尊重，又完成上级工作，“能办事、办成事，不出事”。两泉坡只是一个700多人的小村，在新村建设过程中尚且需要反复调研，多方比较，寻找最佳方案，在遇到问题时不断调整工作思路和方法。制定宏观政策更需要灵活机变，充分发挥地方积极性。

2015年
驻村蹲点调研成果

内外兼修提升合作组织能力 切实发挥功能引领产业升级

农业部种子管理局　张冬晓

根据农业部党组部署和人事劳动司的安排，我于2015年4月1日至30日在陕西省洛川县上马村开展了为期一个月的“驻村蹲点调研”。驻村期间，我紧紧围绕农业专业合作组织如何更好地发挥作用，采用个别访谈、问卷调查以及召开座谈会的方式，对土基镇农民专业合作社进行了深入调查。调查发现，合作社在组织管理能力、市场营销能力和生产引导能力等诸多方面存在严重不足，农民对很多事物的认知有待提升，观念必须尽快改变，成立合作组织以实现集约生产降低成本、标准化生产提升产品质量、有组织营销提高话语权等功能远远没有发挥到位，必须在人、财、技和物等多方面给予扶持，尽快改善合作组织运行状况，为农业生产调结构转方式提供动力。具体情况概述如下：

在生产管理环节实现集约化，降低生产成本；在管理环节实现标准化，便于获得质量内在一致的农产品；在销售环节实现一个拳头对外，以提高交易话语权。我想这是成立农村专业合作组织的主要目的。尤其是在当前市场经济时代，要想实现产销两旺，就必须实现规模化和组织化，以便做到产前有目标市场、有计划生产和产品定位，产中有标准化操作规范、统一技术指导和严格管理要求，产后统一销售和统一服务。顺应这一时代需求，全国各地纷纷成立了专业合作社，洛川县不甘落后，目前全县已有相关组织270多个。但是，这些合作社发挥作用的情况如何呢？带着这个问题，我调研了土基镇农民专业合作社。

一、合作社基本情况

2007年11月，上马村孟世芳支书本着“民办、民管、民受益”和“风险共担、利益共享”的宗旨，注册成立了洛川县土基镇农民专业合作社。合作社注册资金500万元，现有固定资产711.8万元、流动资金500万元，股东3人，其中，孟世芳占股40%，孟杰鸿和孟孙怀各占30%。合作社现有入社社员173户，生产基地3 000亩，年产绿色果实6万余吨。2009年创立了“万凤塔”品牌，2011年在福州鼓楼区开设了专卖店。近3年来，合作社年均销售礼盒苹果3 000余盒，销售精品果实400多万斤，年创利润50余万元。

2014年，为响应县委县政府在各乡镇建立苹果产业园区的号召，立足建立洛川南部塬区最大苹果物流中心的目标，经全体股东大会研究决定，投资500万元，收购了3 200吨库容的刘马冷库，弥补了合社没有库存的缺憾。

二、存在的主要问题

衡量一个合作组织是否能成为合作组织，其关键在于是否适应市场需求，产品定位是否瞄准市场，生产是否有组织，管理是否科学统一，产品是否标准一致，销售是否一个声音、一个渠道。据我在洛川的观察，即使按照最低的标准来衡量，能达到这一要求的也少之又少，多有其名而不行其实，土基镇合作社也难脱窠臼。

（一）有组织无规划

从当前生产看，上马村合作虽有170多户社员、3 000亩生产基地，但合作社从未对社员提出生产要求，从未下达过生产计划。合作社对社员没有约束力可言，社员对合作社也似乎没有任何义务，虽是合作社，但却明显为一盘散沙、各行其是。从未来发展看，合作社对如何综合利用现有基地、生产结构如何调整、生产规模发展多大等至今没有规划。从现状看，虽有 8 年的发展史，合作社现有生产仍保持着当年形成时的自然结构：12％的早熟品种、88％的晚熟品种，其中，12％的嘎啦、87％以上的晚熟红富士和 1％的新红星。这与当前的市场变化显然不相适应。近 3 年的实际需求是，早熟品种供不应求、价格高、销售快。2014 年秋，早熟嘎啦仅一周时间就全部销售一空，而且价格每斤高达 5 元以上，创了近 3 年来的新高新快。而晚熟苹果价格由开园时的 4.6 元急剧下滑到 3.6 元左右。不仅价格低，而且出现了滞销。据官方统计，2014—2015 年度库存较往年同期高 20％。而据我的粗略调查，库存量应较上年同期高 30％以上。然而，个别品种却又表现不俗，如新红星个大色泽好，2014 年孟世芳 1 亩多地、1.5 万个苹果就取得了 2 万多元的收入，亩均产值 2 万元以上，较红富士高 25％以上。合作社对市场变化无动于衷，不符合经济发展规律的要求，背离了成立合作社的目的和意义。

（二）有标准无标准化

生产流程的规范化、生产操作的标准化、投入品应用的精准化是实现产品标准、优质、安全的基本要求和先决保障。而纵观我国许多合作社，虽有似无，组织情况、管理方式和生产仍处于家庭承包经营时期的管理方式，仍以家庭为单位进行独立生产，凭个人经验进行管理，靠个人意愿进行生产投入。根据上马村的调查分析，当前生产管理存在 4 个主要问题：一是农资投入方式严重不合实际，合作社 150 户社员中 60％的农户一次团购全年使用农资；二是用药管理缺乏精准，10％的人年用药 6 次，40％的人年用药 7 次，50％的人年用药 8 次，同次用药前后跨度相差 10 天以上；三是化肥施用缺乏科学性，仅种类就包括复合肥、洋丰、撒可富、黑沃和巴富特等 10 种以上，有机肥包括工业制肥、羊粪、猪粪和牛粪等；四是果园产能定位不准，3 000 亩果园留果量不一而足，从 1.1 万袋/亩到 1.5 万袋/亩不等。虽称基地，然而管理方式参差不齐，形成内在品质一致的产品肯定无从谈起！

（三）有销售但无统一平台

合作社目前每年仅能包销 50 万～60 万亩的苹果产品，仅占入社社员生产面积 3 000 亩的 2%，其余仍由农户自己销售。没有统一的市场就没有较高的话语权，行情看好时，客商较多，销售时不存在相互竞价、争抢客商的局面。一旦行情不好，各种矛盾就会显现。如 2014 年价格从 5 元下行到 4.6 元时，客商充分利用果农心里，欲擒故纵，摆出一副此地不降价就去别处买的架势，结果不到半天时间，就有人立马以 4.5 元的价格把客商引走。这种做法不仅进一步拉动价格下滑，更重要的是容易造成邻里矛盾。从近年的发展看，合作社除在福建开设一个专营销售窗口外，再没有其他固定销售渠道，坐等客商上门，经营理念、手段和力量严重匮乏。

三、问题的主要原因

在合作社成立之初，孟世芳说曾经组织过统一生产，但是后来被迫停止了。对于统一收购统一销售也曾经做过努力，但是种种原因最终未能成功，其中主要原因在于合作社能力有限，不管是资金能力、销售能力还是技术力量均势单力薄。

（一）资金有限

"现在农村做生意赊账太多，而且要账比较难，如果你催紧点要，他就对你有意见，然后再也不从你这里购农资。没办法，欠账欠的心头都是痛的，你根本没法做下去！"孟世芳最初确实从农资入手，对社员进行统一生产技术要求，统一管理要求，合作社春季垫资供给社员农资，秋后苹果出售再统一结账。如果能形成一个良性循环，春天从合作社拿农资，秋后把苹果交合作社，待苹果销售后统一结算所有款项，这样合作社可不愁收购资金，农民不愁投资资金。但问题的关键是农民看重的是既得利益，拿农资时可以赊账，但是卖苹果时希望现款现结。“原来说的挺好，但是到收苹果时，情况就不一样了，他就不卖给你了。一是因为咱收购价格和市场价格一样，没有价格吸引力，更重要的是咱流动资金不足，2 000 亩地产 3 000 吨以上苹果，按 2014 年价格计算需要 3 000 万元以上的流动资金，咱那里去弄那么多，只能赊老百姓的账。老百姓赊你的可以，但是你赊老百姓的他肯定不干!”孟世芳很无奈地说。赊出去的账少则一两年多则三五年才能收回来，孟世芳实在承受不了资金压力，只能停止了这种统一生产组织模式，这就是症结所在。另外，如果要打造一定的营销能力，除积极寻找外销渠道外，还要强化内部建设，提升存储能力，弥补冷链运输能力，这些都需要庞大资金支持。

（二）营销能力有限

经调查，合作社现在收购的 50 亩左右的苹果，有两个销售渠道，一是供自己在福州设立的销售点出售，二是根据外地客商委托收取部分苹果。除此之外，再没有别的销售渠道，更没有专门的营销团队组织开展营销策划。前两年他们曾计划实施“农超对接”，但是在合作过程中几个难题难住了他们。一是产量难保证，目前的生产不是标准化生产，而且防灾措施也不全面，受冰雹、初春倒春寒的影响还时有发生；二是质量难保证，由于管理中农户很难统一行动，加之个别农户贪图一点小利，总会从不法渠道购进农药甚至违禁农药，果品的内在一致性，尤其是安全性难以保证；三是冷链制约，由于资金有限，直到目前为止，合作社还未达到“农超对接”所需的冷藏要求和冷链物流需求，尽管 2014 年年底从别人手里购得一座二手冷库，但是冷藏容量和条件还有待进一步改善。

（三）村民的认识有限

据对上马村 150 户村民调查显示，60%的人认为，合作社提供给他们的农资不如组团到西安农资市场购买价格优惠，潜意识认为合作社是以营利为目的，并非全心全意为人民服务；

100%的村民反映，卖给外地客商可一次把账结清，而卖给合作社需要等春节前甚至春节后才能结清，不如卖给外地客商保险；70%的人认为按合作社的要求管理比较麻烦，而且按合作社要求的留果密度风险较大；80%的人认为当前销售不是大问题，而且每年价格都会上涨。基于以上原因，部分村民虽然加入了合作社，但是很难与合作社建立真正的合作关系。

（四）当前的市场行情约束

近10年来，洛川苹果是在价格不断上涨、销售从不发愁的环境中成长起来的，不跟合作社走，苹果也没滞销。从市场效应看，管理粗放一些和管理精细没有体现出应有的差别。不管使用什么农资，不管苹果甜不甜，没人做相应的检测，客商没有提出苛刻要求。

四、几点建议

随着市场经济不断发展，尤其是市场对优质产品需求的不断增加，合作社必将是未来农业生产方式的主要模式之一。因此，政府必须倾力打造一批具有影响力和引领能力的农业专业合作组织。这是应对未来市场竞争的必然选择，也是推动洛川苹果转型升级的重要措施。

（一）培养和提升合作组织的营销能力是当前的重中之重

能给农民的产品找到合适的买主，给优质农产品一个较高的价格，是推动产业发展的必然之路，也是凝聚农民共同发展的根本所在。因此，要推动合作组织的发展必须尽快培养和提升合作组织的营销能力。一是加强信息服务。政府应出台部门工作机制，创建内部信息平台，将相关信息整合并分析，及时将相关信息推送到县内注册的合作组织，供其参考，实现信息的对称。二是实行包干帮扶。人才匮乏是当前合作组织经营不善的重要原因之一，政府应制定相应工作机制，参照对口帮扶的一些做法，每年派出一定数量的技术干部定点帮助合作组织，从技术到理念全方位提高合作组织管理人员的能力和素质，争取3～5年的时间，让合作组织经营管理能力得到提升。三是强化相关培训。每年定期或不定期举办信息技术、经营管理能力培训班，在销售季节结束以及产品即将上市时定期举办生产营销形势分析交流会，让合作组织在潜移默化中全方位提升能力。四是整合力量实现“农超对接”。由政府相关部门代表县域内合作组织实施“农超对接”工作，而后根据实际情况分解任务，让一个合作组织难以实现的目的通过集体的力量实现。五是加强与电商平台的合作。电子商务发展正猛，有必要借助这一平台实现大营销。政府应尽快与京东、阿里巴巴和一号店等电商平台加强合作，签订战略合作协议，一方面为本地合作组织争取优惠空间，一方面共同净化网络平台，打击假冒伪劣洛川苹果经销商，为洛川苹果电子营销提供有力支撑。六是资源共享借力提升营销能力。政府应积极协调，实现资源共享，让没有冷库的合作组织顺利实现存储。同时，积极协调与邮政、供销总社和顺丰物流等的合作，借助他们的冷链和物流优势，弥补其他能力的不足，从而不断完善和丰富合作组织各种能力。

（二）强化金融扶持是行之有效的促进手段

融资能力不足是制约合作组织进一步发挥作用的又一重要因素，因此，必须想方设法提升这一能力。一是与金融组织订立盟约，支持合作组织短期贷款，如每年11月到翌年4月的半年期应急贷款，以保障合作组织收购资金需求。二是以小撬大。政府相关部门牵头成立支农担保公司，将现有扶持资金改为担保资金，发挥资金的杠杆作用，以小撬大，争取更多的资金投入。加强信贷担保公司与合作组织的合作，合作组织向担保公司注入一定的风险保障金扩大担保公司担保金额，担保公司根据注入资金的多少，为合作组织提供相应额度的信贷支持。三是储贷一体化，增强资金的利用能力。合作组织和社员在一个银行开户，对合作组织的信贷只停留在账面上，不得提现挪作他用，只能用于对果农果款的支付。农民的果品出售收入作为存款也停留在账面上，合作组织每天根据收购情况提供相关数据，银行将相关资金存入农民账户，用时可提，不用时可作存款，不急用的人可以直接办理定期存款，这样让数字流代替现金流，让大部分资金在银行内部运转，一方面满足了合作组织的需要，另一方面可以提高资金的利用能力。

（三）推进品牌建设是提升合作组织经营能力的潜在动力

一是加强《延安洛川苹果标准》的执行力度，对外销苹果进行跟踪监管，对于不按要求生产、达不到标准的苹果要严禁以洛川苹果品牌进行销售，以强化生产环节的标准化，有利于品牌的保护。二是加大市场打假力度。淘宝上有 1 300 多家洛川苹果经营店，这其中不乏假冒伪劣。有必要加大打击力度，为洛川苹果赢得好名声，为洛川苹果经营创造更大的空间。三是加强私有品牌的创建。尽管洛川苹果已成为全国知名品牌和最具价值的品种，但由于延安洛川苹果已授权全市 13 个县区使用，面大货广难保不出质量问题，难保每个经销商或合作组织生产的产品都让人满意。因此，为了强化洛川品牌的发展，有必要在公用品牌下发展个体品牌，从而创造出更加出名的洛川苹果。这样即使放开了洛川品牌但仍能让洛川成为中国的洛川，甚至世界的洛川，让洛川苹果的特色永葆青春。

总之，未来农业发展需要合作组织发挥更大的作用，是生产环节发生改变的绝对动力，也是引领产业优化升级的有效途径，有必要多措并举，提升其各种能力，让其饱含力量为农业再发展、上台阶服务。

贫困户的“真贫”与“假贫”

农业部对外经济合作中心　张玲玲

根据农业部党组部署和人事劳动司的安排，我于 2015 年 4 月 1 日至 30 日在陕西省延安市安塞县开展了为期一个月的“驻村蹲点调研”。驻村期间，我走进了自然环境差异较大的、高桐沟村、桃树湾村和方塔村，细致全面地了解农业农村和农民生活。结合驻村前的工作基础，形成了 8 个专题的调查报告，介绍了驻村的基本情况、村民的生活风貌、风土人情、民俗文化以及当前热点问题。一年基层挂职，达到了下基层“体会别样的人生经历，促进完善自我认知体系”的初衷。调查报告有驻村蹲点的真实感受，有农业农村现实问题的客观反映，也有挂职以来我对所见所闻的分析梳理与归纳汇总。现将报告其中一章《贫困户的“真贫”与“假贫”》精简摘录于此，供交流分享。

贫困户是农村问题回避不了的重点领域。以前，要说谁是贫困户，人家准不乐意，觉得面子上过不去，家丑不外扬；现在，要是不给谁评上贫困户，人家也准不乐意，觉得大家都有的福利，为啥他享受不到。扶贫资金就像粮食直补、养老保险一样，成为大家都要领的“额外收入”。其实，按照最低收入划定的贫困线标准，大家早已脱贫了，极少有真正意义上的贫困户，只是相对于一般人家来说，有些贫困户日子过得不如意，干啥都缺钱。而现存于大多数人身上的贫困，更多的是精神思想的贫瘠、生活劲头的贫弱和奋发上进的贫乏，这样的

“贫困”远非扶助资金所能解决，甚至反而会加剧贫困趋势。

（一）贫困户评议会：既“民主”又“集中”

在高桐沟政村驻村蹲点时，我最常住的是高玉智大爷家，他是大塔湾小组的小队长，67 岁了，精瘦硬朗，侃侃而谈。大娘与他同岁，身材矮小，但手脚麻利，屋内屋外忙活着家务。每当村里开个会，谈个事，就都集中在他家，他家是最干净的，有个小院，收拾得很是清爽。我就是在他家亲历了一次贫困户评议会。

这项工作因 2015 年春节前习近平总书记回延安调研扶贫开发，并做出重要指示而显得备受各级政府重视。大家使出浑身解数，也要使老区人民与全国人民一道奔上小康。因此，延安市要求 2017 年年底前全部脱贫，安塞县要求 2016 年年底前全部脱贫。而高桐沟村 2014 年贫困人口是 27 户、69 人，2015 年上级给定的指标是 18 户、48 人。之所以说“定指标”，是因为按人均年收入 2 875 元定的贫困线，其实绝大部分人都已在这个水平之上，人均这个水平以下的基本都没法生活。但为啥大家还都喊自己贫困，要求上级帮扶，就拿陕北吴起县来说，一个 12 万人的小县城，因为石油富集，地方财政收入 36 个亿，还仍然是国家级贫困县，不愿脱贫，因为贫困帽是“冬暖夏凉”，谁都不愿摘呀。所以，政府为了统计数字好看，就要求每年各级政府达到多少减贫任务。因此，这个工作实际上成了指标数的变动。

回到高桐沟村来说，48 人的人数不变，但要重新核定低保户、五保户和低收入户。因为按市里要求，要“精准扶贫”，就是把真正贫困的人们脱贫，而此前一直心照不宣的“平均吃、轮流拿”的要彻底剔除，而且要求低保户和五保户都纳入低收入户中。这就涉及贫困人口的组成：民政局负责低保户和五保户，农村户口人均收入少于 2 040 元/年为低保户，分 5 个等级，每月补助 80～160 元/人，五保户是指孤寡残幼，每年补助 5 600元/人；扶贫局负责低收入户，人均收入少于 2 875 元/年，每年补助1 000元/人。所以，双重享受者，对于4～5口人家来说，每年光补助就有1万元。也就是说，被评为低保户和五保户的，一定是低收入户，而没被评上低保户和五保户的，也有可能被评为低收入户。

废弃土窑洞

因此，高桐沟村的4个小队，在从2014年的贫困人口数减掉“脱贫”人口后，各有人数指标：哈吧沟17人、吴新庄10人、高桐沟12人、大塔湾9人。贫困户评议会就是围绕如何确定这些人选而展开讨论，与会者有村民代表、小队长和村干部。大家围坐在小院的各种小板凳上，镇上的包片干部主持会议，村支书马杰负责会议记录，针对每个小队的人数和人选进行表决。实际上基本都是各自小队说了算，其他小队不干预，小队之内也是早有共识，推举的人选可能是轮流做轮到他了，也可能是彼此之间有过妥协退让。总之，在一片“吵吵嚷嚷”和一片“附和声”中，顺利完成了人选评议会，会后大家吃了刚刚连任的村主任提供的排骨大烩菜，并在会议记录本上摁上鲜红的手印。

（二）贫困户的基本生活状况

所谓的贫困人口，光景也都差不多。那些真正的孤寡残障，确能保证每年享受低保或五保，而普通人家，一般来说，儿女都在外，老婆儿老汉儿在家，说有钱也没多少，说没钱也都能支撑门面，但儿女也帮不上什么忙。以高玉智队长老两口为例，一年收入：养老保险 2 400 元，退耕还林 1 500 元，粮食直补 1 000 元，队长工资 1 600 元，3 亩玉米6 000元，总计约 1.2 万元；一年花销：行门户是最大开支，占 5 000～6 000 元，再就是买米面、看病，衣服很少买，总计 1 万元左右。因此，一年到头将够年吃年用，这与东北农村大致相同，普通农民的生活就是两字“够活”。但一旦有大事情，如盖房子、娶媳妇还是能拿出一笔不小的积蓄的，高大爷就因儿子在县城买房给出了六七万元。

在高桐沟政村的哈吧沟我遇到了 3 个人，他们的境况确实让我久久不能释怀。一户人家夫妻俩，一聋一瞎，那真叫“家徒四壁”，原有的窑洞已经塌陷，村支书马杰给他俩在窑洞外搭建了一个小型彩钢房，这个房里只有一张破旧的床和一个笨重电视机，床上一套破旧的脏被子，床边小桌上摆着碗筷，桌边 2 个小缸。我打开缸盖，什么都没有，地上一袋马铃薯，桌上一点剩饭。还有一个老婆婆，74 岁了，子女、老公都是国家干部，有正式工作、有房产，要她同去住，她是吃了秤砣铁了心地要住在老家。在一个很高的山坳上，房子是最原始的土窑洞，我走进院子的一刹那，搭在晾衣绳上的红秋裤分外显眼，一进屋就感觉黑暗、窒息，没水没粮，没人和她说话。

这两户是鲜明的对比，前者有儿有女，但没人管他们；后者子女三天两头过来给送粮端水，生怕她有病有灾。你可以说他们可怜，也可以说可气。那一聋一瞎的夫妻俩，有他们自己的不勤劳不务正，也有子女的过分疏离和不孝；那独居的老婆婆，有她固执个瑟的一面，也有她因性格所致孤单寂寞的一面。

目前的扶贫方式主要是资金扶助，但这些扶助资金多是每人每年1 000元的标准，加上养老保险、退耕还林和粮食直补等各类补贴，一年下来也是仅够吃喝。如果家中有子女上学、自身生病等情况就明显缺钱。而实际情况是绝大多数人年老后都有病，多因年轻时吃苦力，岁数大了病都找上身，干不了重活。所以，产业扶贫怎么扶？但凡有劳动能力的都靠打工为收入来源，不愿费力费钱搞产业；而这些无劳动能力的老弱病残，平时生活都很费劲，怎么搞产业？干几天活都不够吃药看病的钱。光景不好的农村人家，一怕生大病，二怕供学生，三怕娶媳妇。

（三）精准扶贫如何扶

春节前，习近平总书记回延安调研，并在陕甘宁革命老区脱贫致富座谈会上发表了重要讲话。他说，实现第一个百年奋斗目标“全面建成小康社会”，没有老区的全面小康，特别是没有老区贫困人口脱贫致富，那是不完整的。各级政府必须真抓实干，贯彻精准扶贫要求，扶真贫、真扶贫，把钱用到刀刃上，真正发挥拔穷根的作用。

为此，安塞县制定了精准扶贫“八大举措”（搬迁扶贫、产业扶贫、整村推进扶贫、能力扶贫、行业扶贫、项目扶贫、救助兜底扶贫和包村联户扶贫），总体目标是：2 年全面脱贫，4 年巩固提高、6 年全面小康。安塞县现有贫困人口 20 379 人，省市确定的贫困村有 74 个，到 2016 年年底，这些人（村）要全部退出贫困行列。实现贫困人口“两不愁、四保障”：不愁吃、不愁穿，义务教育、基本医疗、住房和养老有保障。经过调查，在这些贫困人口中，有 2 379 人是无劳动能力的贫困群众，政府将采取低保和五保等方式，实行社会供养，使特困人口基本生活得到有效保障。

现阶段，扶贫工作成了延安各县继教育实践活动之后的又一项重要工作，每个县直单位和公职人员都有包扶村和包扶户。应该说，包扶单位和包扶干部的压力是很大的。有些贫弱人士如果把他们放在父母兄弟姐妹家中，就可以排除在贫困人口之外，但很多人是早就分家了，尤其老人，如果子女不负赡养义务，老两口又年老体弱，不能打工不能发展产业，真是任谁都没办法的事。

按照县里工作分工，我也负责包扶两家贫困户。其中一户李天然，60多岁了，患肺病不能干活，家里倒是有十几亩果园，已经初挂果，但没人料理，就靠他老婆一人，两个儿子都在外打工，不回家管果园更不管父母，这种情况怎么办？靠包扶干部去果园干活？另一户更可怜，冯玉美，30多岁，高度近视还有胃病，妻子智障，女儿刚上学，在本村没分到地，既没有退耕还林、粮食直补等各种补贴，又没有果园庄稼可种，一直在外打工，犯病时连工都打不了。祸不单行，他是家中老四，他大哥快50岁了，智障瘫痪，是五保户，一直由老母亲照顾，住在一个很小很小的土窑洞里，仅能放一张木板当床，那简直还不如家畜住的地方好，看着实在让人不忍。但没办法，他老父亲也是半个残疾，早年在水库打坝时落下腿肿的毛病，据说是脉管炎，我看了，左腿粗得像棵树，不忍直视，老两口住在一间后搭的彩钢房里。就这样的家庭，好在还有几亩果园，挂上果每年能有些收益。但看家里的光景，还有大爷大

拐沟村的一家贫困户

妈及智障老大的心酸模样，我除了留下点钱也真不知还能做些什么……

（四）如何看待贫困户脱贫问题

首先，一直以来各村在评定贫困户时，不是真的按人均年收入2 875元这个线来测算，因家庭收入本无详细量化依据，大家只是主观上认为谁家生活水平不高就推荐谁。其次，目前在册的贫困人口不一定真的很贫困，而未在册的人口不一定就不贫困。因为各乡镇自然条件和村民生活状况各有差异，这个乡镇的贫困户到那个乡镇去可能就算不上贫困户。而且，各个村民小组这次上报的贫困户有些是之前队内轮流做轮到他家或是队里商议出的权宜之策，因不是完全的公开透明评选，不同程度会存在名不副实情况。

分析习近平总书记的讲话以及省市县各级实施意见的初衷，其实大家也明白，贫困户脱贫工作，不是简单地把这些人家近一两年在收入数字上有什么“可喜”变化，也不是单从贫困户本身出发怎么改变自己，不是要这么表面化的解决问题。说到底，是要把贫困户脱贫放到整个经济社会发展的大环境中，而且不能光看在册的这些贫困户，要把所有百姓长久生存发展的问题纳入工作视线，不然怎么谈全面小康？

当前来说，扶贫工作不仅是经济工作，而且是政治任务。各级政府为完成这个硬性任务是各出奇招。有的领导给包扶户买种子化肥、买羊羔猪仔，有的领导给包扶户介绍劳务工作，有的领导动员包扶干部要给包扶户解决“帮助贷款做担保、帮销农产品跑市场、帮上学看病给报销”……可以理解，因为要完成年底脱贫目标，需要这样的“短平快”才能见效。但我们要认识到，任务完成之后，这些贫困户就真的不存在贫困因素了？四年巩固、两年提高，难道要年年包扶干部出钱出力维持吗？会不会像其他政策一样，又养肥了一群另一种意义的“等靠要”投机懒汉？

五保户在主任选举现场

我体会，这次扶贫工作，恰是迫使基层干部转变工作方式方法的有利契机。以往基层干部干工作，一方面，受制于对群众没有制约手段，受限于要迎合上面检查，总是处于被动状态；另一方面，承接工作多，创新工作少。经常是转发上级文件，上面怎么要求就怎么做，不敢突破，不求创新，出现矛盾问题就溜干净地推给上面政策。而习近平总书记恰恰讲过，基层要做好探索创新工作，自觉向改革找突破，要效益。拿扶贫工作来说，不单是简单贯彻落实中央省市要求，更要根据自身实际，尤其贫困问题的根源、贫困户的属性、怎样从源头解决问题并发挥长效作用等这些方面去考虑。

说起来简单，做起来很难。一是因为政策问题，现有的资金扶助政策过于一刀切，导致人们争抢贫困户的指标就为拿钱；二是因为执行问题，实际操作中，基层干部或为了简单易行，或为了不得罪村民，或为了草草了事完成任务不让上级追责，导致一些工作流于形式，甚至给一些无赖懒汉投机取巧之机，却又未按应有的政策予以惩治，进而引发“烂人得志、好人不忿、干部无奈”的尴尬局面。尴尬的不仅这一件，基本上基层每项原本“惠民”的政策执行到最后都会出现这样的问题，这实实在在反映出了“政策”的多面性，它有制定者的不全面，有执行者的不坚定，有操作中的不确定性，说到底，涉及“法治”问题，是不是运用法治思维想问题、出决策、干事情、解决矛盾。

当前农村基层主要问题与矛盾

中国农业出版社　颜景辰

根据农业部党组部署和人事劳动司的安排，我于2015年4月1日至30日在延川县文安驿镇下驿村开展了为期一个月的“驻村蹲点调研”。驻村一个月来我走访了56家农户，和村民同吃同住同劳动，结交了一大批农民朋友，感受到农民生活的酸甜苦辣，体味到基层干部工作的艰辛，加深了对农村现状的认识和思考，并深入了解了下驿村的历史民俗、自然环境、村级组织机构建设、社会保障、生产模式变迁、农业发展现状和清洁能源开发利用等，在梳理和归纳第一手调研材料的基础上形成了调查报告。具体情况概述如下：

一、产业发展土地流转难“过关”

下驿村土地承包流转困难，目前并没有大的农户、企业和合作社来流转土地。仅有村里农民苗星平流转了20多亩地，高清连流转了40多亩地，他们流转土地都是口头约定，而且每家都是给付了200元定金，没有正式书面合约，流转的土地主要用于苹果树的种植，但由于部分村民的土地夹在他们流转土地的中间，不愿意流转，形成了果园中的夹荒地，果树管理困难。驻村期间，我特意去他们流转的地里调查过，土地疏于管理已经撂荒。

后来继续通过入户调查，得知阻碍下驿村土地流转的首要原因是村里土地管理中存在的遗留问题和矛盾较多，不少村民和村民之间的地界存在争议，所以村里还没有开展土地确权工作。另外，在缴纳农业税的时候部分农民放弃了分地，土地划归村里、队里管理，成为机动地，部分转包给了其他农户。一部分农民退耕还林的时候要回了原来放弃的分地，现在没有要回分地的部分农民又想要回这部分地。有地的村民认为，自己当年缴纳农业税、公粮，每年还要参加会战，现在有好处了放弃分地的农民想要回分地，对他们不公平。机动地的分配就成了村里影响土地确权流转的首要问题。

与此同时，农民对土地流转顾虑较多，不少农民有土地是"命根子"的恋地情结，担心土地流转之后不再是自己的；有的有执着单纯的小农意识，认为农民的本分就是种地种粮，没地了怎么办；一些村民对土地预期值过高，流转费用低了不愿意流转，自己出去打打工再加上惠农补贴，日子基本可以过活，流不流转无所谓。家里有地还有着最后的保障，宁肯粗放经营，也不愿转移出让，而且部分土地转出收益吸引力不大，致使流转意愿不强烈。正逢城镇化建设，还有少数人对土地存有增值预期，认为保住土地至少有利无害。

二、"土地"引发的矛盾与纠纷

土地是农民的命根子、钱袋子。从退耕还林开始，村民因为土地引发的问题和纠纷便成为村里的主要矛盾和问题。近几年，下驿村的城镇化建设步伐加快，土地引发的矛盾愈发突出。

(一) 退耕还林补贴中的矛盾

退耕还林起到了涵养村落生态环境的作用，自 1999 年以来，政府引导下驿村村民有计划地将易造成水土流失的坡耕地和易造成土地沙化的耕地，因地制宜地造林种草，恢复林草植被。退耕期间实行资金和粮食补贴制度，按核定的退耕地还林面积，在一定期限内无偿向退耕还林者提供适当的粮食补助、种苗造林费和现金（生活费）补助。具体实施过程中也出现一些问题，产生了一些矛盾。

退耕还林施行之初部分农民担心耕地没了无法生活，存在一定的抵触心理。乡镇村为了保证种树植草的成活率，采取验收补钱的办法。村民种的树哪些合格哪些不合格，多少合格多少不合格，农民不清楚评判的标准，全由验收干部说了算，有的农民因为树种活了但长势不好，至今没能领到前两年的补偿金，怨言很大。因为验收没有一个明确的标准和有效的监督机制，农民说刚开始的时候管理比较乱，不公平。验收人员实行终身责任追究制后开始好转，现在基本上家家都能兑现，但农民和干部一有矛盾就会将以前退耕还林的事情拉出来说事，成为现在干群关系紧张的一个历史原因。

（二）征地引起的问题与矛盾

在下驿村的这段时间村民反映最多的就是关于征地的问题，有的是村民的传统观念和国家法律出现了冲突，有的由于村民的心里预期过高难与政府达成一致，有的因为拆迁操作的不公平生出怨怼，有的因为村里征地款的长期搁置产生抱怨，产生矛盾的原因各种各样。

村里 70 多岁的王伟英老人，户口在下驿村。十几年前，妻子去世之后和李玉英结婚，婚后李玉英户口转到下驿村并分有土地。几年前婚姻不和，两人办理离婚手续，离婚后李玉英名下的土地被征后村民却认为其不应该分得土地赔偿金，至今没有领到任何征收补偿费，村民传统思想认为妇女离婚了就不再是下驿村的人。村里因征地补偿金无法分配，先给每家每户借钱的时候也没有她的份。李玉英老人找我聊起她的事说："征地拆迁款村里人都给借了钱，不给她借。"她情绪比较激动，还拿出离婚时填写的财产分配协议书给我看。她自己不识字，也不知道通过什么方法维护自己的权益。其实村里的大多数农民都不清楚如何正确维护自身的合法权益，化解这类明显违背法律的矛盾，还是要加强村民的法律意识，让村民明白如何用法律维护自己合法的权益。

村里的一个长期上访户高阳，我第一次到他家时，他夫妻俩就一边给我一些材料，一边哭哭啼啼诉说他们的不幸遭遇。那些材料里有县里拆迁他家窑洞的具体方案，有他前后几次上访的申诉材料，有第一次拘留的情况说明和后面两次的拘留证及其他一些资料。通过材料和他们诉说，我大概理清了事情的轮廓：因为文安驿镇被列为省里和国家重点名镇，所以要加快整体开发进度，但是由于高阳同政府未就拆迁补偿达成共识，影响建设进度，所以县里在 2011 年就按照司法程序录像取证公证后对他家承租的果园进行征用和窑洞进行了拆迁，拆迁后高阳一家表现过激而扰乱治安，所以就被拘留，之后跟政府多次协商补偿问题未果，所以 3 年间不断到市里、省里、北京上访，3 年到北京上访过 5 次，2 次到天安门被遣送回来后拘留。他上访的主要诉求是因为他家窑洞靠路边，而且他了解到有些人的破窑洞给的拆迁费都比他的高，因此他要求政府给他返还门面房，补偿标准也要按照他了解到的最高标准补贴。因为高阳的房子以前是民居，按照政策是不可能返还商业用房的，所以问题根本没法解决，就只能拖着。

一些事情无法考证，但从了解的情况看，类似高阳事件的主要问题还是在于个别农民性格比较固执偏激，对拆迁的诉求过高，并且采取一些过激行为和非法上访而导致的，所以化解这类矛盾的焦点还是要让农民对自己的问题和诉求有清醒的认识，这就必须作大量细致耐心的劝解和感化工作，但是基层工作千头万绪，付出一定努力无法解决后就只能被动应对，很难长期付出时间和精力主动去做这样艰难的矛盾化解工作，这样也就进一步激发了其失控的情绪，导致问题越来越复杂和难以处理。

三、干部和群众间的信任危机

干群关系的紧张，并不是一件事情使然，是一个矛盾和意见慢慢积累的过程。生产责任制之后，集体的农机具、牲畜等资产作价低卖给家户；村小队机动地承包收益去向不明；村民入党和选举家族影响掺杂；退耕还林补贴发放不到位；征地拆迁中的利益分配，等等。随着时间一点点积累，村民之间因为利益的分配不公平、村里工作的不透明开始对村干部出现了看法，渐渐地对村干部的看法加深，村里只要有人当了村干部，平时与其关系好的人对他就不再信任，一旦退下来关系又慢慢好转。工作中多次的“狼来了”，农民渐渐地对乡镇干部也都不再相信了。加之近年来城镇化速度加快，征地拆迁矛盾难以及时处理，各种矛盾集中爆发，使得部分群众不相信县里任何一级政府领导干部，但是对省、市等上面来的领导干部还有一定信任度。村民认为只要是干部来了就要吃村里的喝村里的，我驻村的时候就有村民对我说“你住村里吃饭不是村里管么”，我说我自己有时掏钱买菜，也还要给住户付生活费的时候，村民还很惊讶。可见，信任要建立非常困难，可要破坏一两件事就足够了。信任缺失，让一些农民产生了逆反心理，政府让他去做什么，他就偏不去做什么，更有甚者和干部对着干，对村里的和谐发展造成了一定影响。也有村民调侃那部分人“只要是政府提出的他都反对，单纯为了反对而反对”，其中明显缺乏正常的沟通交流。一些村民还是比较理性的，虽然心里也有想法，但能正常表达自己的诉求，他们认为现在村民自治了村里的事务最起码要公开，要让村民心里有个数，真正参与乡村治理。

四、一些农民被“惯坏了”

在调研中，乡镇干部反映，现在国家政策太好，给农民的各种补贴和优惠政策太多，这样“惯坏了”农民。后来在跟不少农户交流时，他们自己也说国家的政策“惯坏了”一批懒惰的农民，导致他们既不在家务农，也不外出打工，而是仅仅等着国家的各种救济和补贴过日子。通过深入了解，发现导致农民被“惯坏了”的主要原因有以下几方面：一是农民获得的各种补贴收入可观，而且这些补贴很多都没有跟产业挂钩，通过详细计算，村里每户普通农民家庭每年获得的退耕还林等各种补贴收入达到 4 000 元左右，同时也有了医疗和养老的保障，处于贫困线以下的农户每年还可以得到延安市政府给予的 1 000元补贴，这使得部分懒惰的农民形成了“等靠要”的思想。二是地方政府在执行国家补贴政策时，为避免产生矛盾和纠纷，方法简单单一，基本都是“见者有份”，缺乏必要的监管激励机制。如粮食直补，不管农民是否撂荒土地，都根据面积进行补贴；退耕还林补贴款里每年每亩有 20 元的护林费，可是不管是不是护林，都会按照面积发放这笔费用，类似这样的补贴执行政策挫伤了勤劳农户的生产积极性、助长了懒惰农户的享乐风气。三是当地政府为了形象工程和应付检查，在扶贫开发等方面大包大揽，如村里的果园由政府新建、栽培和管理，玉米地由政府翻耕、施肥和覆膜，农民每年只需领取免费的种子种下去，然后坐等收获即可，类似的扶持政策也导致农民越来越慵懒。四是不按照法治思维妥当处理农民上访，也“惯坏了”农民。俗话说“会哭的孩子有奶吃”，农民解决诉求基本都是上访，而基层政府维稳压力很大，有时不管农民诉求是否合理，都是“小闹小解决，大闹大解决”，这样下次他遇到困难还会来闹，一来二去就形成了一种恶性循环，这样也“惯坏了”一部分农民。

政府通过各项政策、补贴和措施帮助扶持农民发展产业，促进农民就业的同时，更应该在注重教育引导上下功夫，让农民明白好日子要靠自己握紧拳头去拼去干，而不是伸开双手去等去要，靠天靠地靠政府那是不行的，要让农民明白政府更多的只是一个引路人的作用。

乡村管理数字平台建设

农业部畜牧业司 张 富

根据农业部党组部署和人事劳动司的安排，我于2015年4月1日至30日在圪塔村开展为期一个月的“驻村蹲点调研”。结合我挂职期间协助开展的乡村管理数字平台建设和试点工作，我利用蹲点驻村的机会，走家串户，采用面对面访谈和问卷调查方式，共完成了全村79个家庭307人的信息采集，并对数据进行录入、汇总和分析，取得了一些初步成果。总的看，乡村管理数字平台的建立，有助于解决基层政府和群众之间的信息不对称问题，在精准扶贫、农业生产指导和政策落实等方面起到重要支撑作用，是乡村管理制度改革的一个积极探索。具体情况概述如下：

一、建设乡村管理数字平台的意义

目前，洛川县乡村管理工作主要有4个方面特点：一是在管理主体上以乡镇政府管理为主，实行包片包村的网格化管理。二是在管理手段上以“干部包村联户＋服务大厅”为主，还探索出“干部驻村工作组”、“两说一联”便民联动机制等阶段性管理方法。三是村民自治功能呈弱化趋势，主要原因是村集体经济薄弱、部分农村干部能力和素质不高以及工资待遇低、激励不足等。四是农民的利益诉求多样化，群众矛盾由街坊邻里矛盾转变为经济问题以及对公共服务公开公平的要求。

从调研情况看，洛川县乡村管理存在以下几个主要问题：一是乡镇政府作为主要乡村管理主体，主要精力在完成上级的任务和指标上，对乡村只管不理或者不管不理现象普遍，底子不清、情况不明问题突出。二是管理和服务手段单一，没钱没手段，也缺乏考核机制，导致服务难到位、管理效能较低。三是农民群众缺乏主动参与管理的渠道，上访成为参与乡村管理的主要表现形式。四是各类乡村管理工作条块分割，业务数据不全面、不统一、不准确问题突出，没有互联互通，难以形成有效数据支撑。

针对洛川县乡村管理现状和存在的问题，探索建设乡村管理数字平台，在基层政府和群众之间架构信息沟通桥梁，解决官民之间的信息不对称问题，有利于促进公共服务均等化、精准化以及各项惠农政策的落实，为农村经济可持续发展注入新的活力。因此，建设乡村管理数字平台，是深化农村基层治理模式改革的有效路径，是乡村管理科学化的基础，也是落实群众路线教育实践活动精神、建立便民服务长效机制的具体行动，具有较强的现实意义和创新意义。

二、乡村管理数字平台建设的目标

洛川县乡村社会管理数字平台建设的总体目标：借力信息化，创新乡村社会管理模式，摸清农业农村经济“家底”，了解群众需求，优化乡村社会管理，为群众提供更加有效和到位的公共服务。

一本“家底”簿：将农村居民个人基础信息、亲属关系、家庭主要财产和收入情况、家庭经营情况、土地及流转情况等信息采集入库，无论全县乡村概况，还是村组、家庭、个人信息，都可以做到一目了然，做到心中有数。

一个管理助手：通过基础数据的汇总，实现自动预警和条件查询，为日常管理工作提供强有力的决策辅助。例如，可通过套袋数量提前预警当年苹果产量，为产销形势研判和市场营销奠定基础；各项惠农补贴落实和精准扶贫，均可精确到户，大大提高工作的针对性和主动性。

一种公共服务新手段：通过网络或者移动终端，使各项信息服务不断拓展和深入，向下实现通知、公示、生活提示、农业技术服务和宣传等功能，向上实现群众意见采集、基础数据动态更新等功能，架构信息的沟通桥梁。

三、试点工作成果

洛川县乡村管理数字平台建设共历时 7 个月，经过了可行论证、需求调研、软件开发和试运行等过程，目前已基本成型。结合“驻村蹲点调研”，开展了乡村管理数字平台试运行工作，取得了丰硕的成果，主要有以下几个方面：

成果一：形成了一套报表制度。经过集体研讨、征求意见和试调查等阶段，形成了村集体信息、农户个人和家庭信息等两张调查表，其中村集体信息调查内容包括固定资产、集体土地和财务 3 个方面，农户个人和家庭信息调查内容包括个人基本情况、土地、养殖、房屋、车辆机具、家庭收入、家庭支出和政策性补贴 8 个方面，这些指标基本反映了当地“三农”现状，且易于采集、准确率高。

成果二：建成了一个网络数据系统。目前，已实现方便快捷的数据录入、自动数据汇总分析、多条件组合数据查询、村（乡、家庭）情报告分析、报表快速导出打印、手机端实时查询等功能。

成果三：总结了一套数据采集流程和规范。规范的数据采集流程和方法是确保数据真实性的重要保证。经过试点，对于统一培训、开展试调查、坚持入户调查、广泛开展动员宣传以及数据整理和复核等方面，都做了规范性说明，也积累了不少经验。

四、乡村管理平台数据应用——圪塔村村情民情分析

数据的价值在于挖掘分析。将圪塔村 79 户、307 人信息整理入库后，我对该村村情民情就行了初步分析，主要结论

如下。

（一）人口信息

从性别看，男性 155 人、女性 152 人，男女比例接近 1∶1，处于平衡状态。

从家庭人口数量分布来看，全村户均人口数量 3.89 人，3～5人家庭是主要结构类型，占户数的 74%。有 4 户独居家庭需要重点关注。

从计划生育情况看，不管第一胎是否是女孩，每个家庭生育 2 个以上小孩非常普遍，多者 4～5 个。

从文化程度看，半数村民的文化程度处于初中和高中水平，其中初中文化程度占到 42%。

从务农人口情况看，主要是目前在本村从事生产的成年劳动力，占全村人口 54%，平均年龄 46 岁，户均劳动力 2.1 人。

（二）车辆机具信息

全村购买普通汽车的家庭比例 29%，购买摩托车（电动车）的家庭比例 60%，购买果园车的家庭比例 19%；小型农机具家庭普及率 61%，平均每 18 亩耕地拥有一辆小型农机具。可以看出，随着乡村道路基础设施的逐步改善，洛川县农村正在进入家用汽车的快速发展期，农业机械化水平和普及率提高也很快，且仍有较大空间，这也对政府管理部门的交通管理和服务提出了更高要求，包括驾校培训服务、道路停车规划、汽车驾驶、农机具安全使用和公共安全知识宣传等，使农村群众出行更加便利，同时消除安全隐患，减少安全事故。

（三）苹果生产情况

苹果种植是当地主要农业生产，也是乡镇政府管理和指导的重要内容。2014—2015 年度全村果园面积 808 亩，户均 10.2 亩，人均 2.63 亩。其中，挂果果园面积 583 亩，占果园总面积的 72%，户均 7.37 亩；未挂果的幼园面积 125 亩。挂果果园亩均套袋数量 5 820 个，同比下降 24%；亩均销售收入

5 140 元，同比下降 22%；加权平均销售价格为 3.26 元/斤，同比上涨 25%。可以看出，圪塔村的果农并未从苹果价格上涨中得到更多好处，收入不升反降。主要原因是：一是产量下降较大，出现了苹果生产“小年”，不仅结果少，个头也小，重量下降了 18%。二是年苹果价格起伏大，不少选择库存苹果的果农出现亏损。截至 4 月底，仍有 18 户家庭苹果存库未销售，占全村户数的 22.7%。苹果出库价 4 月初开始一跌再跌，果品稍差的已经跌至 2 元/斤以下，跌破成本线。这个情况非常值得注意。苹果入库冷藏，可以确保苹果四季均衡供应，有利于价格稳定和品牌建设。但果农库存苹果，也只能待价待购，没有开发市场的能力，没有全国市场行情和供需平衡的预判能力，意味着农民在与市场脱节的情况下，参与了市场风险的分担。因此，作为政府管理部门，不应鼓励农民纯粹为待价而沽的库存冷藏行为，而是鼓励在适当的价格下优先卖鲜果，顺价而售，只有亏本或者行情冷清的情况下，才选择库存，确保农民获得稳定合理收益，将市场的风险效益留给营销商家来承担。

从苹果种植的投入效益情况看，2014—2015 年度，圪塔村亩均果园经济投入（不计自身劳动）约 2 517 元，包括化肥和粪肥、农药、人工、套袋等费用；亩均果园收入 5 140 元，每亩纯收益约 2 623 元。从不同家庭来看，收入差距明显。全村有 20 个家庭亩均纯收益大于 5 000 元，亩均纯收益达 7 446 元，但同时也有 10 个家庭亩均纯收益低于1 000元，更有 11 户家庭出现亏损。亏损的原因主要有两个方面：一是产量低。亏损户亩均套袋数 3 812 个，比全村平均水平低 34.5%。二是苹果价格低。亏损户亩均销售价格为 2.9 元/斤，比全村平均价格低 11.1%。数据表明，苹果种植总体效益明显高于其他种植业，但是不同家庭之间由于管理水平不一致，差别较大。因此，从政府指导苹果生产管理的角度来说，一是需要把苹果管理较好的果农挑选出来，给予一定的支持，作为示范户；二是要把管理水平低的果农甄别出来，开展针对性的上门指导服务，逐步提高管理水平。通过乡村管理平台的数据，按亩均套袋数、苹果平均销售价格和亩均纯收入等三组数据进行筛选，分别代表苹果产量、苹果品质和苹果种植综合效益。如果各项指标排名均比较靠前的家庭，就是管理水平较高的种植户，可从中选择示范果园。反之，各项指标排名均比较靠后的，管理水平相对较低，需要有针对性地开展指导服务。

（四）家庭收支情况

了解群众的主要家庭收支情况，可以掌握群众的经济状况和发展能力，排查困难群众，实施有针对性的帮扶、指导、慰问和救济。2014 年度，圪塔村人均家庭纯收入为 11 656 元，其中果园生产纯收入 4 980 元，占 42.7%；务工收入 2 927 元，占 25.1%；其他家庭经营性收入1 309元，占 11.2%；其他种养收入、财产性和工资性收入共 2 231 元，占 19.1%；政策性补贴 209 元，占 1.8%。可以看出，果园生产收入和务工收入是圪塔村农民收入的主要来源。以家庭为单位来看，分布并不平衡，其中人均纯收入在 0～0.5 万元区间的家庭数量最多，不同家庭发展水平参差不齐。

从家庭的主要支出来看，主要分为两大类，一类是果园生产支出，另一类是除生产外的大额生活支出。2014 年度全村共有 51 户家庭发生了大额生活支出，共计支出 181.4 万元，其中看病支出占 35%，上学支出占 28%。这反映了当地群众的生活负担仍然较重，农村公共医疗和教育服务比较匮乏。

（五）精准扶贫

精准扶贫是指针对不同贫困区域环境、不同贫困农户状况，运用科学有效程序对扶贫对象实施精确识别、精确帮扶、精确管理的治贫方式。精确识别是精准扶贫的前提。2014 年，圪塔全村有 60 个家庭实现了收支盈余，户均盈余 4.46 万元；其他 19 个家庭出现了收支浮亏，户均收支缺口达 4.85 万元。收支缺口是识别贫困户的重要指标，但不是唯一指标，还需要从家庭人口、果园面积、固定资产情况、收支失衡的原因等方面综合考量，把真正的贫困户挑选出来。通过数据汇总分析，该村贫困家庭可分四类：第一类是连续两年出现收支浮亏的家庭，共6个，困难户的可能性较大，应进一步入户了解情况，确定扶贫对象。第二类是仅2014年出现较大收支浮亏的家庭，共6个，属于阶段性致贫家庭，适合临时补贴或者救助。第三类是2014年出现浮亏且家庭收入较低的家庭，共5个，致贫的可能较大，需要跟踪监测。第四类是阶段性收支浮亏的家庭，共2个，收入较高，但由于婚娶和建房等阶段性支出较大导致收支缺口，长期致贫的可能性很小，应排除在扶贫范围外。

（六）党建情况

圪塔村全村共有中共党员13名，占全村人口总数的3.9%，平均年龄49岁，学历水平均为初中和高中，存在年龄偏大、学历偏低等问题。党员家庭人均纯收入比全村平均水平高43.6%，亩均套袋数和亩均销售收入分别高20.9%和17.4%，在全村先锋模范和带头引领作用明显。

乡村管理数字平台的一个重要功能就是可以根据学历、年龄、家庭经营能力等数据，筛选出一批潜在的优秀后备力量，由乡镇党委统一培养和发展，避免目前农村党支部发展党员的种种弊端，逐步解决当前农村基层党组织软弱涣散问题。

（七）政策性补贴落实情况

2014年全村享受低保补贴、种粮补贴等各项政策性补贴共计64 168元，人均209元，约占全村人均纯收入的2%，总体贡献率不大，但补贴分配是否公平公正公开，能否精准落实到位，是避免群众矛盾纠纷、充分发挥政策效应的前提。例如，2014年享受低保补贴的5户家庭中，有3户家庭最近两年家庭人均纯收入均在4 900元以上，与申报的人均年收入低于800元要求相去甚远；享受低收入补贴的5户家庭，人均年收入均在5 000元以上，最高达到10 940元，且3户家庭拥有大型农机具，这些家庭领取低收入补贴存在激发群众矛盾的隐患。2014 年圪塔村 36 个家庭享受种粮补贴 12 921 元，补贴面积 223.9 亩，实际种粮面积 138.6 亩，偏差率为 61.5%；仅 5 个家庭实际种粮面积和享受补贴面积一致，偏差率达到 86.1%。以上情况可以看出，大多政策性补贴落实过程中偏差较大，相当一部分补贴成为基层政府和农村干部平衡群众利益关系的手段，有悖于政策目标。乡村管理数字平台建成后，将为基层落实政策提供有力支撑。

有限经历　无限财富

农业部农药检定所　李　敏

根据农业部党组部署和人事劳动司的安排，我于2014年6月至2015年6月，到陕西省延安市洛川县挂职锻炼一年，挂任洛川县永乡乡党委副书记。2015年4月1日至30日，又到永乡乡岭上村“驻村蹲点调研”一个月。挂职蹲点期间，我紧紧围绕锤炼作风、体察民情、提升能力的要求，采用田间劳动、入户访谈和地头群众会等方式，参与村民实际生产生活，对乡村管理现状、信访维稳情况、土地确权进展和农业产业发展等方面做了较为翔实的调研。具体情况概述如下：

一、信访情况概述

永乡乡地处城郊结合部，交通信息发达，群众上访便利，上访意识较强烈。属全县12乡镇中上访量较多的乡镇。

2011年，乡政府接到群众来访案例12件，上级转办信2件（北贺苏村果园承包纠纷，南贺苏村代书记财务不清问题），接待来访群众30多人次，走访信访户17余户。

2014年，乡政府接到群众来访案例14件，上级转办信9件（高家河村水毁玉米、道路维修问题，堡子头村危窑重建及北贺苏村土地纠纷等），接待来访群众40多人次，走访信访户280余户。

二、主要上访问题

（一）土地问题

综合分析历年上访案件可以发现，宅基地、林地、耕地分配不均，土地征用、拆迁和承包地到期占用是导致村民上访的主要原因。土地信访表现出几个特点，一是群体访多发。土地是最基本的生产资料，与每家每户生计、利益息息相关，处理不当极易造成集体上访事件。二是特殊时期多发。永乡乡土地承包期限一般为10～15年，土地承包到期时，容易发生集体上访事件。加之土地承包期限较长，多数问题都为上一届或者更早期的村干部遗留下来的问题，村“两委”会班子换届后，新的村干部对遗留问题了解较少，不能及时稳控并化解村内矛盾，导致大量土地纠纷。

（二）民事、刑事纠纷

包括人员走失、打架斗殴、合同纠纷和村干部以权谋私等。农村地区虽然通过民主选举出村干部，但由于缺少有效的民主管理机制，有的村干部以权谋私侵犯群众利益，造成干群关系紧张，引发农民上访。

（三）恶意访

恶意上访指用不可思议的理由诉说自己的苦处要求政府解决。如退伍军人要求补助，没钱修房子、看病等。有些人自己不能“自尊、自强、自立”，把一切都寄望给了政府；还有人组成了有预谋的骗访链条。

三、韩家寨村土地信访实例

（一）原因背景

韩家寨村位于永乡乡政府西北3公里处，毗邻210国道。该村共有耕地面积612亩，人口76户、359人。1992年，在原延安地委、行署号召大力发展苹果产业的大背景下，韩家寨村委会将120亩土地发包给原延安地委办公室建苹果园。该合同在 2012 年秋到期后，土地由原发包方韩家寨村收回。

随后村支部、村委会根据群众意愿，经村民代表会、村民大会讨论，决定先给本村新增人口补地，然后再按人口平均分配土地。在此过程中，姜海贵一家 14 人因其集体经济组织成员身份未得到《村民自治法》规定数的村民认可（2005—2006 年姜海贵等 14 人在村民不知情的情况下将户口迁入该村，但多年来一直未形成权利与义务关系，且村民对其户口迁入的合法性有质疑），而未被纳入本次土地分配范围。姜海贵本人及其家庭成员因此多次上访，并多次以谩骂、张贴标语等方式阻止该村召开讨论土地分配方案的村民代表会、村民大会。尤其在该村 2013 年 3 月 29 日依据分地方案进行分地时，抢先强行圈占拟分配果园近 20 亩，暴力阻止土地分配。

（二）纠纷处理措施及结果

在乡政府、公安局多次协调无果的情况下，由县级包乡领导包案，抽调相关部门成立专门工作组处理韩家寨村果园发包纠纷。

一是核实涉及人员集体经济组织成员资格及户口疑点问题。在县农经站、法院和公安局的协作下，收集整理相关资料，起草了《关于集体经济组织成员资格认定的说明》，原则上否定了姜家 14 口人的集体经济组织成员资格，并出具书面答复。同时，通过公安部门调查，发现姜海贵持有“双户口”问题，随后将其韩家寨户口注销。

二是深入开展群众工作，推进土地分配。4 次入户向群众宣传信访、土地承包和户籍管理有关法律法规，了解群众上访动态。组织召开 9 次群众代表及部分群众会议，成立土地承包工作小组，确定村集体成员名单，讨论制定新增人口分 7 分地，减少人口扣 3 分地，现有人口分 2 分地的土地承包方案。2013 年 5 月，在乡党委、政府和县公安局等有关部门协助下，该村土地顺利发包到群众手中。

三是及时向县、市信访局上报纠纷处理工作进展。2013

年5月29日，姜海贵一家再次赴市上访，市信访局答复，洛川县的纠纷处理程序合法、结果有效，要求姜家正确认识，接受事实。

四是积极、准确回应记者来访，主动引导媒体正面宣传。

（三）后续问题及处理

一是姜海贵一家不接受对其在该村集体经济组织成员资格认定的结果，但又不愿通过司法渠道解决，强行圈占因土地丈量原因剩余的土地1.5亩，致使承包户冯宝军无法进地耕作。二是姜海贵之父姜浩信（80多岁）到分地小组组长冯文亮家滋事，以死相胁。三是姜海贵声称仍要继续上访，并雇佣记者进行不负责任的片面报道。

针对以上问题，下一步要全力做好姜海贵一家的思想工作，引导其通过司法途径解决问题。按照对群众合理的诉求要积极回应，对闹事缠访、影响社会稳定的人和事要严厉打击的原则，要求公安机关进一步深入调查姜浩信滋事打人的行为，严格按照法律法规做严肃处理。

四、上访根源分析

（一）土地等固有矛盾

1. 人地矛盾突出　目前农村农用地的管理模式，基本是按1998年二轮延包时的户数、人口分配的，大多乡镇17年没有调整土地。但自1998年二轮延包以来，各户人口变动很大，有儿子的家庭因娶妻生子普遍增加2～6口人。全家十几口人种植四五口人的耕地，给农户生产生活带来很大困难。

2. 机动地难调整　洛川农户普遍种植苹果，因苹果树生长期长、收益高，导致机动地承包期普遍在15～20年，且土地到期后地上附着物苹果树难以定价。因此，阻碍了机动地的及时调整，没能承包机动地的农户意见较大。

3. 土地承包有失公平　机动地的承包人一般为村里能力较强、具有一定经济实力的农户。随着时间的推移，各家情况发生了变化，当年没有承包土地的农户可能具备了承包的想法和能力，而土地又难以调整，因此引发矛盾。再者就是村干部违规，将机动地承包给亲戚、朋友，导致群众不满。

4. 承包户拖欠承包款　有些村干部老好人思想严重，或徇私舞弊不能及时催要承包款。另外，有的村干部更换频繁，承包户欠款情况不清，也致使集体资金监管困难。如永乡乡堡子头村规定机动地承包费应根据承包年限一次性交清，到期后续包的逐年交清，但实际仍存在承包款拖欠现象。

（二）村民自治不完善

村民自治，就是广大农民群众直接行使民主权利，实行自我管理、自我教育、自我服务的一项基本社会政治制度。即对凡涉及村民利益的重要事项都提请村民会议或村民代表会议讨论，按多数人的意见做出决定。但至今为止，不少农村地区尚未真正达到民主选举、民主决策、民主管理和民主监督的总要求，主要体现在以下几个方面：

1. 群众素质不高，村民会议难召集　村民会议难召集，通过的决议易被推翻的原因：一是农业税取消后，集体对各户的管理、约束关系变得薄弱。一些村民对集体事务漠不关心，事不关己高高挂起，开会不来的现象屡有发生。二是随着城镇化加快，农村人口流动性增强，空心村增多。如永乡乡当川村第一组 75 户家庭，有十几户常年居住在外地，不到涉及自身利益的紧要关头，轻易不回村开会。三是各村居民往往由一两个大家族组成，户、户之间的兄弟姐妹等“代开会”现象十分突出。上述现象严重损害了村民大会的严肃性，削弱了村民自治的效力。

2. 农村社会环境不和谐　受农村宗族势力的影响，家族以外的成员很难得到公平待遇。如韩家寨村的低保评定，最贫困户就不能得到大家认可。另外，村里有些人作风蛮横，甚至一些黑社会势力等乘虚而入，成为农村社会的主导力量。一般群众因不敢、不愿意得罪这些人，导致集体意志被人左右。

3. 村干部号召力不强　当前很多村干部自身不硬、不强，一是没有为老板姓办实事的热心，二是不能坚持依章办事。如对发放物资、扶贫救困等涉及群众利益的问题不能公正、公开，对村级财务收支不能按时张榜公布等。且现有体制对村干部也缺少有效的监督和考核，导致村干部缺乏号召力和执行力。

4. 乡政府干预村民自治　某些乡政府干预了村集体重要事务，如参与村提留的收缴和使用，村集体经济项目立项，村公益事业建设项目招投标和村民承包方案制订等。

（三）长期认识影响

不难发现，有些群众已经把上访当成一种习惯。这与我国历史上社会治理方式和现行信访制度有一定关系。一是群众认为政府理应解决包括个体生活保障、财产纠纷和人际矛盾等所有问题。二是通过上访的方式表达述求，较为直接、经济，有无理由都可上访，一直上访到满意为止。而寻求司法解决不仅时间长、程序复杂，且有一定费用，结果往往也不明确。

其实一个正常的社会，应该是一个有规则的社会。法律，就是正常社会的一切行为规则。当群众把信访作为一种解决问题的习惯，那么不但破坏社会规则或者说无法树立社会规则，损害司法的权威，且政府也会疲于应付。

五、有关考虑

（一）高度重视处理初访

所有群体性上访都是由初访解决不及时而引起的。因此，对能够解决的初访问题，要立即解决；暂时解决不了的，要做好解释工作，取得群众的理解和信任，对提出不合理要求的，要做好说服教育工作。

（二）明确信访处理范围

1. 非信访处理　按照《国务院信访条例》的规定，对应当告知信访人向有关的人民代表大会及其常务委员会、人民法院、人民检察院提出的，或对已经通过诉讼、仲裁、行政复议等法定途径解决的事情，不予处理。从而避免架空司法权威。

具体是对当事人能自己举证的案例，如有明确土地承包协议的土地纠纷（依据《最高人民法院关于民事诉讼证据的若干规定》第二条规定：当事人对自己提出的诉讼请求所依据的事实或者反驳对方诉讼请求所依据的事实有责任提供证据加以证明)，按照“谁主张谁举证”的基本原则，鼓励、帮助农民通过法院判决执行。对明确的干部贪污受贿提请检察院执行。

2. 信访处理　一是对只能由政府协调解决的问题，如堡子头李宏反映土地分配不合理案例，通过信访途径由基层乡政府协调解决。二是对当事人自己举证有困难，需要土地、林业、农业和公安等部门认定的，如阿寺村宅基地乱建、北头张家洼村林地占用、韩家寨土地分配给非本村人员等案例，提请有关部门调查、执行。对于涉及跨区域、多部门及遇部门推诿、不作为的案例由信访局协调解决。信访局建立案例接访、跟踪系统记录，保证农民正当权利和信访效果。

（三）严肃信访处理纪律

做好各部门协调工作，对应该由本部门解决的信访问题积极解决。对一些突发、异常的群体性上访，主要领导要亲临现场疏导化解，并将处理结果与考核、奖励挂钩。同时，履行信访网络报告制度，及时上报信访动态信息。

（四）注意隐患化解排查

对重点工程，复杂事件实施重点管理：如国道附近的村、组，容易出现工农矛盾；招商引资办企业的村、组易发利益纠纷；群众关注的村级财务问题；机动地承包不合理，到期不收回、拖欠承包费等。

（五）加大信访法规的宣传力度

规范群众信访行为，充分利用基层党组织力量，集中群众学习《国务院信访条例》等法律法规，使广大干部群众牢固树立依法信访的观念，依法有序逐级反映问题。

返乡创业的小何

中央农业广播电视学校　刘小舟

根据农业部党组部署和人事劳动司的安排，我于 2015 年 4 月 1 日至 5 月 1 日在洛川县老庙镇下路村开展了为期一个月的“驻村蹲点调研”。驻村期间，我与下路村父老乡亲同吃、同住、同劳动，增进与农民群众的血肉联系，全面了解农村经济社会真实状况，广泛听取基层群众、干部意见建议，就农技推广、乡村环境卫生整治、保障政策落实、土地确权、新型职业农民培育等专题进行了调研，圆满地完成了驻村蹲点任务。驻村期间，我多次与老庙镇上的农业企业家、致富能手座谈，下面介绍一位返乡创业的大学生，并谈谈他给我的一些启示。具体情况概述如下：

第一次见到小何是 2014 年 10 月，拍摄 CCTV7 电视节目《从农田到餐桌——走进洛川》的时候（挂职期间，我联系本职单位中央农业广播电视学校，为洛川县争取到了 CCTV7《农广天地》栏目的一期节目：《从农田到餐桌——走进洛川》）。当时，苹果产业园区信息中心杨主任给我打电话，说明天有个从苹果园直接采摘发货的场景，问我拍不拍。拍摄进度很紧，感觉不是主线，后期不一定能用上，其实想放弃，但杨主任说地点在我挂职的老庙镇，这下心动了，动员导演第二天去了。第二天，到了老庙镇小兴村口，就见到了来接我们的小何，小伙子看着就很精干，开了辆果园车把我们和拍摄器材都拉进了果园。拍摄的场景是从果树上摘下苹果，分拣后直接装进有15个小格子的专用泡沫箱，封装后由中通快递的运输车现场拉走，2～3天，一线城市的消费者就可以吃到小何快递的最新鲜的洛川苹果了。拍采访小何的镜头也很顺利，他自己说上过几回镜了，指导他把语速降下来基本就成了。拍摄完毕，小何又开着果园车往返几趟把我们送出村，大家都评价小伙子懂事、能干、有头脑。拍摄效果不错，节目年底在CCTV7播出时，小何的镜头基本都保留下来了。

12月，我想买些洛川苹果发给家人和朋友，熟悉洛川电商的挂职干部李敏向我推荐了小何。熟人好办事，15个85毫米的果子，79元一箱，买了9箱，小何给每箱优惠了十几元，家人、朋友收到都说品质好。

驻村一开始就策划写写我们镇的“能人”，镇上的同志再次推荐了小何。通电话、发邮件、面谈，小何是个忙人，但答应的事情一定都给你办利索。

小何叫何飞杰，洛川老庙人，西安建筑科技大学毕业刚两年。小何的爷爷、父亲都是果农，家里种着十几亩苹果，创业成功前，全家人的生活来源以及他上学的费用全部都指望着苹果的收入。小何目前名头很多，洛川绿迈果业合作社法人、洛川县苹果电子商务协会副会长、陕西新农人联合会副会长、中通快递西安大学区负责人、陕西小小河果品科技有限公司法人。小何自己开玩笑说：“我说我是做苹果的，到果农那，人家呵呵！我说我是做快递的，人家送快递的一看我说：‘很好，呵呵’！我觉得我就是《平凡的世界》里边那个王满银，是个逛鬼！”这个大学期间就开始创业，刚出校门就买了轿车的小伙子，2014年帮助家乡果农销售苹果近800吨，赚了30多万元，很让人佩服。

小何的电商路始于2009年。那年，还是高二学生的小何关注到已经有人在淘宝上卖水果，生在果乡的他意识到淘宝开店的未来不可估量，网络会给农特产品的生产销售带来巨大的变革。小何很快就在各大B2B、贸易网站、行业网站和社交网站等注册了以洛川苹果为主题的账号，开始发布洛川苹果的供应信息。也就是从那时起小何的农产品电商之路开启了。

2010 年小何刚上大学，就发现了学校门口摆地摊发快递的情况，随后他就不断与各个快递公司交流，希望能够做他们公司在校园的站点代理，使得他们的快递品牌能够更好地融入到校园。他和中通快递、顺丰快递等达成合作，在上大学期间一直经营校园快递。这番经历在小何后继的苹果单箱网络销售中起到了很大的作用，使他获得了快递价格上的明显优势，积累了快递产品包装、物流运维等方面的丰富经验。

转折出现在 2011 年，这之前，小何主要依靠阿里巴巴等平台进行苹果的渠道销售。2011 年，他受到微博平台帮助陕西咸阳农民把滞销的上万吨马铃薯瞬间销售出去的新闻启发，给自己在新浪微博平台注册了一个以洛川苹果为主题的微博，开始不断地与粉丝朋友、网络大咖一起探讨如何能更创新地销售农产品，那时没几个人知道他还是一个大二学生。通过在微博上不断地真情传递，互动消息，关注的朋友越来越多，源源不断有客户一箱、两箱的买苹果，微博结合阿里巴巴店铺的思路见成效了。2012 年，小何通过微博上认识的朋友联系上成都红旗连锁超市董事长曹世如，线上线下多次联系后，他与红旗超市达成合作协议，供货洛川苹果。从 2012 年 11 月开始，每周一趟车，一车 20 吨，装 1 300 箱苹果，每箱 30 斤，3 个多月，小何赚了 8 万多元。当时，第一车货的结算方式是苹果拉过去后验收合格才付款，十几万元的货款，小何父亲觉得风险大要坐地销售，小何坚持押车发过去，结果苹果运到成都，红旗超市马上就给结算了货款。愉快互信的合作，使得红旗连锁超市的曹总愿意进一步和小何深度合作，还把小何介绍给成都一些大的水果商，一下就打开了局面。

现在，小何的苹果生意越做越广，走超市对接、走企业福利、走行业联盟抱团发展、走批发市场、走团购、走淘宝、走微商。他自己设计了各种独特的苹果快递包装，完善了物流发货服务，尽可能地使苹果在最短时间内、无损的送到消费者手中。

2015 年 3 月，小何自费去北京了参加“汉森创投—农特产品微商特训营”培训，系统学习了基于产地销售农特产品的互联网创新运营模式。在培训班上，中国品牌研究的几位导师共同策划，帮小何头脑风暴出来一个具有互联网思维的果品品牌——“果真小河”，并帮他策划了系列推广方案。接下来小何准备在老庙镇小兴村注册“果真小河苹果专业合作社”，引导全村村民种植高端无公害苹果，引领洛川果业走向高端人群。目前，“果真小河”的商标注册已经完成，全套包装设计也已开始进行，不出意外，2015 年可以投入使用。

国家目前鼓励大学生返乡创业，2015 年的中央 1 号文件提出，大力发展农业产业化，促进一二三产业融合互动。年轻的小何目前走的正是这条路，他的家庭、乡亲、家乡已经并将继续从他的事业成功中不断受益。小何说：“直到现在我都没有想到，一直以来我做的农产品电商是可以为农民增收，乡村经济增长的大事情!”

小何给我的一些启示：

1. 小何是个“农二代”，他没背景，没人脉，走到今天很不容易，但他现在和著名的“土豆姐姐”是朋友，和爱国者冯军吃过饭，陕西省团省委青农部部长魏延安热心帮助他宣传。一个村里娃把这些看起来不可能的事情做成功，靠的是他的聪敏勤奋，靠的是他抓住一切机会、不放弃一切机会的劲头，靠的是他合理的运用、借助了互联网工具，实现了与资讯的对接、与主流社会的对接，把自己、把自己家乡的资源充分展示给大众，成功打通了便捷的社会交换通道。路通了，财富自然就来了。目前，我国正处于信息社会转型期，转型伴随着新秩序的建立，伴随着无数新的机遇。现在这个时期，对于农村、农民而言，获得领先的信息是比获取资本、获取人脉更重要的事情，需要各级政府、社会各界去关注、去研究、去解决。

2. 2014 年就添加了小何的微信，他几乎每天都发个三四条，内容基本围绕苹果、物流、电商，他的微信，我几乎每篇都看，充满了奋斗的激情和正能量，让人感觉很振奋。前几天看到他在微信上发了这么一段话："客户买的是商品，不是农产品！你不能让人家花着买个商品的钱，去忍受农产品的特殊！好的农产品不一定就是好的商品。采摘、分拣、包装、运输，每个环节都是一道坎！"我看后感觉小何真是老庙镇的一个骄傲，他在实践中认识到这些是特别难能可贵的，这也正是洛川县以后要做的事情，洛川要提供给全国消费者最好的"苹果商品"，而不是只简单的提供苹果。

3. 小何说："每天都有好几个朋友在线咨询我，我们年轻人想要在农业上创业，该怎样选择项目？更有许多大学毕业生找我咨询给家里增收致富的项目。说实话，每每遇到这类问题，我既高兴又无可奈何！高兴的是这么多和我一样的年轻人愿意回归农业，无奈的是每个人、每个家庭、每个地域的环境不尽相同，选择适合自己的创业道路也不尽相同。农业行业最大的困难是不具备可复制性，一旦去复制别人的模式，往往会走进死胡同。"如今，大学生返乡创业成为了热点话题，各项扶持政策也相继出台。大学生，特别是一些农村出来的大学生，能够转变观念，不再留在人才济济的大中城市，回到家乡自主创业，是社会发展的必然趋势，能够促进城乡统筹快速发展。农村，"广阔天地，大有作为"，如果大学生毕业之后能够返回自己的家乡创业，抓住机遇，施展才能，不但可以带动家乡农村经济发展，还可以实现自我的价值。当然，这并不是一件容易的事情，创业充满艰辛，家人不理解、不支持，资金、经验缺乏，大学生创业比其他人群需要更大的勇气也面临着更多的困难。从与小何的交流情况看，很多大学生面临返乡创业这个问题时，存在下不定决心或迷茫不知出路何方的情况，确实需要引导、培训、帮扶。多年来，农业部在这方面做了很多事情，效果也很好，单是农广校的新型职业农民培育创业培训、农村实用人才带头人培训都包含了大学生返乡创业培训。特别是2015年3月，为吸引、支持大学生返乡从事涉农行业创业，农业部、团中央和中国农业银行联合发出通知，在农村青年创业致富“领头雁”培养计划和现代青年农场主计划框架下，启动实施大学生返乡创业行动。提两点建议，一是从小何的经历看，大专院校针对有意向的学生提供创业培训和创业实践活动是有必要的；二是从我们挂职期间掌握的情况看，目前地方政策存在“扶大忽小”，扶持政策、项目资金都被已成规模、人脉宽广的“大户”拿走了，而“弱小”的返乡创业大学生往往啥都拿不到，相关部委、地方政府应该高度重视，加快研究解决这些问题，别让政策变了味。

4. 小何说自己是一个新农人，他很赞同新农商学院创始人新农人联盟发起人辛巴对新农人的定义：“新农人”是坚持发展生态农业并自觉维护生态和谐，以生产和流通安全食品为己任的涉农生产者和经营者。小何下一步要引导全村种植无公害苹果，这位年轻的“新农人”要通过他的努力去改变家乡传统的小农生产模式，向新农业方向转变。从这个角度看，帮扶这样的“新农人”，就是在帮助提升农业可持续发展，帮助改善食品安全和生态环境，就是在帮助消费者自己。

抓好民心工程促进农村和谐稳定

农业部农业机械化管理司　张汉夫

根据农业部党组部署和人事劳动司的安排，我于2015年4月1日至30日在陕西省延川县延水关村开展了为期一个月的“驻村蹲点调研”。驻村期间，我紧紧围绕农村最低生活保障制度实施情况，采用点面结合、走访座谈、事例分析等方法开展调研，对农村低保实施情况有了进一步的了解。总体上看，延水关村农村低保实施平稳有序，解决了困难农民的基本生活问题，促进了农村和谐稳定，但也存在一些不容忽视并亟待解决的问题。具体情况概述如下：

一、延水关村基本村情民情

延水关村位于黄河中上游，距延川县40公里，在延水关镇政府东南8公里处，与山西省永和县隔黄河相望。

其地理区域属于黄土高原，平均海拔1 000米左右。年降水量200～750毫米，冬春季寒冷干燥多风沙，夏秋季炎热多暴雨。

延水关村总耕地面积3 000亩，退耕面积1 009亩，红枣种植面积1 400亩，其中老枣林300亩，中枣树950亩，幼枣林150亩，2014年全村农民人均纯收入10 590元。延水关庄头的狗头枣是主打产品，全国闻名，成为吸引游客的重要资源。每亩种植45～50棵枣树，每亩产1 000斤干红枣。一年中，用于管理枣树的时间约占6个月。据估计，延水关村70％以上的土地都用于种植枣树，人们靠红枣挣得一半以上的收入。农民还种小米、玉米、芝麻及各种蔬菜，尽管它们与主要作物相比是无足轻重的。此外，黄河里有鲤鱼、鲶鱼，这些都是当地人的食物。在过去 10 年中，陕北雨水逐年增多，红枣产量逐年减少。延水关村经历着红枣产业萧条萎缩的痛苦过程，农民收入增长乏力。

延水关村另外一个支柱产业是黄河采沙，沙石资源的开发使全村成为陕晋重要的交通要道，也为未来的发展提供了良好的机会。延水关村还是陕西省的出省口之村，具有良好的地理优势，能够同时吸引两省、两县游客。延水关村利用这一地理优势，规划以桥头广场和黄河漂流站带动餐饮、旅游业发展，从而带动百姓致富。

延水关村共 173 户、612 人，中共党员共 21 人。有 2/3 的人口外出打工，或到县城居住。留在村里居住的主要以老年人、妇女和儿童为主。一部分年轻人留在村里从事黄河采沙产业，收入比较高，7 000 元/月以上。但毕竟村里的工作机会有限，大多数的青年人不得不选择去县城或到延安、西安等地打工。工业化的过程增加了当地农民的收入，但同时又加速了农业产业的萎缩，农业生产逐渐成为农民的副业。有一部分农民缺乏收入来源，不得不靠国家救济生活，其中低保是最重要的民政求助政策之一。

二、延川县低保实施的整体情况

截至目前，全县共有城乡低保对象 10 728 户、27 245 人，分别占总户数的 19.35％和总人数的 14.04％。其中，农村低保对象 7 414 户、18 241 人，月支出保障金 171.35 万元，月人均 93.94 元，保障率达 16.28％。全年共支出城乡低保金 4 144多万元。从 2007 年起民政局共发放城乡低保资金 2.4 亿元，有效保障了困难群众的基本生活，促进了社会和谐稳定。

延川县高度重视社会保障事业，不断规范低保工作程序，严格施保条件，扩大保障范围，提高救助水平。主要开展了以下工作：

（一）严格申请审批工作程序

执行个人申请和村（居）委、乡镇、民政局三级评审，三榜公示的城乡低保申请审批程序。乡镇政府和县民政局组织两次入户调查，核实申请户的情况。县里还聘请了12名群众审查代表全程参与低保工作，主动接受社会监督，增强工作透明度，着力推进低保工作的阳光作业。

（二）开展低保对象分类施保

从2013年开始，延川县对新调整的低保对象开展分类施保，对70周岁以上老人、儿童、重度残疾人、重病患者、单亲未成年人、哺乳期妇女、非义务教育阶段学生，按现行发放低保标准的20%～70%增加了低保补助，解决了低保家庭的实际困难。

（三）提高低保补助发放标准

根据全县经济发展状况和城乡居民的实际生活状况，保障标准和补助标准逐年提高。城镇低保线由2002年的每月130元，提高到现在的360元，农村低保保障线由原来的每年425元，提高到现在的2 020元。

（四）进行低保评议审查试点

县民政局联合关庄镇政府组织60多名干部在全镇32个行政村开展了为期一个月的农村低保评议审查、规范治理工作。通过坚持按规定程序，落实“三评议”、“三备案”、“三公示”措施；坚持家庭经济收入定量，坚持家庭生活状况定性，坚持民主、公开，坚持大稳定小调整，做到了应保尽保、应退则退，不同对象的救助标准有升有降，群众普遍满意。

（五）全面开展低保清理整顿

在试点的基础上，2014年县委县政府在各乡镇、社区开展了农村低保评议审查，进一步明确低保对象认定条件，对现有享受对象进行全面摸底、评议审查，符合条件的继续享受，不符合条件的坚决予以清退，将真正贫困对象纳了进来。对全县 7 414 户、18 241 人农村低保对象进行全面评议审查和家庭经济信息比对，共对不符合的 194 人低保对象进行了调整，进一步规范了低保工作，提高了管理工作水平。

三、存在的主要问题

通过驻村调研了解，当前延水关村低保工作还面临许多需要破解的困难和问题：

一是低保对象界定难，隐形收入难测算。延水关村近 10 年红枣连年减产，农民收入增长缓慢。很多村民依然贫穷落后，经济条件好点的农民都转移进城了，留下的多是“老弱病残”，生活条件基本相似。在家务农经营收入差别不大，平时外出务工等工资性收入不易测算，这些给低保户界定甄别工作带来很大难度。当地很多村干部认为低保政策虽然很好，但工作量大、操作性差，政策执行难度高，需要进一步完善细化，加强顶层设计。

二是低保政策实施不力，影响农村和谐稳定。据村干部说，农村 90%的不稳定因素来自民政求助。农村存在传统的集体福利思维定式，农民不患贫而患不均。低保、贫困补助、受灾等救助款物的发放公平与否，都很容易引起农民不满。目前很多农民形成“等靠要”思想，以能吃上低保为荣，有的不能申请到低保的农民经常上访闹事。有的农村干部甚至认为，不如将低保资金打捆使用，直接补贴到农民看病、上学等环节，矛盾少、易于操作。

三是操作程序不规范，群众知晓度不高。调研情况看，大多数的受访农民都不知道村里谁家享受低保，也基本没有参与过评议，没见过公示。农民的低保申请报到村上以后，村干部怕得罪人一般直接报到镇政府审核，而有的村民反映只有和村干部关系好才能报上低保。这一过程往往缺少村民参与，缺少民主评议，缺少公开，而产生很多不公平现象。同时，动态管理难落实，低保户易进难出，调整难度大。

四是“关系保”、“人情保”依然存在，影响党群干群关系。据了解，农村低保与新农村合作医疗报销、助学就业贷款、困难补助等扶贫政策挂钩，在农村是“香饽饽”。在延水关镇调研时，主管民政救助的同志说，全镇380余户低保对象，涉及1 000余人，其中20%是关系户，40%是可上可下，40%是困难户，而有一些真正困难户没有享受这一惠民政策。来镇里找关系的人多，有些人穿金戴银来办低保。这些关系户中，很多是县上“戴帽”下来。而据有的农民反映，能吃上低保的大多是有关系的能人，要占到60%以上。农民怨气很大，影响了党和政府在人民群众中的形象。

四、对策建议

低保是民心工程，应推进规范管理，完善操作办法，促进此项工作顺利实施，发挥积极作用。国家应加强顶层设计，立足农村经济社会和基层社会救助经办力量、保障条件实际，科学确定不同类型地区的补助对象标准、核查内容、操作方法和程序，充分发挥地方的自主性和创造性，防止生搬硬套和一刀切。

一是在政策的实施主体方面。建立多元参与，相互监督、相互制约的工作机制。县民政局是农村低保政策的监督主体，负责政策宣传解释、工作指导、监督检查、入户抽查和公示。乡镇政府是责任主体，坚持政府主导，组织村党支部、村委会和村监委会，开展民主评议、入户调查、张榜公示，指导农民申报家庭经济状况。农民群众是评议主体，广泛参与确定低保对象，将真正生活困难的农户纳入低保。

二是在工作程序方面。低保对象的评议审查，应坚持公开、公平、公正，尤其是注意要让政策在阳光下运行，低保户的名单应在乡镇和村里进行公示，避免暗箱操作，减少关系户、人情户的产生概率。乡镇干部对低保申请家庭进行100%入户调查核实，既不现实也不可能，且缺乏相应的核算标准，农村低保制度的整体思路和操作办法应有别于城市，村级评议是关键。要将审查权、话语权交给农民群众，让村民或村民代表进行评议审查，提高政策实施的透明度和农民参与度。结合各地实际，通过评议或投票拟定低保对象，把那些敢说话，说公道话的农民纳入到评议组，才能有效减少漏保、错保，减少矛盾的发生，促进农村和谐稳定。

三是在困难户评判标准方面。考虑到多数农民隐性收入多、账面收入少，打工收入多、经营收入少，农产品价格波动大，农民收入支出构成复杂，难以核算的实际，应探索试点变定量测算为定性评价。重点保障下列五类家庭人员：智障、重残的家庭人员；丧失劳动力，无收入的家庭人员；主要劳动力伤亡、患重病或常年久病，基本生活困难的家庭人员；孤寡老人或单亲家庭的人员；因灾、因上学或其他突发性事件造成生活困难的家庭人员。

四是在日常监督管理方面。各级民政部门要健全监督检查长效机制，加大对政策落实的监管力度，要强化违法违纪责任追究和处罚力度，建立失信信息披露和诚信登记制度，对于骗取农村低保的行为要及时予以披露、惩戒，滥用职权、徇私舞弊工作人员，要依法依规追责。要开展广泛宣传，使群众清楚自己依法享受社会救助的权利义务。要把低保审批情况和救助金额等作为社区公示的重要内容，在村委会长期公示，便于群众监督。

一个宗族性村落的想象与现实

农业部科技发展中心　侯耀华

根据农业部党组部署和人事劳动司的安排，我于2015年4月1日至30日，在陕西省延川县北塬村进行了一个月的“驻村蹲点调研”。驻村期间与村民们同吃同住同劳动，这次活动让我了解了农业农村的真实情况，体验了农民的艰辛，感受了乡村的变化。这是一次深入的群众路线教育活动，也是践行“三严三实”的实战演练。具体情况概述如下：

一、北塬村的基本情况

（一）北塬村的形成

北塬村是宗族性村落，是明清时候移民形成的，就是人们说的山西大槐树下过来的。相传当时杨家的4个兄弟在此地定居下来，在山上开荒种地，逐渐形成了村落。新中国成立后，村落中有40几户人家，各个家庭之间在经济上相互独立，在利益上没有根本冲突，能够确保家庭正常生活。村民之间都是亲戚，血缘近的相邻而居，生产生活上互帮互助，村落结构健全，长期和平稳定。全村的男同志都姓杨，只有一户姓高，那还是新中国成立后的事情，七十年代，当时村里的支书是位女同志，男人不幸病亡，后来再嫁，第二任丈夫姓高，就此搬来北塬村居住生活，村里人接受了他。现在北塬村已发展到120户、497人。

（二）北塬村的农业生产

北塬村，位于县城东北7.5公里处，在海拔1 000多米高的残塬上，和川地落差有 200 多米。总土地面积 6 850 亩，沟壑纵横，整块的土地有只有两大片，有 800 多亩，其他的都是坡地，目前苹果面积2 920亩（挂果 1 860 亩，幼园 140 亩，新建园 920 亩）。产值 630 万元，人均苹果收入 12 000 元。就农业收入而言，最多的一户收入 30 万元，最少的不足万元，差距明显。农业生产上还是靠天吃饭，苹果树不浇水，打农药、一点自己吃的蔬菜、西瓜、小瓜，用三轮车拉水，用瓢定点定量的小心灌溉。村里有 5 户养羊，一户有 100 多只，其他几户都是 2～3 只，牛有 1 头，毛驴 1 头。现在农村养家畜的少了，只有一户还在用骡子干活，其他人家都用上了三轮车、微耕机等，品牌型号都不一样，用起来还可以，就是维修起来费钱。

北塬村里的耕地，都是历史上传承过来的。有几块在相邻的村子里。老辈人讲，新中国成立前，村里有一个地主，会经营，有了一定的积蓄。在邻村的花家腰村买了大量的耕地。在解放战争后，土地再次分配，北塬村比相邻的村子人多，这些土地都争取了过来，后成为北塬村的“飞地”。北塬村自 1978 年将田地按人口分配到每户，实施家庭承包经营以来，一直到现在都是“增人不增地、减人不减地”没有进行土地再分配。一般情况，村里的年轻人成家后，从父辈的地里，分出三五亩地，一些年轻人不愿意分家里的地，只能进城谋生。

北塬村距离附近的村子一般是 1.5～2 公里远，我通过卫星地图观察，村落之间保持一定距离，这个距离是生产力决定的，在过去是体力脚力劳动的最远距离，超过这个距离人花费在路上的时间和劳动量就大于田间劳动量，人们无法节省劳动力。上塬的一段水泥路只修到邻村花家腰村口，北塬村与董家塬之间有土路相连。到地里只有简易土路，可通过小型车辆，货车无法通行，交通不便。

村子里的人基本都住在塬上，居住比较分散，主要集中在 4 个区域，8～12 户相邻而居，有 6 户人家独居，分布在村头村尾的路边。公社时代，土地是公家的，村里人的窑洞大都在土崖上，现在大多废弃。20世纪90年代后，都在自己的地里盖窑洞，一般是石窑，石头是山下买的，当时很多人用不起水泥，只是用泥浆填缝。2012年下暴雨，很多窑洞受损严重，政府补助在院子里给盖了彩钢房，一些年纪大一点的，就住在里面了，除了夏天热一点，冬天保暖还可以，大多数人还是准备翻新原有的石窑。有7～8户年轻人盖新房，采用的平板结构。但多半不在家，都为了孩子上学方便在城里租房。

村子的中心区域有棵大树，旁边有水塔，大家拉水都到这里，还有2014年刚建好的党员活动室，旁边的小学和卫生室都已荒废，还有一户破败的很严重的旧窑院，是位老红军的旧居，村里一直在申请资金修缮，但资金还没下来。村里最后一块公共用地近年来修建了3座寺庙，还修建了钢结构的大棚，办庙会的时候当戏台，平时停车。村里的水力资源匮乏。在山沟里有一眼井，后来扶贫办给修了个简易的泵房，交给村里自己管理，每户每年收水费140元。农民生活上用水很省，一月一吨多点。

北塬村位于黄土高原沟壑区，降水稀少，水资源限制了各个村落的发展。降水总量首先遏制的是作物产量，而作物产量则直接遏制人口总量。因此，北塬村实际在村的共41户、120多人。

（三）北塬村的公共收入

进村后，我和杨支书聊起了北塬村的公共收入。账本已经找不到了。现在公共账上只有3.6万元，已交给新任村长。主要是集体土地出租的收入。北塬村的山沟里有坝地80多亩。其中，40亩给了村里人，30年共收得4万元整。另外40亩无偿租给了承包水泵房的外村人，水泵房的养护和维修由其负责。其他的收入基本没有。开支方面也只有党员活动室买了一个取暖的炉子和一些办公用品。可以说，北塬村没有多少公共收入。

二、想象与现实

（一）村与村之间没有边界

北塬村有多大呢？与邻村边界在哪里？打开地图，只能查到一个村名，村落的边界在地图上鲜有显示。通过查阅资料发现，原来我国绝大多少村落是没有官方划界的，村子和邻村的边界，只有村里人知道。

乡镇是最小的一级行政区域，行政区域是划界的，可以在地图上找到。所谓的村界，是以亲缘、地缘关系为基础的村落共同体边界、是以土地所属为依据的村界、以行政关系制约下的村组织行政界限。影响北塬村边界的几个因素：

1. 土地　北塬村继承的土地，组成了他的大部分区域。这包括历史上继承下来的，也包括集体时代集体开垦的，还有近些年填沟造地的新增面积。

2. 地上标记物　北塬的水源地、沟里的水井以及村民在沟里人工种植的槐树、柏树等树木，在山坡上种的小葱红薯等以及在崖上挖的洞等。总之物各有主，和城里占地摊一样，谁占上算谁的。

3. 传统的活动的区域　村里老一辈活动的区域，如老祖宗立的碑、土地庙、大仙、树神等区域。村里人祖辈的坟地，村里的传统活动场地，如社火、庙会场地等。

4. 集体资产所在的区域　除村落共同体成员的边界难以确定之外，村里的集体资产也是很重要的一部分。大概有 3 个方面：一是集体所有的苹果新建园、荒地和树林等自然资源。二是集体成员的劳动创造，如公社时期兴建的学校、坝地和厂房设备等。三是集体资本形成的资产，主要是由原始资本创造的，如村委用集体的钱开办的企业、购买的地皮等。

随着农村人口的大量外迁和农村老龄化，血缘、宗缘和地缘关系逐步淡化和消解，社会边界的彻底解体，意味着村落的终结。

（二）村务工作家里办

开会在村里，办公在家里。在北塬村发现一些农村的实际情况，村委会新盖的党员活动室里面有一个会议桌和十几把椅子，在开会的时候使用，平时一般都锁着。村委会除了开会，一般性的事务都在家里就可解决。村里公共的文件和资料一部分在杨支书家里，如低保花名册、社保花名册和人口普查表等。另一部分在村长家里，如村里的公共收入、印章等，另外村长的媳妇还是会计。

（三）公共服务私有化

首先是吃水问题。扶贫办为村里改造的水井和泵房，归了私人，是个外村人，不知道是什么关系。除了每年每户收 140 元的水费，村里还将 40 亩坝地无偿提供其使用。公共水源地，原则上应该村里负责管理。听到村民们反映，自从签了土地后，泵房管理就不是很尽心了，自来水经常性的断水。

北塬村的 3 座寺庙和一个戏台，是村里的几个人投资 30 多万元修建的。虽然是公共用地，但是寺庙的管理和庙会的经营由理事会负责，收入大部分归投资者个人。

（四）农村建房无人管理

刚入驻北塬村的时候，发现好多人都在自家院里加盖房屋，有些人是在自家院子里盖，有的人干脆在交通方便的自家耕地里新建平房。我问村支书，村里盖房子，需不需要审批，村里有没有储备宅基地，得到的回答让我很意外。村里没有宅基地可用，村民盖房子可以在老院子里盖也可在自己的地里盖，只要没有权属纠纷就行。农村的房子现在还没有产权证，有关部门也没人查，基本处于无人能管的状态。

随着农村人口增长，村里没有宅基地可以分配，无法满足农村住房需求，因而建房占用耕地的面积也在逐年增加。农业耕地不断地被建房占用，究其原因有以下几个方面：

一是住房需求持续增长，而宅基地没有增加供应。农村人口在不断增长，原有的分配宅基地时，是一户一宅，但是随着时间的推移，一户变成两户、多户，老院子放不下新增人口。然而，有的户主迁出，宅基地无人居住，成了空窑。这几年村民经济逐渐富裕，建房攀比之风也逐渐升起，都想多占多用土地，除了老宅附近的空间，一些村民自然而然地把目光投向了耕地。这样，在农村就出现了一种奇怪的现象：一方面是空窑放着，无人居住；另一方面是村民在耕地上建房盖屋。在调查中发现，绝大多数村民表示，他们在主观上也并不愿意占用耕地建房，占用耕地建房是没办法的事情。

二是法律法规观念淡薄，村委组织无力监管。很多村民认为，耕地归自己所有是属于个人的私人财产，自己可以自由支配。实际上农民所享有的只是对土地的使用权，而非所有权，农民不享有对土地随心所欲的处置权。很多地方都存在滥占耕地建房现象，法不责众，村委组织没能力说服村民不在耕地上建房。

三是耕地产出收益较少，修建房屋可使财产增值。现有土地耕作的收益不能满足生活的需要。很多村民可以外打工，耕地对他们来说远不如以前重要，占用几分或一亩耕地用于建房也变得无关紧要。农村土地为集体所有，在耕地上建房后成为宅基地，而宅基地属于私有，使农民对土地的权利实质性加强，在这种意识状态下加剧建房占用耕地的趋势。

加强农村集体土地特别是宅基地管理，是事关国家粮食安全和经济发展的重要工作，也是广大群众迫切希望解决的问题。应尽早进行合理的规划，有效利用每寸土地，切实保护宝贵的耕地资源，严禁违法侵占耕地建设行为，确保 18 亿亩耕地红线不被突破，为国家粮食安全提供有力保障，应重点抓好以下几项工作：

一是加快土地确权，明确土地用途。对集体土地进行测绘登记，进行土地确权，明确土地用途。同时，建立完善的土地违法案件举报制度，依靠广大人民群众，及时发现并查处土地违法行为。对违法行为进行刑事和民事的追责。

二是建立有偿使用制度，充实集体经济。农村集体土地宅基地实行无偿使用制度，存在私建多占的问题。因此，应推行宅基地有偿使用制度。这样可以增强村民土地公有观念，有偿使用的收入又可以促进和壮大集体经济，发展农村公共事业。推行宅基地有偿使用制度在一定程度上可扼制村民住房建设中多占乱占耕地的严重问题。

三是合理规划，建立宅基地退出机制。村民修建住宅没有整体规划，道路、给排水等占用大量土地。一些荒废的土窑和院落浪费了大量的土地。建立宅基地退出机制，给相关的村民统一的补偿，可以盘活村集体土地资源。通过合理规划，可节约大量土地。对规划内修建农村住宅在水、电、路配套设施等方面给予优惠照顾政策，对不在规划内的新建房屋，加收管理费用。

三、对北塬村的一点认识

一个月时间的“驻村蹲点调研”，从刚开始驻村时的手足无措，到后来习惯了面朝黄土背朝天，习惯了早起晚睡面条稀饭；喜欢黄土壤里的那缕阳光，喜欢苹果树上的那阵清风。在帮老乡们铲土砌窑、递烟拉话中，成了朋友。在果园里为苹果树刮骨疗伤，撒粪上肥，疏花疏果，拉枝套袋，成了能手。以前觉得自己是客人，唠的也就是家长里短、喜怒哀乐。现在是劳动者，要解决实际难题，关心起买的农药化肥是不是真的，果树怎么开花结果少了，用农家肥是不是比复合肥好，在劳动中确实会有完全不同的体味和感想。

一个月的时间虽然很短，从中学到了不少知识，不光认识了农民困境中的坚守执着，艰辛中的开朗豁达，也发现农业农村生产生活中的一些问题。

我对北塬的认识或许不是太深，也看的不透彻，我本身是个外来人，学校里的照本宣科，久居城市的简单生活又局限了我。可是谁又能看清楚呢？只有在这里出生，跟着岁月长大成人，最终老死在这个村子里，死后埋在陪伴他的土地里的农民，才真正了解它。

任岁月流去，依然不变的还是那几块地，那几间房子，和那一群人，过着日出而作、日落而息的单调生活，他们的日常生活没有什么大事，但并不因此小里小气，他们大方的召唤你进窑拉话，热情地为你端上一碗香喷喷的饸饹面，动情地诉说着自己的故事，对生活却没有任何怨言。当你看到他们因为一个低保名额，在村委会里吵个天翻地覆的时候，你能说他们胡搅蛮缠吗？是啊，他们该计较什么呢？生活在如此偏远的沟沟坎坎里讨论叙利亚局势，还是股票基金？这些社会大事，哪一件比羊啃了他们的果树重要，那是他们赖以为生的希望。

每当走进村里，看着高高低低熟悉的房屋，在大道上，看到车把上缠着红布条的摩托停地里，那是村长去西安考驾照回来了。早上刘大妈的亲戚给她捎来了一小箱子红薯苗，现在又赶着毛驴车去给她的两只山羊拉草去了。水塔上站着个大高个，那是二不流子的大儿子回来帮他打农药了。老军叔又拉回来十几箱果袋，够他 3 年用的了。应该快吃饭了，赶紧回家，杨支书和刘婶津津有味地看着韩国电视剧，等我回来吃饭呢……

晚上满天繁星，好像中国千千万万个普通的村庄，独一无二，又平凡朴实。农村真好。

龙石头村蔬菜大棚产业发展情况调研

农业部农业生态与资源保护总站　徐文勇

根据农业部党组部署和人事劳动司的安排，我于2015年4月1日至30日在陕西省安塞县龙石头村开展了为期一个月的“驻村蹲点调研”。驻村期间，我紧紧围绕深入了解农业农村真实情况，体验百姓冷暖，感受乡村变化，反映基层干部和农民群众的所思所想所盼为目的，采用走访、座谈、现场体验等方法，对龙石头村的生产、生活、医疗、社保、能源利用、环境治理等多方面情况进行了解，收集了大量一手资料，加深了对我国农村现状的认识和思考。具体情况概述如下：

一、大棚蔬菜产业发展情况

棚栽产业是安塞县农业主导产业之一，也是安塞最早发展起来的农业产业。1992年，安塞县利用鲁陕干部互派干部挂职交流的机遇，从山东诸城市引进大棚蔬菜种植项目，试验种植获得成功，自此贫瘠的黄土地中长出了“金饭碗”，安塞农民找到了一条通向富裕的康庄大道。经过20年的发展历程，安塞棚栽产业规模日益壮大，为安塞农民带来了丰厚的经济收入，蔬菜大棚也成为数十万农民的致富“车间”。

（一）龙石头大棚发展情况

龙石头村的棚栽产业最早要从1992年说起，当时是最早从山东寿光引进的一坡一立式结构大棚，是当时日光温室大棚发展的雏形，作为我国第一代日光温室大棚，突破性地在北方地区冬季生产出新鲜蔬菜，改写了北方冬季不能生产鲜菜的历史，但由于棚型角度及光照角度不尽合理，保温性能较差，使用寿命短，没用几年就销声匿迹了。

现如今龙石头村现存的大棚分两批：第一批是2010年新建的三代大棚，是引进山东寿光的五型大棚结构，其主要特点：一是高，大棚脊高4.5米，有利于立体栽培和作物的无限生长；二是长，大棚长度超过100米，实际种植面积超过1亩；三是宽，南北跨度12米，有利于机械化操作；四是厚，大棚后墙底部宽4.5米，顶部宽2米，墙体坚固耐用，保温效果好；五是半地下结构，大棚下挖0.5～1米，进一步增强了大棚的保温性能。其优点为：棚体高大宽，便于机械化操作，大大降低了劳动强度；有效种植面积大，土地利用率高；大棚整体结构牢固，使用寿命长。缺点：大棚屋脊偏低，跨度太大，导致前屋面平，光照入射率差，升温慢；由于采用半地下结构，棚内下沉，雨天棚前沿易进水，容易造成前沿垮塌；占地面积大，对地形要求较高。建造成本：一座100米长、12米宽的大棚建造成本需12万元左右。

第二批是2014年新建的四代日光温室大棚，该大棚是由安塞县蔬菜局综合前三代大棚的特点，结合陕北地区光照及土地资源优势，创新研究的新型大棚结构。该大棚秉承了山东五型大棚墙体厚的特点，提高墙体高度和屋脊高度，缩减跨度，去掉下沉式结构，屋脊高5米，南北跨度9米。其主要特点：一是升温快，保温好，深冬季节大棚夜间温度能保持在10℃以上，是安塞几代棚型中最适宜蔬菜生产的大棚。二是病虫害发生率低，农药使用量减少，由于温度适宜，病虫害发生率明显降低。三是坚固耐用，同山东五型大棚相比，稳定性更好，抗逆性能更强。建造成本：一座100米长、9米宽的大棚建造成本需8万元左右。

（二）两批大棚的种植情况

第一批大棚共有20座，其中16座由农户承包种植，4座已经荒废。荒废的主要原因是它们在2013年夏季的大雨中损毁倒塌，2014年由村委出资对后墙进行了重新的修整，但损坏的钢架结构等需要农民自己出钱重建，由于前期投资要在3～4万元，以前承包的农民因为2013年受灾损失惨重，一时拿不出资金，再加上近两年种植效益不好，也就选择了放弃种植。如今4座大棚已无人承包，但每年的土地承包费还要由村委会负担。另外的16座大棚种主要种植的黄瓜、番茄、小瓜、西瓜和扁豆，蔬菜的种植种类比较分散，一个大棚中种好几种作物的现象比较普遍，只有3座大棚是统一种植的，分别种的是小瓜、黄瓜和扁豆，其他的大棚都是好几种作物混合种植。

第二批大棚共有18座，2014年上半年政府出资修建好了日光温室墙体以及水、电、路等配套设施，由于前几年市场行情不好，再加上地租翻了一番，村民们一直处于观望的态度，无人出来承包种植，大棚的建设到一半就停止了。直

到年底县政府要下来考核每个示范点的建设情况时，乡镇府开始着急，给村里施压，最后由村支部书记个人贷款负责承包 18 座大棚的建设，乡镇府全员出动协助施工，最终赶着县里检查之前将大棚完工。目前，已有 4 座大棚已经转包给外地的一个老板用来育苗，另外的 14 座由村里的书记自己雇人进行种植，3 棚种植番茄、5 棚种植小瓜，由于人力有限，另外 6 座大棚处于闲置。

二、大棚种植存在的问题

（一）设施和大田争地矛盾突出

龙石头村川地面积为 600 亩，人均面积不足 1.5 亩，是全镇人地矛盾比较突出的村组之一。由于国家一系列惠农政策的实施，土地效益明显提高，耕地越来越被农户看重，给土地集中连片、统一规划建造日光温室的建设带来了相当大的困难。虽然为了使土地流转公平、合理，镇政府采取了政府牵头、村组协调、公开议价和菜农承包的办法，但是大部分的农民还是不愿流转自己的土地，部分农民趁机抬高土地的租金。一方面为推动当地棚栽产业的快速发展；另一方面为了完成年度考核目标，政府只有以高价承包取得土地的经营权，但这部分的费用最终还是转嫁给了承包农户。如 2014 年新建的大棚土地流转费达到了 1 000 元/亩，相比于以前的租金提高了 1 倍，大大提高了菜农的种植成本。另外，龙石头村土地仍处于承包分散经营，使得日光温室蔬菜无法进行集约化经营，严重制约了日光温室蔬菜规模化发展。

（二）劳动力不足，技术缺乏

劳动力的流失已经成为当前农村的普遍现象，在龙石头村第一批种植大棚的 16 户中，其中 10 户主要是由妇女来负责日常的管理，家里的男人平时都在外面揽工，忙的时候才会回来帮忙。另外，种植大棚的主要是一些中老年人，几乎很少看到年轻人的身影。驻村期间也找村里的一些年轻人谈过，主要原因一是很多年轻人受不了种大棚的苦，在大棚里待上一会就受不了那种闷热的环境；二是大部分的年轻人不懂种植的技术，不敢轻易尝试。另外，由于日光温室蔬菜生产也算是一项技术性密集的产业，在种植的过程中，一旦某个环节出了问题，就会影响产量，有时会出现绝收，尤其对于大部分从事种植的农户，本身对日光温室生产的科学栽培和运营管理的水平低，如果不能及时得到技术人员的指导，将直接影响日光温室生产效益的发挥，导致农民丧失种植的积极性。此外，当地乡镇农技站只是挂了个虚名，站内成员主要为乡镇的一般干部，没有受过专业培训，整天忙于其他行政事务，无暇也无能力顾及技术指导；市县技术部门人员则因经费严重不足，知识老化，下乡成本高，无法长期蹲点进行跟踪技术指导和试验示范，使目前原本就缺乏技术人才的技术支持变得更加力不从心。

（三）前期投资大，收益缺乏保障

龙石头村大棚建设的资金来源，一部分政府补助，主要用于解决日光温室墙体建设以及水、电、路等配套设施建设，另

一部分由农民负担，主要用大棚钢架、竹竿等材料的购买以及大棚整体结构的建设。以一座 100 米长、9 米宽大棚的建设为例，成本为 8 万元左右，政府出资 4 万元，农民个人出资 4 万元，加上前期棚膜、肥料和种苗的费用，大概在 1 万元左右，农民总的投资在 5 万元左右。在资金的扶持上，政府会帮助承包农户申请扶贫贷款，然后由农户负责偿还，这样前期农民的投资在 1 万元左右，加上贷款，一般 3～4 年可以回本，但大多数农户害怕承担风险不敢轻易承包，再加上近两年来整体的发展行情不好，蔬菜销售得不到保障，相比外出揽工来说，收益并不稳定。而且，前两年延安市工程建设较多，再加上 2013 年的大雨，许多地方受损重建都需要用工，使得用工费用节节攀升，大工一度达到 400 元/天，小工 200 元/天，一年揽工下来的收益也在 5 万元左右，相比大棚种植来说更稳定可靠。

（四）规模不大，难以形成规模效益

目前，安塞县蔬菜种植比较好的是建华寺、高桥的茄子、辣椒，化子坪的小瓜、西瓜，这些地方都统一的种植，形成了规模，并打出了自己的品牌。但是，说起龙石头村的蔬菜种植，并没有哪一种蔬菜能作为代表，龙石头村蔬菜种植比较分散，主要是一家一户的小规模经营，种植的作物也是参差补齐，根本无法形成大规模的生产，也很难形成品牌效应。虽然村里成立的“龙石头村生态农民专业合作社”，但专业化、规范化、规模化程度不够，信息不畅，营销空间狭窄，有点形同虚设，没有真正发挥应有的作用，大部分蔬菜仍靠个体商贩长途贩运，没能在当地各大市场建立广泛的销售网络，致使蔬菜销售抵御市场风险能力差。市场稍有风吹草动，就会祸及菜农，各类销售企业将市场风险全部转嫁给农户，严重制约了日光温室蔬菜效益的提升。另外，分散的、规模小的经营农户，既难以迅速、准确及时地满足社会对蔬菜的有效需求，更难以抵御来自各种垄断势力以及超经济力量的盘剥，农户利益流失已成普遍现象，而这又在更大程度上抑制了日光温室蔬菜的进一步发展。

三、大棚发展的建议

（一）转变发展方式，注重后期的管理与指导

一直以来，当地日光温室的发展方式都是“政府主导、农民自愿”，在项目的选择上主要是出于政府的目的，并没有过多地考虑农民的意愿，缺少前期的调研，往往是急于上马项目，最终导致建成后并不符合当地的实际发展需求，造成资源的浪费。在今后的发展中应该提倡“农民自愿、政府引导”，在充分考虑农民需求的前提下政府再进行积极的引导和支持。

在温室的建设上，要加强后期的管理和指导，大棚蔬菜的种植是一个长期的过程，需要政府长期进行关注与扶持。以往大棚的建设中，政府除了前期的基础建设投资外，建完大棚就对农民不管不问了，很多农民当时在政府的鼓励下信心满满的选择种大棚，可后来缺少政府的资金和技术方面的支持，只能

靠着自己一点点摸索，大部分只是勉强维持日常的生活，更谈不上致富奔小康了，导致最后农民对大棚种植积极性不高，2014 年新建的大棚也无人承包。

（二）引导专业合作经济组织健全内部运行机制，培育销售龙头企业

按照“扶优、扶强、扶大”的原则，重点支持发展销售龙头企业，引导专业合作经济组织健全运行机制。以龙头销售企业、专业合作经济组织为核心组织实施日光温室蔬菜生产与销售。龙头企业、各类专业合作经济组织应结合本地、本行业实际情况，制定生产技术规程，用合同把企业和农户的共同利益有机结合起来，用标准规范农户的种植生产行为和公司产品的收购与加工相结合，保证产品生产过程的统一性。在整个生产过程中，实行统一供种、统一施肥、统一防病虫害，每次施用的肥料和农药，都由技术人员亲自配好，督促农户使用，年底在农户销售额中按市场价扣除，保证基地农户按照标准和规范进行生产。

（三）强化技术培训，创新技术服务工作

加强对现有各类专业技术人员、专业合作经济组织成员、种植大户进行全面培训。在培训方式上，一方面，要聘请有关专家进行专题培训，着力解决日光温室蔬菜产业发展过程中存在的深层次矛盾和疑难问题，了解产业发展动态，提供新的信息和发展思路；另一方面，还要依靠当地涉农部门组织有关经验丰富的专业人员和当地“土专家”，重点培训生产过程中的技术问题，全面提升设施蔬菜种植户的技术水平。在技术指导方面，要实行奖励优惠政策，对于生产效益好的种植户，给予表彰奖励。

（四）推广“农超对接”，实现“农民＋合作社＋大型超市”产销模式

目前，高桥镇已经在延安民生家乐超市设立了“安塞县高桥镇大棚蔬菜直销点”，为安塞县大棚蔬菜的产销提供了一个很好的发展模式。

“农超对接”是实现“农民＋合作社＋大型超市”产销模式，解决农副产品市场体系建设不完善、销售渠道单一、农民持续增收困难等问题的一个良好开端。今后，政府应该继续引导农民专业合作社围绕生产基地建设开发主导产业，做大做亮安塞蔬菜瓜果等特色农产品品牌。

据了解，“农超对接”合作通过构建产销一体化的农产品供应链条，将千家万户的农业小生产与千变万化的商品大市场有效联结起来，实现超市、农民和消费者的互利共赢。对超市企业而言，减少了中间环节、流通成本，为超市提供长期、稳定、优质的农产品生产终端；对农民而言，提高了农产品流通效率和效益，带动农民持续稳定增收；对消费者而言，实现了“菜园子”直通“菜篮子”，保证了农产品质量安全，让广大老百姓在家门口就能享受到物美价廉的农产品。

有机肥料　无限生机

农业部规划设计研究院　周　磊

根据农业部党组部署和人事劳动司的安排，我于2015年4月1日至30日在陕西省安塞县油坊坪村和周河村开展了为期一个月的“驻村蹲点调研”。蹲点的油坊坪村是镇上发展设施农业较好的村庄，其冯岔甜瓜、清水沟西瓜、陈坪红提葡萄格外香甜，品质高，在当地负有盛名。在深入了解后才知道主要原因是施用了大量的有机肥作为底肥。笔者利用有限的时间通过对安塞当地资料的整理，对有机肥的发展现状和应用前景做了相关分析，并提出一些粗浅建议，供读者参考。具体情况概述如下：

安塞县经济发展中，能源经济最为突出，石油探明储量1.4亿吨以上。农业发展主要有棚栽、林果、畜牧三大主导产业。2014年，全县存栏牛8 663头、羊子16.3万只、生猪48 674头、家禽27.2万只。已落实各类适度规模户500户，万头生猪示范村（小区）1个、千只羊场23个、万只鸡场1个，目前已建成适度规模户281户，共设计25个规模养殖场建设，已有17个启动建设（14个千只羊场、3个500头以上猪场）。开展化子坪田家洼羊场、王家湾盛源饲草合作社羊场、王家湾永生农民专业合作社、苗店鸡场等无公害畜产品认证指导4个，指导示范园正大猪场、王家湾屈家畔羊场等创建省级以上标准化养殖场2个。安塞设施养殖规模逐步扩大，畜产品产量稳定增长。

一、有机肥在农业生产中的施用现状

（一）安塞县有机肥资源现状

据统计，全县共有各类有机肥料资源 33.65 万吨，秸秆资源 5.5 万吨，养殖业有机废弃物资源 28.18 万吨。

1. 农作物秸秆　2013 年，安塞县粮食作物播种面积 40.8 万亩，全年生产粮食 65 687 吨，粮食作物主要是玉米，其次是稻谷。根据《农业技术经济手册（修订本）》数据，玉米和稻谷草谷比是 1.2 和 1.0。按草谷比 1.2 计算，全县秸秆资源总量 7.9 万吨，按照收集率 70%计算，可利用秸秆总量为 5.5 万吨。通过调查了解到，当地农户采用秸秆还田的较少，主要通过直接还田、过腹还田和烧灰还田等方式来利用。

2. 畜禽粪便　安塞县养殖业主要以畜、禽为主，其中羊年存栏 16.3 万只、牛年存栏 8 663 头、猪年存栏 48 674 头，家禽年存栏 27.2 万只。参考畜禽养殖业粪便产生计算公式，安塞县畜禽粪便资源总量为 28.18 万吨，其中羊 13.33 万吨、牛 7.90 万吨、猪 5.76 万吨、鸡 1.19 万吨，见下表。

安塞县畜禽粪便资源产生量

畜种	粪便日产生量（千克/只）	畜禽量（只或头）	粪便年产生量（万吨）
羊	2.24	163 000	13.33
牛	25	8 663	7.90
猪	3.24	48 674	5.76
鸡（鸭）	0.12	272 000	1.19
合计			28.18

注：数据来源于“2014 年安塞县国民经济和社会发展统计公报”。

（二）有机肥利用的现状

1. 农作物秸秆　秸秆作为农村能源，以农用肥料还田等方式利用。农作物秸秆还田是补充和平衡土壤养分，改良土壤的有效方法，是高产量建设的基本措施之一，秸秆还田后，平均每亩增产幅度在10%以上。还田主要有以下几种方法：一是秸秆覆盖或粉碎直接还田；二是利用高温发酵原理进行秸秆堆沤还田；三是秸秆养畜，过腹还田；四是利用催腐剂快速腐熟秸秆还田，在秸秆中添加一定量的生物菌剂及适量的氮肥和水，再经高温堆沤，可使秸秆腐熟时间提早15～20天。实际生产中过腹还田利用所占比例较大，主要用于牛羊等做饲料用。

2. 畜禽粪便　畜禽粪便主要用于良田和蔬菜大棚。其中，羊粪利用率最高，主要用于果园以及温室大棚。畜禽粪便的利用，一方面是分散的小规模养殖户以传统堆沤的形式进行积造。堆肥是一种有机肥料，所含营养物质比较丰富，且肥效长而稳定。夏季高温多雨，正是堆肥的有利时机。选择地势较高且便于运输的地方，用秸秆、树叶、杂草、垃圾等加上粪尿和土，混合拌匀后，堆成高1.3～2米、宽3～4米的长方体，经过高温堆沤后形成腐熟肥料，在秋、冬季将其送到田地里。同时，有机肥加工企业将较为集中的畜禽粪便统一收集运输，作为制取有机肥的原料。通过集中的发酵、堆翻和复配等技术处理后制成商品化有机肥出售。

（三）有机肥加工企业情况

目前，安塞县仅有一家规模化有机肥生产企业——安塞益农生物有限公司，公司成立于2011年3月，坐落在安塞县招安镇。公司集果蔬生产管理、营销网络开发和有机肥研发、产销为一体，设综合部、运营部、生产部、销售部和研发部，成立有自己的实验室，注册了“秦益农”商标，开通了企业网站、网店。其生产车间见下图。

安塞益农生物有限公司生产车间

二、有机肥推广普及困难的因素分析

有机肥在我国的传统农业中是一个极为重要的环节。增施有机肥不仅有利于土壤肥力的保持，而且还可以提高资源利用率，有利于保护环境。因此，有机肥的推广应用有着巨大的空间。但现实中有机肥施用比例不高，其价格也起伏不定，农民对施用有机肥的积极性不大，导致农业循环经济的链条面临断裂，由此引发了一系列的问题，值得我们重视。

（一）效益优先，环保认识不到位

农业生产者对农业环境可持续发展认识不到位，对有机肥的内涵认识不到位。农户为了获得较高的产量，化肥用量不断增加，化肥利用率和利用效率大幅度下降，不仅浪费了生产和进口化肥所消耗的大量能源和外汇，同时过高的化肥用量已成为农业生产中的第一大支出，大幅度提高了产品成本，降低了农业经济效益、产品竞争能力和农民经济收入，影响了农业的可持续发展。施用有机肥料虽然可以提高农产品的品质和安全性，但是在目前的经营模式及市场机制下，大部分农产品是以量定价，农民自然选择价格适中、简单方便的农业投入品，而不愿意选择费工费料的有机肥。

（二）制取麻烦，传统生产不积极

传统的农家肥堆积、制取与使用技术费工费时，又脏又累，不符合当前省工高效的需求，再加上目前农村青壮年男劳动力减少、劳动力价值提高，所以，越是在劳动力价值较高的发达地区越是被农民抛弃。在陕北地区，虽然劳动力价值较低，农民还愿意从事这类劳动，但由于经营规模小，农民大多缺乏机械装备，运输和使用这些重量和体积巨大的有机肥（包括传统的土杂肥、堆沤肥、沼气肥）存在困难。

（三）价格偏高，商品化购买不合算

人们一度把增加有机肥使用的希望寄托在有机肥的产业化上，也确曾发展了一批利用畜禽粪便或秸秆工厂化生产有机肥的企业。但是，一方面，由于国家缺乏对这类利用废弃物生产农用产品的优惠政策；另一方面，企业又要追求利润，所以绝大多数有机肥产品的价格过高，推广使用受到很大限制。

（四）肥效过慢，施肥效果不明显

有机肥中有机质含量虽高，但它以碳为主，作物吸收的碳素主要来源于空气中的二氧化碳，而不是土壤有机质中的碳素，故其虽在土壤改良方面有着巨大作用，但它本身不能被视作营养元素，只能作为土壤调理剂。因其所含的氮磷钾养分含量很低，即使增加用量，使施入土壤中的氮磷钾养分数量与化肥中的养分数量大致相当，但因其养分释放和被植物吸收利用过程较慢，也不能像化学肥料那样产生立竿见影的效果，很难满足农作物高产高效的要求。

三、有机肥在现代农业生产中的应用前景

尽管目前有机肥使用参差不齐，但随着大家对环境保护和现代农业发展认识的不断提高，有机肥应用必将迎来一个崭新

阶段，因其具有显著优势。

一是改善土壤质量、引领农业发展的必然方向。化肥的长期、过量施用通常会降低农作物的抗逆能力，包括抗病虫、抗倒伏、抗寒和抗旱等，致使产品产量和品质降低，同时恶化土壤的物理、化学及生物学性状，破坏土壤中营养元素的正常比例，导致土壤肥力下降，影响农业的可持续发展。施用有机肥，能增加农田土壤有机质的含量，改善土壤理化性状，提高土壤中微量元素的有效性，减少土壤中重金属和农药的残留，为农作物创造良好的土壤生态环境。另外，施用有机肥料，还可使土壤中的微生物大量繁殖，特别是许多有益的微生物，如固氮菌、氨化菌、纤维素分解菌和硝化菌等。多施有机肥料，可以提高土壤活性和生物繁殖转化能力，从而提高土壤的吸收性能、缓冲性能和抗逆性能。因此，发展有机肥产业是培肥地力，实现农业可持续发展的重要举措。

二是建设美丽乡村、保护生态环境的积极措施。化肥的长期、过量施用会对环境造成较大影响，一是氮素肥料中氨的挥发和反硝化脱氮对大气环境的污染；氮素的淋失对地表水和地下水环境的污染。二是磷素肥料中的磷素随地表径流造成地表水体的富营养化；磷素生产过程中引起的大气氟污染和施用过程中可能带来重金属镉等的污染及放射性核素的污染。将越来越多的有机废弃物还田，是减少和防止有机物污染生态环境的最有效的积极措施。

三是减少面源污染、促进节能减排的重要措施。随着规模养殖业的发展，产生的畜禽粪便越来越多，畜禽粪便的随意堆放或直接排放不仅污染了环境，还严重制约了养殖业的健康发展。一些调查结果还表明，对水体有富营养化影响的氮、磷养分主要来自畜禽粪便和有机废弃物的排放。另外，农作物秸秆和城市垃圾的随处堆放对大气、土壤和水体环境造成了严重的污染。

近年来，在不同农业区，尤其在大中城市郊区，随着一批将有机废弃物产业化、商品化的肥料企业的建立，大量农业废弃物得到资源化利用，为解决大、中型畜、禽场等产生的有机废弃物对周边环境的污染，控制和减少秸秆的焚烧提供了具体的途径。

四是提高产品质量、增加农民收入的重要途径。施肥直接影响农作物的生长发育和农产品的品质。有机肥肥效稳长，可以显著改善农作物和果蔬的品质，提高农产品的经济效益和市场竞争力；有机肥中的腐殖质可以促进植物种子的萌发，刺激根系的生长，增强作物的呼吸和光合作用，利于植物的生长发育。因此，推广、使用商品有机肥可提高农产品的安全质量，有利于增加农民经济收入。

四、对施用有机肥的政策建议

（一）完善立法，加强管理

严控畜禽粪便排泄物和秸秆等农作物随意处理。同时，制定出台有机肥生产标准、使用标准和使用方法等方面的法规。建议由相关政府部门根据国家无公害农产品的实施办法和农业投入品的管理细则，结合不同地区的实际情况，共同制定有机肥生产的政策和法规，促进有机肥资源的生产，有效保护和利用有机肥资源，减少有机肥资源的浪费损失，大力开发和推广城市人粪尿、生活垃圾、畜禽粪便和农作物秸秆处理新技术、新产品。使发展有机肥各项政策更加具体化、制度化，达到有机肥料的科学管理，确保有机肥的生产向制度化方向发展。

（二）积极推广，政策激励

加大有机肥应用推广力度，宣传有机肥使用效果，提高政府和百姓对有机肥使用的认识，上升到环境保护、可持续发展的高度。充分利用各种媒体，广泛宣传有机肥工作取得的成效和在促进粮食增产、农业节本增效及改善生态环境方面的重要作用，扩大社会影响，增进社会了解。出台扶持政策，对从事有机肥生产经营企业给予扶持，对农户使用有机肥生产给予补贴。同时，建立稳定的土壤有机质提升补贴项目，对施用有机肥实施长期补贴政策，调动农民的积极性，促进有机肥产业科学有序发展。

（三）科研创新，技术引导

加大创新，加强有机肥科研攻关和技术推广以及配套设施。研发适应不同规模种植业和养殖业有机废弃物的收集、处理系统，以使绝大部分有机物能得到科学处理。特别是针对当前不同农业区现状和农民认识程度的小型、就地和简易的有机肥收集处理系统，需要创造一些现代化的方便快捷的处理设备，真正启动农村有机肥源的自积自用机制。加强传统有机肥料资源的开发利用，对畜禽粪便采取科学的积肥方法。大力普及和推广科学积肥技术，减少肥源的养分损失，保证有机肥的数量和质量。大力推广科学施肥技术，开展测土配方施肥技术的研究、测试和推广工作，鼓励农民使用有机肥、农家肥和绿肥，逐步改变农民粗放型的施肥方法和习惯，切实提高有机肥料的利用效率，有效保护农业生态环境。

（四）探索思路，健全体制

提倡“政府主导，企业经营，市场运作”，培育有机肥推广使用市场体系，像化肥农药的发展轨迹一样，作为盈利性环保商品，良性发展。探索适于有机肥产业化发展的运行机制，政府要合理引导有机肥料产业化发展以及探索新型的市场运行机制；企业应抓住机遇，改变传统的市场运行方式，探索“基地＋公司＋市场”的新型运作模式；技术推广部门要改变传统的服务模式，积极探索为企业、基地和农民服务的新方法。可以通过有机肥料产业化协会，加强技术合作与交流，推动有机肥料产业化的发展。

在大力扶持商品有机肥企业发展的同时，应切实加强对商品有机肥料的监管，严把市场准入关。加强对商品有机肥料的监管，做到监管与服务相结合，对用于制造有机肥的粪尿、生活垃圾、工农业废弃物等原料必须进行无害化处理，并加强对污染物残留的监测，防止施用有机肥对农田土壤环境和农作物的二次污染。大力宣传推广，只有把企业做大做强，我国的有机肥料产业化发展才会有广阔的前景。

“驻村十问”摘录

农业部种植业管理司　李增裕

根据农业部党组部署和人事劳动司的安排，我于2015年4月1日至30日在山东省沂水县友兰官庄村开展了为期一个月的“驻村蹲点调研”。驻村期间，我紧紧围绕农业农村发展的现实状况和农民关心的实际问题，采用专题调查和随机走访相结合的方法，对友兰官庄村进行了全景式的调研工作。从村务管理、惠民措施、党建工作、百姓民生、技术推广、土地流转、就业意向、义务教育、发展前景、乡土民情10个方面进行了调查和记录。具体情况概述如下：

一、如何当好村干部

（一）组织结构

现任友兰官庄村干部成员共有9人，是2014年年底换届选举刚上任的新一届班子。此次换届与以往有所不同，为了推进新型农村社区建设，加强党对农村工作的领导，这一次选举在社区设置了党支部和社区工作委员会，社区下辖的各个行政村只设职能党支部，不再设村委。友兰官庄村干部人员如下：职能党支部：张海峰、张凤臣、肖传福（兼会计）；计划生育：郑培菊（女、兼出纳）、武玉云（女）；村民小组长：张建斌、张庆明、张金合、张金洲。

（二）日常工作

村干部的工作琐碎而又具体，但并不是天天有活，村里每位村干部都安排了分工值班，每天保证有一个人在村委会值班，打扫卫生、接待上级各种检查、落实各项任务、接待来访群众等，遇到有紧急事情，随时电话联系，除每周一的碰头外，除非有特别重要的事情，平时大家各忙各的，也难得凑齐一回。

书记张海峰是村里的一把手，大事小事都要过问，既要张罗村里的事，还要忙活管理区（介于乡镇和村之间的一级管理机构）的工作，县里、镇上、村里来回跑，一会儿到镇上开会，一会儿到法院接受调解，忙得不可开交，有时连续几天都见不到人。会计和出纳是村干部中最忙的，根据我先后两次驻村的经历，会计是村里的明白人，人头清、事情熟，书记不在的时候一般都是会计在张罗各种事情，还要记账、对账、报账。肖会计是一个地地道道的农民，憨厚实在，说话办事特别认真，对村里的情况非常熟悉。驻村期间，我曾多次找肖会计聊天，每次他都非常详细地回答我的问题，拿不准的事情还要考虑考虑、仔细算算，甚至翻翻账本才说。妇女主任和计划生育专职调查员专门负责计划生育工作，承担着育龄妇女进站查体（每年 1 月、5 月、9 月各一次）、跟踪走访服务；结婚登记、领证；办理生育证、出生证明；开展优生检测、咨询服务、落实节育措施等工作。由于两个人平时都住在村子里，因此村里有什么急事找她们最多，也最方便。职能党支部共有 3 个人，其中两个是兼职，除了落实“三会一课”外，还负责党员远程培训教育的组织落实、发展新党员等工作。村民小组长共有 4 个人，每个人负责 100 户左右的联系工作，一般上级下达任务后，都要由 4 个小组长挨家挨户通知到人、落实到位。虽然大家都有各自的分工，但是分工不分家，农村的事情比不得城市，每家都有一摊子事，谁也做不到天天钉在工作岗位上，保不齐谁有事不在。因此，村里的工作基本都是大家一齐上阵，互相补台、互相帮忙。

（三）财务管理

财政拨付给村集体的转移支付经费每年 3.5 万元，实行报账制管理，钱存在沂城街道经管站的账户，村里如有购置办公用品、雇工费用和卫生整治等支出时，需要先写申请。想要完成申请需要经过5道手续，村民理财小组组长签字、村支部书记签字、管理区书记签字、沂城街道经管站审计人员签字、沂城街道办事处主任签字（1万元以下不需要），走完这些程序，经管站就会将所需款项直接打到村委会的银行账户，工作完成后还要提交发票报销。最后，整个过程还要接受审计。

（四）公章管理

村里的公章在管理区办公室统一管理，遇到有需要使用公章的事情，要先写申请，然后找村书记开条子，村书记核实确实需要后签字确认，村民才可以到管理区办公室找工作人员再次审核、盖章。

二、老书记和新书记

老书记叫张庆友，1947年生，原来是一名教师，从1973年开始担任村支部书记，一直到2013年因车祸意外去世。老书记在村里当了41年的支部书记，德高望重，在老百姓中口碑极好，我走访了村里的很多老人，梳理了老书记为村里干的几件大事。

一是解决温饱。1973年老书记上任之初，友兰官庄原班子年龄老化、思想僵化、战斗力不强，村民都吃不饱饭，当时友兰、长安、石善疃、顾家崖并称全县的4个“老大难”，村民每人每年的口粮不到360斤，靠吃“退回粮”过日子。鉴于当时的情况，县委派出工作组到友兰村班子专门治理懒、散、软的问题，选拔了一批年轻同志充实班子力量。老书记上任后首先解决温饱问题，第一步是缩小大锅饭，调动农民生产积极性，将原来的8个队分成了16个组，实行责任制，每组一个小队长负责检查，定额管理。这一措施有效提高了粮食产量，解决了村民的吃饭问题。

二是发展经济。温饱解决了，经济还是上不去。当时在生产队有句话叫“最怕死牛、烂地瓜种”，牛是种田的主要畜力，地瓜是种植的主要作物，一旦死了牛、烂了地瓜种子，整个生产队一年的收成就没指望了。为了改变落后的局面，老书记带领村班子反复研究对策。友兰村山地居多，地薄石头多，水源紧缺，所以首先想到是发展一些耐旱的作物。老书记组织大家成立了一支 80 人的专业服务队，带领大家学习新技术，做试验搞示范在全村种植了 400 亩棉花。经过两三年的发展，慢慢有了起色。1976 年，老书记又召集村班子研究下一步的思路，大家共同研究提出了“远抓苹果、近抓黄烟”的思路。由于村里以前没有种植这两种作物的基础，老书记带人反复到县里各个有关部门争取政策，在村里搞起了 100 亩黄烟和 200 亩苹果种植。经过几十年的发展，现在的友兰官庄村已经成为沂城街道“万亩黄烟”和“万亩果园”的核心种植区。

三是新建社区。2006 年，县里出台政策，凡是搞新社区建设的，每建一户，县里给补助 10 吨水泥，当时水泥的价格是 200 元/吨。老书记觉得这是个好机会，积极向上级争取政策，向村民宣传发动。没想到发展新社区资格争取到了，农民也发动起来了，第二年水泥补助政策没有了。老书记决定自己干，但是当时村民的经济情况都不富裕，能够拿出余钱来盖房子的屈指可数，于是老书记出台新政策，打破了两个惯例，打破了只有家有年满 18 岁孩子才能申请宅基地的限制；打破了只有本村人才能申请宅基地的限制。在新政策的鼓励下，分期分批的建起了目前的 42 户新居民区。算下来，当时一处住宅的建设费用是 7 万～8 万元，现在有人出价 40 万元，村民都不卖。

现任书记张海峰是老书记的儿子，原来在沂城街道武家洼管理区工作，老书记的突然离世使友兰官庄村的村务管理出现了断档，老班子中没有人能接得起来，沂城街道的领导反复考量后，找张海峰来谈话，动员他回村里当书记。望着镇领导信任的眼神，想想村里老少爷们期待的目光，特别是还有老父亲临终前未了的心愿，张海峰毅然决然地挑起了这副重担。

上任伊始，张海峰面临很多问题。一是班子不给力。和老书记上任之初面临的问题很相似，班子成员的年龄都偏大，思想比较保守，老书记在时，还能镇得住，大家都听老书记的。新书记一上任，大家还有点不服气。二是村民心不齐。友兰官庄现在算是沂水县发展比较好的农村，但是基本上各家各户都是靠外出打工挣钱，一家一个想法，各有各的心思，村里商议事情很难形成一致意见。三是发展没后劲。村里没有自己的产业、企业，发展后劲不足。以前老书记在时，曾经带着大家搞过瓶盖加工，由于经验不足，没搞成。后来就一直也没再搞，维持在现有水平。四是政策不明朗。关于农村下一步的发展，上面的政策不明朗，不敢放开手脚干，张海峰谋划了盖社区、修路、换自来水管道、发展沼气等几件事情，都没能落地。

面对困难，张海峰没有退缩、没有气馁，一心扑在村里的工作上，经过两年多的磨炼，新书记在村里已经站稳了脚，树立了威信，赢得了村民的信任。在2014年年底的换届选举上，张海峰高票当选。

三、进社区还是守故居

（一）村居现状

友兰官庄村是友兰社区的中心村，发展水平在全县属于上中游，整体外部环境较好，但村内发展水平参差不齐。一是道路还需硬化。全村现有硬化路面三纵三横，保障出行没有问题，但是硬化路面还不能通到每家每户门口，村里约1/3的背街小巷、小胡同等依然还是坑洼不平的土路，每逢雨季仍是泥泞难行。二是房屋有好有差。好的就是村里集中建设的42户新居民区，都是统一样式的二层小楼，水、电、暖、气一应俱全。差的依然还是以前用石头砌起来的老房子，尽管也很结实，但是不抗震，安全系数差。三是缺乏统一规划。友兰官庄是一个老村，以前多年的发展过程中没有统一规划，导致目前村居的格局比较乱，整个村居分散的面很大，东西有 3 里*，南北有 4 里，路不直，弯弯曲曲；屋不齐，高的高、低的低。

（二）村干部的想法

村干部的意见是尽可能争取政策，加快新社区建设，将“农家乐”小院和居民住宅楼结合起来，共同开发。主要原因有以下三点：一是村居住地距离县城较近，紧邻县城的北三环，属于即将开发的黄金地段，地理位置优越，发展新社区，整理宅基地，置换出来的土地搞开发，发展空间大。二是周边大环境已经具备，红旗山现代果业园区已经通过省旅游局 AAA 级景区认证，村居山清水秀、景观优美，苹果、梨和樱桃采摘园已经初具规模。每逢周末和节假日，从县城和周边县镇过来游玩的游客越来越多，发展“农家乐”的基础已经形成。三是发展农村新型社区符合县里的整体规划部署，也有很多成功的例子，在社区建设、配套服务和居民管理等方面都有可借鉴的经验。

（三）村民的看法

从村民的反映来看，对新社区建设总体呈无所谓、等待观望态度。主要原因有 4 个方面：一是需求不紧迫。村民现在居住条件比较舒适、安逸，大部分没有建房的诉求。加之相当一部分村民的子女都在县城打工，在县城买房或租房住，对在村里盖新社区兴趣不大。二是担心配套设施不健全。特别是供暖和燃气问题，现在住平房很方便，自己说了算，怎么都好办，一旦上了楼，如果这些问题解决不好，还不如维持现状。三是建二层楼利用价值不高。已经建好的 42 户二层楼的新居民区，大都只是装修了下面一层，上面一层基本闲置，在“农家乐”没有发展起来以前，利用价值不高。四是担心农具无处放，家禽没地养。毕竟是在农村，家家都有自己的一套干农活的家伙式儿，一旦上了楼，就那么大个地方，小件还勉强可以，像三

* 里为非法定计量单位。1 里＝500 米。

轮车、拖拉机等大件在哪存放，农民心里没底。另外，现在家家都有一个小院子，养几只鸡、鸭、兔子什么的很方便，上了楼恐怕就不行了。

（四）正反两方面案例

在沂水县城北 5 公里处，有一个前石良村，书记陈永奇 2007 年上任之初，接管的村财务只有 8 元现金，外欠债务却多达 120 万元。经过深思熟虑，认真分析，陈永奇提出“将全村自主整体搬迁，实行旧村改造，升级农村小区”，把自己食品厂的办公楼作了抵押，贷款 300 万元，又通过信誉借贷，陆续筹措到 2 000 万元，通过大量艰苦的动员、协调、落实工作，义无反顾地推动新社区建设工作稳步开展。如今，前石良的村民不仅住上了楼房，而且吸引了周边众多村民到新社区定居，增加了村集体收入。同时，村集体对整理出来的宅基地进行二次开发，目前新开发的 3 座高层居民楼还没有封顶，就已经销售一空了。

与前石良村形成鲜明对比是紧邻友兰官庄村的南场村。该村也搞了农村新社区建设，当时他们的做法不太一样。一是前期准备不足，即没有详细的总体规划，也没有充分征求村民意见。二是没有自筹资金，而是通过村委会出地，房产商开发的模式来操作。三是配套设施不健全，没能解决取暖供热问题，导致现在楼盖起来了，却没人买，不仅村民的居住条件没有改善，反而增加了村里的负担。

（五）一点思考

建设农村新社区固然是好事，但是一定要因地制宜，循序渐进，不能操之过急。一是先化人后化地。农村新社区建设必须要以农民群众满意为前提，坚持群众参与、规范运作、依法推动。没有征求群众意见的农村社区建设项目不能实施；群众工作做不透，村民不能广泛接受的不能实施。同时，注重保留村庄原始风貌，慎砍树、不填湖、少拆房，尽可能在原有村庄形态上改善居民生活条件，实现农民“离土不离乡，就地城镇化”。二是先建环境后建社区。农村新社区建设不能千篇一律，一定要根据自身条件选择适当的发展模式，营造大环境，先解决农民上楼后的后顾之忧。沂水县在农村社区建设中按照“宜工则工、宜农则农、宜商则商、宜游则游”的原则，在这方面进行了不少探索，已经形成了以春水社区为代表的社区发展现代农业园区，通过大力发展现代高效农业，提高生产效益；以邑山社区、石良社区为代表的社区重点发展劳动密集型工业园区，一方面，解决企业用工难的问题；另一方面，为因家庭负担不能外出务工的中年劳动力找到就近就业机会；以汇泉社区为代表的生态旅游园区，结合临近旅游景区的区位优势，发展经营旅游商品、特色农产品。三是先易后难。农村新社区建设不能一哄而上，而是应该循序渐进，成熟一个，发展一个，必须严格控制零星建设，禁止出现规模不大、配套不全的小型农村社区居民点，优先实施区位优势明显、发展后劲充足、辐射带动力强的乡镇驻地村、沿河沿线村、城郊村、经济强村，确保做一个成一个。

农业政策与农村经济发展问题思考

中国水产科学研究院　吴　昊

根据农业部党组部署和人事劳动司的安排，我于2015年4月1日至5月1日在山东省沂南县埠口村开展了为期一个月的“驻村蹲点调研”。此次驻村调研目的有4个：一是接地气，了解农村经济社会发展各方面的真实状况，知道基层在干什么、怎么干；二是增进情感，体会农民群众的幸福快乐、艰难困苦，知道农民群众盼什么、怕什么；三是总结经验，梳理归纳调研地工作情况；四是发现问题，在研究解决问题中创新发展。在调研方法上，主要采取全面访谈调查方式，了解方方面面情况和意见，辅助采取调查问卷形式，掌握翔实数据。在此基础上，撰写专题调研报告6篇、典型人物纪实8篇及农村发展典型案例12篇。现摘录调研报告中关于农村政策与农村经济发展问题的思考，具体情况概述如下：

一、农业政策对农村发展的作用

埠口村曾经是省级贫困村，地处沂南县西南部，大部分地形为丘陵、山地，平原较少。但气候条件好，周边没有污染企业；交通便利，濒临205国道，距京沪高速2个出口均不到10公里。农业生产以传统的种植业、养殖业为主，习惯种植花生、地瓜，养殖黄牛和大棚鸭等，结构单一，效益低。以前，埠口村基本上是靠天吃饭，仅有的几处水利工程，也是年久失修不能正常使用，农业落后、农民贫苦、农村困难。但在农业部挂职干部和省农业厅“第一书记”工作队开始帮扶后，通过积极争取千亿斤粮食工程项目、中央彩票公益金项目、果菜资金项目、农技推广项目和农民培训项目等支农惠农政策，修路架桥、打井上电、发展产业，不仅村容村貌发生了翻天覆地的变化，农村经济也有了质的飞跃，农民年人均收入达到13 300元。这些发展变化，离不开各级党委政府的支持和社会各界的支援，更离不开现行农业政策的支撑。农业政策的支撑作用主要体现在以下几个方面：

（一）完善农业生产硬件条件，夯实产业发展基础

俗话说“要想富先修路”，完善的农业基础设施是农村经济发展的“第一生产力”。3 年来，随着各项扶贫项目的实施，帮扶村的农业生产硬件条件基本完善，玉带村间绕、阡陌变通途，为产业发展插上了腾飞的翅膀。

一是上水，农业生产不再靠天吃饭。水是生命之源，更是农业持续、健康、稳定发展的基础。埠口村先后衬砌渠道 5 千米，打机井 6 眼、挖蓄水池 5 个，铺设管网 8 千米，建设扬水泵站和提水平台 4 座，建成旱能浇、涝能排的高标准良田2 000多亩，基本上解决了农田灌溉“最后一公里”的问题。

二是通路，农机下田不再望而兴叹。就目前山东省的农机作业水平而言，整地、深施肥、收获等各种项目完全可以胜任，但关键是要有畅通的机耕路。通过扶贫项目支持，埠口村整修了村内和村间的生产道路 30 多公里，村村通、路相连，极大方便了群众的生产生活。现在即便下雨下雪，农业机械也能开到田间地头，山里的果菜粮食也能顺利运出销售，提高生产效率的同时，进一步优化了农业生产资源的配置。

三是架电，产业升级不再有心无力。随着农业产业不断升级，对动力电的要求也越来越高。无论是发展农业产业园区，还是上水浇地，都需要充足的电力供应。在农村电网改造、旱涝保收田项目的支持下，投资 300 多万元，更换双堠镇 5 个行政村的变压器、智能表，立电杆，改造高压、低压线路，基本满足了用电需求。现在大棚的卷帘机、机井的深水泵，都能正常工作，老百姓发展设施农业不再犯愁了。

（二）助力农业产业结构调整，引领产业发展方向

农业不同于其他产业，既是利民富民的工程，但又是起点低、纳税少的弱势产业。农村产业，特别是高效农业的发展，更需要国家政策搭建示范引领的平台，为农民打一针助力剂和强心剂。例如，驻村第一书记借助果菜资金项目、农技推广项目，采取个人拿一块、财政补一块、园区垫一块的办法，引导埠口村发展设施农业、林果产业、食用菌产业等高效农业，进一步增加农民收入。现已建成高标准冬暖式蔬菜大棚 85 个、标准化大拱棚 78 个，形成了现代农业科技园、现代农业文化园、现代农业生态园等多个产业园区；就大棚丝瓜的生产销售情况来看，平均一个棚卖 7 万元左右，承包农户纯收入 6 万元以上。栽植露地桃、大樱桃和葡萄等果树近 3 000 余亩，果农人均 1 亩地年收入预计将达到 6 000 元。发展食用菌 300 余亩，就 2014 年的情况而言，生产香菇、黑木耳、秀珍菇和滑子菇等 90 多万斤，销售收入达 400 多万元。在补贴政策的驱动下，老百姓放下顾虑尝试生产，得到实惠参与生产，有了经验扩大生产，逐步打开了新兴产业发展的空间。

（三）培育新型农业经营主体，支撑产业持续发展

作为新型农业经营主体，农民专业合作社、新型职业农民将成为农村经济发展的主力军。在合作社培育方面，围绕果蔬种植、畜牧养殖等产业，借助国家级、省级示范社评选和补助、农村实用人才培训等政策支持，规模和档次不断提升，运行管理不断规范，3 年先后规范、提升和新成立合作社近 20 家，其中省级示范社 1 家，合作社联社 1 家，入社农民达到 4 000余人，10 多个产业已经形成规模效应，农民人均纯收入正以每年 11%以上的速度增长。目前，埠口村的油桃专业合作社已成为本村产业升级、优化结构和开拓市场的强力支点。在新型职业农民培训方面，通过实施“新型农民创业培训”、农村劳动力培训“阳光工程”等项目，在帮扶村开办了全日制中专班，举办产业发展大型培训 17 次、小型培训 30 多次，培训埠口村及其他行政村村民 5 000 多人次。老百姓的思想进一步解放、农技水平不断提升，更容易接受、掌握先进的农业生产技术和种植品种，农村经济社会蓬勃发展、后继有人。

二、政策落实中需要关注的问题

通过农业政策扶持，埠口村的农村经济蓬勃发展。用当地党委政府的话来说：农业部干部的帮扶，让埠口村比其他村领先发展了 5 年，脱贫提前了 5 年。应该说，现行的农业政策较好地推动了农村经济的发展。但是，在实施过程中，仍有几方面的问题需要关注。

（一）配套有困难

就目前的财政体制而言，地方政府的人力、物力和财力有限，特别是老区的财政状况更是捉襟见肘，这就导致县级财政配套资金难以到位。有的把配套资金先拨付到位空转一下，然后财政再收回去；有的直接压给镇和村。如公路网化示范县项目，按照宽 4 米、厚 18 厘米的水泥路标准，每修 1 公里大约需要 25 万元，但乡镇只给村里拨付 12 万元，其他由村里自己想办法。有的村只好从信用社贷款；有的村是干部拿自己家的钱垫付；有的村与施工方串通，用偷工减料的办法来应付；还有的村干脆放弃。

（二）实施压力大

现在，支农惠农的政策和项目越来越多，但每一项政策的落实、每一个项目的实施，都需要各级相关部门和具体实施单位付出很大的精力和成本。要自上而下召开会议、印发文件安排部署，要层层对实施方案、申报材料把关审批，要定期现场检查督导，要级级进行考核验收，有的政策和项目落实不力还要对相关人员问责。而且许多政策和项目在落实和实施过程中，上级并没有专项工作经费，期间产生的会议、培训、印发、宣传、交通、差旅、食宿和劳务等费用只能由同级主管部门和实施单位承担，致使有的地方不敢承担项目，更谈不上去主动要政策、争项目。特别是各项惠农补贴，由于主管部门不同，发放的依据、要求也不相同，自然就形成了有一项补贴发一项补贴，多次发放，造成了发放成本和农民领取成本高，给地方财政带来了不小的压力，也为各级挪用政策资金提供了借口。这也是许多支农惠农政策性资金出现“递减效应”的主要原因之一。

（三）干部需监督

政策和项目最终需要人去落实。只要管住人，政策和项目一般就不会走样。在帮扶过程中，我们也发现个别基层干部官僚主义作风严重，有的缺乏大局观念和服务意识，不按制度办事，说“不能办”多，说“马上办”少；有的习惯当“甩手掌柜”，正职推副职，副职推干部，一级推一级，执行力层层衰减；有的部门之间合作意识差，推诿扯皮，好事争、难事躲。在政策和项目落实中甚至存在“吃拿卡要”的问题，有的主管部门让项目承担单位帮助解决燃油费、招待费；有些干部拿项目当幌子，今天你村里请吃一顿，答应给修一条路，明天他村里送一箱酒，许诺打一口井。有些农技推广补贴，不是发放给真正从事农技推广的人员，而是作为“奖金”另行安排。

（四）作用不持续

许多农业项目建成后，忽视了后期的管护，不能发挥长效作用。如千亿斤粮食工程，项目规定用于修生产路的资金90％只能修土路，硬化路只占很少一部分。但在沂蒙山区多数是山地、丘陵地，修成土路，下雨一冲又坏了，还需要再次进行修复，不仅加大了财政负担，也没有给农业生产带来相应的便利。有些农田水利设施项目，设计不合理，缺乏管理维护，不能有效发挥作用。如个别村里的旱涝保收田项目，建成了许多蓄水池，但是没有提灌设施，天旱需要水的时候蓄水池没有水，天涝的时候也不能起到排涝的作用。许多设施建成了没人管理，有的已经遭到破坏，成为摆设。

三、政策制定和有效实施的几点建议

当前，我国经济发展已经进入新常态，农业政策也应当主动适应新常态，面向需求抓制定、面向基层抓落实、面向实效抓考核，确保农村经济持续健康稳定发展。

（一）政策本身要实事求是、科学合理

求木之长者，必固其根本；欲流之远者，必浚其泉源。要充分发挥农业政策对于农村经济发展的导向作用，首先要制定合情、合理、合法的农业政策。要深入调查研究、结合多方论证、走好法律程序，确保农业政策既要脚踏实地，面向实际需求；又要顶天立地，引导未来产业发展。

一要易懂易行。要制定清晰明白的农业政策，让基层的农业工作人员和普通老百姓能够看明白、读得懂、摸得透。对政策项目的申报、实施要进一步简化，减少不必要的程序。例如，可以对支农惠农资金实行国家直接支付制度，对资金发放进行统一管理，减少程序。可以将良种、农资和农机等几种补贴整合成一种，可以将补贴资金登记及发放完全网络化、一体化，既减少了职能部门又降低了运行成本，缓解财政压力，避免部分干部从中作梗，确保补贴农民信息真实有效。

二要因地制宜。政策的制定要根据全省各地不同的基本状况和资源禀赋，分门别类地制定。例如，对于省级贫困县给予政策倾斜，进行全额支付，不需要省级贫困县配套资金，避免贫困县因为无钱补贴，逼着造假的现象发生；同时，要对项目实施留有适当的经费补贴，以调动基层部门工作积极性，增强其工作责任心，避免从项目实施中去找工作经费。

三要着眼长远。好的政策既要服务于当前的传统产业，更要引领未来的新兴产业。例如，可以运用激励措施，鼓励农民大胆尝试现代农业新技术、新品种和种植新模式，加快农业科技的推广应用。

（二）政策宣传要点面结合、清晰明白

要确保政策执行不走样、不跑偏，加强宣传培训是必要措施。一方面，要找准“点”，加强对政策的解读。可以通过开会议、搞培训等形式，一级一级地组织培训，让市、县、乡三级农业行政主管部门及相关业务人员原原本本地掌握相关政策、熟悉操作流程，强化他们的职业道德教育，提高服务质量，进而有效解释、落实政策。另一方面，要铺好“面”，消除政策的“陌生感”。落实农业政策，归根结底，是要让合作社、农民等农业经营主体更好地推动农业的发展。可以通过搞活动、登报纸、上电视等形式，让老百姓对涉农政策的申报、实施有了一个明确的认识，培养和提高老百姓涉农政策的参与意识，最大范围让农民明白、理解，知道自己享有的权利，不断激发广大农民建设社会主义新农村的积极性和创造力。

（三）政策实施要严格管理、及时反馈

针对政策实施过程中存有的不规范、拖延、随意变更等问题，建议建立全省的农业政策跟踪信息平台。录入实施项目的基础信息，定期将项目实施过程中的资料，包括照片、数据、甚至录像信息上传。同时，加强暗访，根据项目定位，在不告知当地党委政府的前提下，不定期派出暗访小组，查看政策项目实施情况，发现问题，及时反馈给当地党委政府，追究相关人员的责任。农业项目的实施，特别是重大项目的实施，需要当地农业部门会同当地纪检部门，选派德才兼备的领导干部，成立专门工作小组，确保项目的有效实施。

（四）考核验收要科学规范、讲求实效

考核的程序宜简不宜繁，对于政策项目的考核，应重点考核项目是否按规定实施，是否达到要求；落实后的项目是否见实效、管长远。目前，支农惠农政策项目越来越多，多级多头考核验收给基层带来了不小的负担。建议在坚持大项目单独考核的基础上，小项目可以实行综合考核，减轻基层负担，同时也提高工作效率。

（五）后续监督要长期跟踪、确保落实

确保农业政策与时俱进地发挥其应有的作用，不是一蹴而就的，需要长期的跟踪、服务、监督、整改。要强化农业行政主管部门的责任意识，针对验收合格的项目，长期跟踪调查，确保惠农政策落实到位、不走样。建议今后将已实施项目的作用发挥情况，特别是后期使用维护情况，作为申报新农业项目的重要前提条件。

发挥村级组织作用
推进村庄转型发展

农业部管理干部学院　贾　蕾

根据农业部党组部署和人事劳动司的安排，我于 2015 年 4 月 1 日至 30 日在山东省莒南县淇岔河村开展了为期一个月的“驻村蹲点调研”。驻村期间，我紧紧围绕深入农村、了解实情、研究问题、提升能力的目的，采用开座谈会、个别访谈、入户调查等方法，对村级组织建设与村庄发展问题进行了深入的调研工作。深刻感到村庄转型发展需要村级组织的引领，选好村党支部书记是村级组织建设的关键。具体情况概述如下：

一、村庄治理需要懂管理的村党支部书记

1996 年，淇岔河村村集体很穷，乡镇企业成了包袱，几乎没有集体资金。村“两委”班子成员十几个，年龄都在 55 岁以上，村民遇有大小事情都难以解决，“三提五统”收不上来，村干部没有号召力。面对村“两委”软弱涣散的局面，乡镇党委政府第一个想法就是改选村“两委”，让年富力强、有头脑、有干劲的人担任村支部书记，带领全村改变落后贫穷的面貌。32 岁的退伍军人、淇岔河村村民王修全辞去了乡镇管理区主任的职务，回村担任党支部书记。

上任的第一个星期正好赶上收“三提五统”，全村近 3 000 口人，王修全感到压力大，工作不好开展，第二天就去找镇党委书记辞职、不想干了。经过镇里领导耐心做思想工作，王修

全决定坚持下来。上任后，他注重加强村“两委”班子队伍建设，明确职责任务，完善规章制度。要求村干部每天在早上8点和下午2点都要集中点名，并利用这个时间，传达上级的有关方针政策、工作要求，分析、了解村民生产、生活当中急需解决的问题，村“两委”干部汇报落实工作当中遇到的困难，这种工作方法一直坚持到现在。

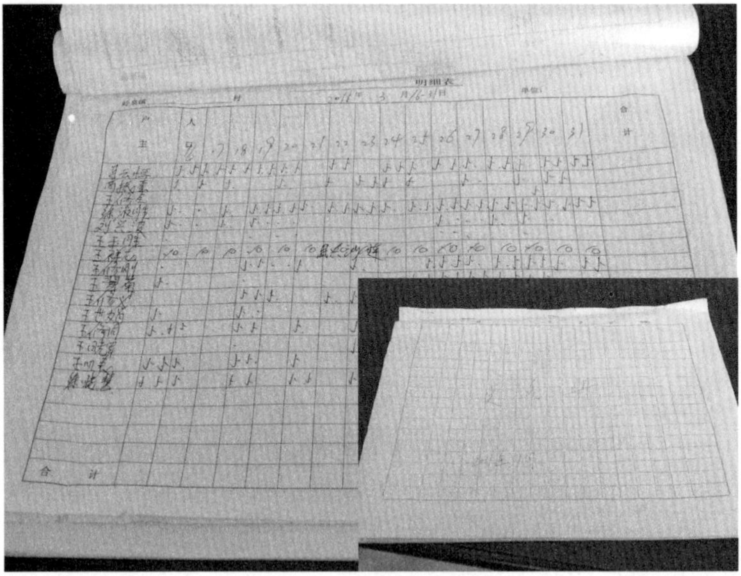

淇岔河村“两委”点名册

1997年，为了解决村里的历史遗留问题，王修全带领村“两委”把全村的账目进行了张榜公示，然后把集体欠个人的部分，兑付给个人；个人欠集体的部分，通过层层会议确认，实行减、免、缓缴的方法，得到了村民的认可，大多数群众都进行了积极响应。并对拖欠公款无故不付的，依法实施诉讼，陆续共起诉立案了80余户，“这些都是我的乡里乡亲呀，有的还是我的亲戚”。经过一个多月的工作，终于理清了账务，理顺了关系，给全村人民一个明确的答复。从此以后，打开了淇岔河村各项工作新的局面。1997年年底，收缴1996和1997两年“三提五统”时，大家都很配合，近900户在3天之内全部收齐，无一户拖欠。

二、产业转型需要立场坚定的村党支部书记

作为传统的烟花爆竹生产村，淇岔河村具有300多年历史，家家户户都从事烟花爆竹非法生产，年年都有因为爆炸死伤的事件发生。目前，该村近百名残疾人中，绝大多数都是因生产烟花爆竹发生意外造成的。虽然大家也认识到生产烟花爆竹很危险，但是每户年收入在2万元左右，在当时属于高收入行业，即使有危险，农民也愿意干。

2009年，县里和乡镇决定整顿烟花爆竹非法生产，一经发现严厉查处。让群众一下子放弃习惯的“高收入”产业，从村干部到部分党员到大部分群众，对此不理解、不认识，甚至存在逆反心理。面对这种状况，村“两委”干部认为，宁听骂声，不听哭声，打击和取缔非法生产烟花爆竹信心必须坚定。对于发现的非法烟花爆竹生产户，采取拘留措施。村民看到形势严峻，白天不让生产了，就晚上生产。公安人员登门检查，就换上牢固的大门，按上猫眼。有的群众甚至自发地轮流站岗，发现上级来人检查，几分钟内，全村都知道，村民会马上躲避起来。有的村民家里垒起来假皮墙藏火药，有的村民就连天花板和床底都藏起了火药和鞭炮。当时，有一户村民把火药放在了锅灶底下，忘记了，娶儿媳请客时，在此做饭，引起了爆炸，房屋炸塌，锅飞上了天，幸亏无人员伤亡，客人们不欢而散。还有一户把火药藏在草垛里，后来忘记了，引起了火灾，这类事件经常发生。

那一年先后治安拘留近百人，刑事拘留20多人。这些被拘留的村民做烟花，每年要收入几万元，大的户年收入能到十几万元。村里不让生产了，就等于断了人家的财路，这些村民对支部书记王修全意见很大，并采取了极端行动。2009年大年三十，王修全家门口被人堆了玉米秸、泼上汽油后放了火，门被烧焦了，门口贴的磁瓦也被烧掉了。“扑灭火时已经是新

的一年了，在农村天亮就要拜年了。”王修全和儿子把被烧坏的大门摘了下来，用铲子一点一点地刮去烧焦的碳，“我家属（妻子）就站在旁边看着，什么也没说，就站着看着。”天亮拜年了，王修全一家没有一个人出过门，这一天全家也没有一个人吃过饭。王修全认为都是自己惹的祸，连累了全家，在害怕的同时，也激发了王修全的不服输的劲头。带领村“两委”制订了打击非法制作烟花爆竹工作方案，实施了村党支部书记任组长、村“两委”干部包区域、党员联系户、村民自治的 4 层责任制，并且严格操作过程，经过一年多坚持不懈的努力，终于结束了淇岔河村的鞭炮生产历史。

三、发展生产需要会经营的村党支部书记

不让农民做鞭炮了，就要给他们找到新的出路。对此，村“两委”都犯了难。2010 年春节，王修全听说种大棚 1 年能挣 3 万～4 万元，节后就带着“两委”成员外出考察，回来决定转产种蔬菜大棚。考虑到村民对种大棚没经验、有顾虑，王修全要求村“两委”干部每人承建 1～2 个大棚，起表率作用。同时，召开村民大会，反复向群众分析建设蔬菜大棚的好处，并先后组织村党员、群众代表约 500 人次外出学习，激发群众致富的热情和积极性。

淇岔河村人多地少，人均耕地面积 0.6 亩、地块分散，一个高标准高温蔬菜大棚占地 3.6 亩，要协调流转六七户村民的土地才行。为了促进土地流转，淇岔河村成立了土地流转工作小组，由支部书记负总责，“两委”干部包农户、包地块。上门做农民的思想工作时，本着先易后难的原则，做通一户就签订土地流转协议，最后难以做通工作的农户全部由支部书记王修全负责。同时，请乡镇经管站对土地流转的前期运作，特别对拟签订的合同进行了严格的审核，确保土地依法自愿有偿流转。由于村“两委”干部工作得力，土地流转程序严格，只用了 4 天时间，就完成了几百亩土地的流转工作、按了红手印，

在土地流转和合同签订中没有发生一起纠纷。

淇岔河村蔬菜大棚

为了加强农民之间的合作，淇岔河村还成立莒南县乐源蔬菜专业合作社，支部书记王修全威望高、能力强，被社员选为合作社理事长，负责指导、调配蔬菜大棚建设工作。王修全首先解决大棚建设资金问题，经多方协调，由合作社担保为每位大棚种植户贷款 3 万元，加上农户自己出资的 2 万元，基本满足建设需要。

随后，合作社又面临生产和销售难题。8 月大棚建好后，合作社决定种植越夏番茄，预计每个大棚一季可收入 2 万多元。10 月正值销售旺季，王修全外出学习 9 天回来到大棚一看，番茄已经从底红到了顶，都没卖出去。“我问村民：为什么不卖？村民回答说：客商太少，卖不出去。”看见熟透的番茄，有的在往下掉，有的裂了口，王修全焦急万分。当天晚上，他就乘车奔赴江苏连云港蔬菜批发市场寻找客户，赶到时已是深夜 11 点多钟，客商们大多已关门休息了。王修全没放弃，逢人就介绍淇岔河村的大棚番茄的产量以及优点，给所有的门头留下了联系方式，直至翌日下午 3 点多钟才返回。王修全跑销售的效果很好，紧接着来了很多连云港市场的客商，解决了销售难的问题。

村民管理大棚番茄

当年 12 月番茄过季了，合作社经过反复酝酿和市场考察，决定所有的大棚种植芸豆。在县农业局和农业科学院技术专家的指导下，芸豆大丰收，每市斤买到了 7 块多钱，每个大棚又增加了 4 万多元收入。全年合计每个大棚收入 6 万多元，当年就收回了建棚成本。淇岔河村先后用了 2 年时间，流转土地 700 亩，建设高效农业大棚 120 个。老百姓挣到了钱，感到“种大棚真好，现在就是让我们卷鞭，我们也不会再干了。”

四、村党支部书记的村庄管理经验

如何做好村庄管理工作？在淇岔河村干了 20 年村党支部书记的王修全对自己的工作经验进行了总结。

（一）严格按制度办事

严格执行“四民主一考核”机制和“四议两公开”工作法，健全村民自治制度，建立党员议事会、村民代表议事会、民主理财小组、村务公开监督小组“四支队伍”，对村务、财务、党务全程公开，对村级重大事情，实行村民代表集中表决。淇岔河村在建设住宅楼、优质农产品基地等重大事项上，严格程序，让群众对涉及切身利益的事情自己议、自己定，让群众明白了干什么、怎么干、干到了什么程度，群众的干劲得到了充分发挥，对每一项工作都能积极地贯彻落实。把制度公开给村民看，都是按照制度做的，村民才不会有意见。

（二）和群众坐一条板凳上

1. 坚决维护群众利益　想问题、做决策都要从群众的需求出发，在遇到矛盾和问题时，要善于换位思考，多替群众着想，以群众的呼声和意愿为第一信号，把群众关心的热点和难点作为工作的重点。无论是发展高效农业还是村庄建设，都要坚持和群众身挨身、心贴心，同呼吸、共命运，把群众的发展交给群众，让群众说了能算、定了能干，切切实实地把自己当成鱼，把群众视为水，牢记鱼儿离不开水的道理，扎根于群众之中。

2. 心怀群众感情做工作　时刻牢记群众利益无小事，要能够走进大街小巷，走进田间地头，深入群众的生产生活中，走进群众的心里，及时感知群众的安危冷暖，掌握群众的所急、所想、所盼，做群众迫切需要解决的事，做让大多数群众受益的事，做长远起作用的事，让干部的心和群众的心连在一起。

3. 常存感恩之心办实事　村干部的权力来源于群众，多做一些群众“顺气”的工作，着力维护好群众的权益，让群众心情更舒畅；多做一些“解结”的工作，着力改进干部的作风，让干群关系更密切；多做一些“纳言”的工作，让群众监督更有效；多做一些“化怨”的工作，着力严查违法违纪案件，让群众感受到公正公平。

4. 用敬畏之心对待权力　权力是把双刃剑，要正确对待群众监督，用群众这面镜子，去照自己思想上是否有短；用民意这把尺子，去量自己作风上是否有软；用民心这本账册，去查自己工作上是否有散。要始终高悬“人民、组织、良心”三把利剑，居安思危。

五、思考

（一）村庄转型发展需要村级组织引领

自给自足的小农业生产是世界各国农民的共同特征，由小农业生产带来机会主义、地方主义、家庭主义在各国农民身上都留下了深刻的烙印。马克思在研究法国农民问题时曾指出：“各个小农彼此间只存在地域的联系，他们利益的同一性并不使他们彼此间形成共同关系，形成全国性的联系，形成政治组织”。如在淇岔河村，村民更关心自己家的发展，对于村集体的发展表示支持、希望能够得到集体的帮助，但不愿意主动帮助、带动其他村民致富或促进村里发展。农业小生产者的自私性、狭隘性、落后性、保守性决定了仅靠农民自身很难实现农村的自我发展，只有依靠村级组织来带领村庄实现自我发展。

（二）强有力的村级组织需要选好村党支部书记

从淇岔河村的发展历程看，如果没有支部书记王修全带领，淇岔河村的村务管理、烟花爆竹取缔、发展蔬菜大棚都可能处于无人管理或是管不好的情况，能干的村支部书记是村级组织强弱的关键。有的村许多工作不好开展，主要问题在于村“两委”班子不强、村党支部书记不给力，特别是在村党支部书记和村委会主任分开任职的村，多存在互相扯皮、互相推诿，甚至互相拆台的现象。对此，一些地区在村“两委”换届选举中提倡村“两委”交叉任职，推选能力强的村党支部书记，以加强村“两委”班子团结，减少内部矛盾。

（三）村党支部书记岗位能不能留住能人

村党支部书记工作琐碎复杂，除了做好乡镇交办的任务外，还要处理好村内各项事宜。村里大棚的菜被偷了、下雨导致电线坏了、村民家里闹矛盾、发展生产想贷款等，都找村党支部书记；村里发生突发事件，第一时间冲上去的是村党支部书记；带领村民发展生产，如果农民没挣到钱，第一个挨骂的是村党支部书记，压力很大。

村党支部书记的待遇相对不高，每月 400 元左右，各地政策不同，与个人资历和能力也有关系。以淇岔河村党支部书记王修全为例，他是全县工资最高的村党支部书记之一，每月基本工资 600 元，获评临沂市首批农村党组织示范书记荣誉称号享受双薪待遇，年底业绩考核优秀享受基本工资等额奖励，合计一年有 2 万多元。但像王修全这类农村能人，具有很强的致富能力（他家有 1 个蔬菜大棚、1 家超市），当选村党支部书记不是为了工资，而是要实现自己的政治抱负。也有一部分人当村干部是为了获取个人利益，尽管村集体没收入，但惠农项目多，存有沾光和捞一把的心理。还有一些人当村干部是为了家族荣耀或满足个人的虚荣心，有的选上以后就外出打工了，有的在家也基本不参与村里的工作。可以说，村党支部书记在农村还是具有一定的吸引力，关键在于如何选好村干部？如何监管好村干部？如何发挥好村干部的积极性？

来自夏家楼村的报告

农业部兽医局　万　强

根据农业部党组部署和人事劳动司的安排，我于2015年4月1日至30日在山东省沂水县夏家楼村开展了为期一个月的“驻村蹲点调研”。驻村期间，我紧紧围绕新型农村社区建设的经验、不足及土地等相关问题，通过入户采访、随机访谈、集体座谈和查阅资料等方式，对镇村干部、村民和卫生站、小学、物业公司等社区服务主体进行了深度调查。总的看，新型农村社区建设取得了很大成绩，但在解决失地农民生计问题和转变社区治理方式等方面，还有很长的路要走。具体情况概述如下。

一、兴建新型农村社区和组织农民搬迁的原因

（一）沂水县经济社会快速发展的必然结果

1. 新型城镇化建设全面推进　近年来，沂水县以乡镇驻地村、沿河沿线村、旅游线路村等为重点，坚持因地制宜、分类指导、尊重农民、突出特色等原则，大力推进新型农村社区建设。县乡两级政府积极争取上级资金扶持，放大各种奖补资金、土地运作等政策效应，在新型农村社区全面实施“气上楼、水治污、暖入户、饮水达标、环卫保洁市场化物业化”的社区“五上”工程建设，努力改善农民的生活条件和居住环境。

2. 化工产业和“两区同建”步伐加快　2008年以来，沂水县将化工产业确立为主导产业之一，着力招引石油化工

企业前来投资建厂，决定在许家湖镇兴建庐山化工园区作为化工产业的承载地，并力争打造成全县第一个千亿级的产业园区。为了推动园区建设和产业发展，县里又根据农村社区和产业园区“两区同建”的原则，推动农村集中居住和农村经济集约发展。目前，春水社区一期工程占地133亩，完全容纳了夏家楼等3个村的近1 100户村民，而3个村腾退的村居用地面积则达到了700余亩，为庐山化工园区的进一步扩建和发展创造了条件。

（二）广大农民提升生活品质的现实需求

1. 改善生活条件、提高生活水平的需要 农村传统的分散居住方式，特别是道路等公共设施的落后和缺失，一方面，在客观上造成了农村环境的恶化，在治理不力的村庄，村容不整不洁长期存在，违占、违建的现象时有发生；另一方面，造成了城市与农村在生活条件、居住环境上的巨大差异，使城市居民和农村居民相互之间在心理上形成强烈的抵触和反感。进入社区居住，使得农民的生活条件和居住环境得到了大幅提升和根本性改善，在房屋和公共设施上更向城市社区靠近，农民在主观上也有了提高生活水准和品质的自觉，有利于从根本上改善农民的生活状况。

2. 生活方式适应生产方式改变的需要 分散居住的生活方式是与分散种植、养殖的小农生产方式相适应的。从2008年开始，夏家楼等3个村的生产用地逐步被庐山化工园区及其生产企业所占用，农民从山地到湖地，逐步丧失了土地这一基本的生产资料，传统的种植业、养殖业生产方式均被打破，无以为继，农民失去了生产土地，也就失去了维持与之相适应的分散居住生活方式的必要性。

3. 农村土地资源开发利用的需要 分散居住的生活方式，得益于过去农村土地资源相对宽松这一基本条件，形成了院中有宅、畦上有菜、路边有花、道旁有树的美好“乡愁”模式。但现在，随着城镇扩张和工业产业扩展，特别是化工产业从沿海向内地的转移，沂蒙山区在迎来经济高速发展的同时，也必然地付出着土地等多种资源被占用和消费的代价。

4. 应对生活环境变化的需要　据村民反映，庐山化工园区的企业开工后，夏家楼的生活环境有了巨大变化，主要是水质和空气质量急剧下降。自来水和井水发黄发暗，空气味道难忍，再加上庐山工业园区不断扩张，企业已经建设到村民墙院之外，近在咫尺，村民心中的被侵略感和被压迫感越来越严重。而春水社区则从夏家楼等3个村庄原驻地向东挪移了3公里，靠近沂河西岸，虽远眺仍能清晰地看到庐山化工园区，但毕竟不在围墙之外，中间更有属于后南社村的大片土地相隔，村民们在心理上得到了一种解脱的轻松感。

二、土地对农民的重要意义

在春水社区和夏家楼村的一个月，是我对土地问题重新认识的一个月。简而言之，农民的一切利益都在土地上，一切寄托都在土地上，一切矛盾也都在土地上。土地不仅仅是生产资料，土地也不仅仅是个人财产，土地是千百万农民安身立命、生产生活所系的根本。

（一）生产资料的意义

中国农业或耕种的历史，最早可以追溯到距今八九千年前，而在距今四五千年前，黄河、长江流域就已经形成了比较普遍的原始种植业，以土地为基础的农业几乎与中华文明的发展相伴相生。千百年来，始终在人口数量上占主体的中国农民几乎只与土地维系着最紧密的关系，他们在土地上付出，也从土地上获取，土地几乎就是中国农民长久以来获得经济收益的唯一来源。土地作为生产资料的意义是非常明显的。

（二）生活持续的意义

进入新世纪以来，中国农村和农业都发生了翻天覆地的变化，农民的经济来源也逐渐实现多元化，很多地区农民的工资性收入和财产性收入已经远远超过了家庭经营性收入，青壮年劳动力外出务工已经成为普遍现象。但是，从山东特别是沂蒙山区的现实来看，农民并没有因外出打工或从事其他经营活动而放弃农业生产，耕种土地始终是沂蒙山区农民生产生活的重要内容。我在许家湖镇走遍了70个行政村，基本没有发现家中有人的农户有撂荒地或者把土地租给别人耕种的情况，只要身体状况允许，这里的农民就不会放弃土地和耕种。很多村民对我说，他们种地不是为了挣钱，就是觉得凭自己能力能够吃上饭，种麦子有面吃，种果子（花生）有油吃，心里就踏实，家庭就稳定，生活就可以持续下去。在这个意义上，土地已经不完全是作为生产资料发挥作用，而是广大农民定盘的心，是农民维持和经营家庭生活的基础。

（三）生命维系的意义

调查过程中，我深刻地体会到，农业和工业，土地和工厂，其重要性和现实意义对于失地农民而言，完全不具有可比性。土地是农民生活的一部分，甚至是生命的一部分，只要手里有地，就要下地干活，就要耕种，即便是到了80岁、90岁，只要能干得动，还可以去干；种地没有年龄限制，体力好的时候就干得多一点、快一点，体力不好了，无非就是干得少一点、慢一点，生命到什么时候，地就可以种到什么时候。但是给工厂打工则完全不一样，纯粹就是挣钱养家，没有归属感，更不能无限延续，别说干到80岁，到不了60岁，就没人愿意要你了。有村民对我说，家里的老人搬到社区居住后，还在一楼的车库里用灶台烧水，每天一早到车库里劈劈柴，起灶烧水，水烧好了再提到家里灌暖壶。家里人几次劝老人，说烧煤气既方便也便宜，别再用灶台烧水了。结果老人说，以前有地的时候，每天早上到地里转转，敲几锄头浑身爽快；现在地没了，也没有地方可去，只能这样每天上下楼几次，还觉得身体松快一些。可见，土地对农民的意义，绝不仅仅是作为生产资料发挥作用，而是农民维持生活稳定和生命延续的一项重要元素。

三、新型农村社区建设中存在的主要问题

从统筹城乡发展的政策预期出发，建设新型农村社区应该是“工业反哺农业、城市反哺农村”的一次创新性举措，是缩小城乡差距、平衡城乡发展、逐步改变和解决城乡二元格局对立及其矛盾的必要手段。但在现实情况中，新型农村社区的建设和农民生产生活方式的改变，不免仍带有农业支持工业、农村支持城市的色彩。在这个大背景下，新型农村社区及居住其内的村民，必然面临着一系列问题和困难，而且具有很强的普遍性和代表性。

（一）农民问题

农民问题是所有问题的核心。观察新型农村社区中的农民，有两个基本点应该把握：一是由于丧失了土地这一基本生产资料，这里的农民与其他农民有重要差异；二是由于尚未在户籍上和实质上实现身份转变，这里的农民也还远远不是城镇居民。基于这样的判断，我认为当前新型农村社区中的农民面临的主要问题包括：

1. 生计无着　由于丧失了土地，转产转业又面临困境，农民的生计问题显而易见，这里不再展开。需要强调的是，虽然从县到乡，两级党委政府高度重视维护农民的合法权益，遵循了农民主体、农民自愿的基本原则。但是，土地等生产资料的丧失和生产生活方式的转变，对于绝大部分农民来说依然是被动的，不是主动的，是在当地政府主导之下进行的。因此，农民在此过程中和之后遇到的问题，应该得到政府的帮助支持和积极解决。不能把农民的就业、养老、医疗等问题统统推给农民个人。

2. 身份模糊　虽然在居住环境和条件上，新型农村社区已经比较接近城镇社区，但这绝不意味着农民已经在身份上实现了向城镇居民的转变。这一点，夏家楼村的村民们都有比较明确的认识。不过，在传统认知上，拥有土地等生产资料以及

从事农业生产这一基本“职业”是农民成其为“农民”的根本，而这正是他们面临的最大问题。他们明白地认识到自己不是城镇居民，应该是农民，但又失去了土地，无法从事农业生产，成为城乡之间的“边缘人”。这种身份认同上的混乱，对农民的心理稳定和未来预期都产生了重大影响。

3. 行为失范 虽然新型农村社区的环境条件在不断向城镇社区靠近，但社区村民在短期内还不具备城镇性的心理状态、生活方式和“新型人格”。总的来说，他们还在重复着传统村庄的社交习俗和行为方式。而新型农村社区的建立，不仅仅体现在地域上或建筑形式上，更体现在管理上和社交规范上。一方面，新型农村社区必然地要建立起不同于传统村庄的行为规范和管理制度，但也不可能照搬照抄城市社区的规范，而应该是在吸收过去村庄规范传统精华的基础上，糅合城市社区的较高标准的规范，形成适度管理的规范体系。一旦这个规范体系没有建立起来，或者“画虎不成反类犬”，就可能造成社区村民心理上的不适应和行为上的失范。另一方面，由于社区村民乡土社会经验根深蒂固，甚至以坚持旧有的乡土习俗或仪式来表达自己的传统生活方式的留恋，使得他们或者一旦遇到管理上的空隙，就会自动滋生失范行为，或者坚持举行祭祀仪式，从而与社区规范产生矛盾。

4. 保障不足 临沂市已经将城乡居民养老保险实行了合并，医疗保险正在合并，在形式上实现了城乡居民社会保障的并轨，但这种并轨在实质上和实际执行中还有很大差异。以养老保险为例，虽然标准等各方面规定都是一致的，但农村地区执行或申报的标准明显低于城镇居民，其日后获得的养老金数额也就明显低于城镇居民。在夏家楼村，90%以上的村民选择的都是300元/年的投保标准，因为村集体代缴的就是这个标准，如果想要选择高标准，还要自己拿钱。所以，绝大部分村民“习以为常”地享受了村集体给予的福利，也就放弃了自己可以享受的较高的养老保险条件。

（二）社区问题

新型农村社区与传统乡村在管理和建设上已经存在巨大差异。传统乡村经过历史发展已经成型，村居布局无需再行改造，村建任务主要集中在村中道路硬化和沿街房屋修饰上。新型农村社区是从零开始，处于建设与完善的过程中，建设任务重，管理的覆盖面也远远超过传统村庄，这就对新型农村社区在建设管理资金来源和组织管理能力水平上提出了新的要求。

1. 建设管理资金匮乏。由于是从头开始建设，新型农村社区在基础设施、公共服务设施、管理组织等方面建设过程中要花费大量的资金。虽然设施建设资金可以依靠政府和公共服务主体提供，但这只能提供新型农村社区建设所需要的一部分资金，后期设施运行维护和社区组织、物业管理的资金均要由村集体资金和社区村民承担，负担远远大于过去。如果资金不到位，在社区设施维护、公共环境卫生维护、绿化维护等方面就会面临无以为继的局面，那么现在春水社区引以为荣的整洁环境和良好秩序，很可能都会逐步丧失。虽然社区环境秩序不是村民们最关心的问题，但是如果处于良性发展状态，有利于村民心态的稳定；而一旦打破这种良性状态，村民们的失落感和疏离感就会更强，各种潜在的矛盾也会被激化起来。

2. 社区组织管理方式落后　中国乡村长期以来的治理传统是乡绅治理，即便是新中国成立后，在相当长的一段时间内还把村务管理者称之为“村长”，可见乡村治理主要是建立在权威和管理的基础之上。进入新世纪以来，中央在推动乡村民主管理和村民自治方面下了很大功夫，基层的民主进程也在逐步加快，从“村长”到“村民委员会主任”，不仅是称呼上的改变，更体现了治理观念的变迁。但是，现在进入新型农村社区，村委会更要向城市社区中的居委会去过渡，这在绝大多数村干部的头脑中还没有形成概念，村委会的治理倾向仍然是重经济发展而轻社会建设、重生产管理而轻生活服务、重对上级负责而轻对村民履责，在日常工作上仍习惯于听从乡镇党委政府的安排，对存有意见的村民采取排斥的态度而缺乏劝解的行动，更不善于与物业、公共服务主体以及其他社会团体合作共事。2014 年村“两委”换届选举之后，夏家楼村新一届“两委”班子成员基本都是新当选的村干部，一方面，在年龄上具有明显优势；另一方面，在历史上没有负担，可以轻装上阵，在争取村民支持和向外拓展就业渠道方面付出了很大的努力。但是，上千年的乡村治理传统仍不免断续出现在村务管理中，这一方面要靠村干部的更新换代，不断吸收新鲜血液带来新的“养分”，另一方面也要靠各级党委政府加强对村干部的培养和教育，在观念意识层面上更新他们的认知结构和行为逻辑。

画里马泉　梦里桃园

农业部离退休干部局　季春霞

根据农业部党组部署和人事劳动司的安排，我于2015年4月1日至4月30日，在山东省沂南县铜井镇马泉村开展了为期一个月的“驻村蹲点调研”。驻村期间，我紧紧围绕体验百姓冷暖、感受乡村变化、准确反映基层干部和农民群众所思所想所盼的目的，与老乡同吃同住同劳动，采取问卷调查、随机走访、召开座谈会等方法，对马泉村的基本情况、农业生产、经济发展、基层组织建设、农村社会管理、风土人情等进行了深入细致的调研。我将村里的所见、所闻、所获、所感一一记录下来，详细反映了马泉这个小山村从传统农业渐渐向现代农业转型的过程。具体情况概述如下：

一、蓬勃发展的休闲农业

改革开放以来，我国的休闲农业经历了萌芽、起步和全面发展的历史阶段。特别是进入新世纪以来，全国休闲农业蓬勃发展，呈现出了产业规模日渐扩大、发展内涵不断提升、发展方式不断转变的情况。沂南县依托“生态、特色、高效”现代农业，采取编制规划、出台优惠政策、提升行业管理等措施，大力发展休闲农业和乡村旅游。2014年被农业部评为国家休闲农业和乡村旅游示范县。目前，沂南县拥有国家级休闲农业与乡村旅游示范点1个——竹泉村，省级示范点1个——马泉创意休闲农业园，且均在铜井镇。其中，马泉创意休闲农业园就在马泉村。

马泉创意休闲农业园由沂南县盛大庆果树种植专业合作社2009年投资兴建，经过五年战天斗地的奋斗，将昔日岩石裸露、植被破坏严重的荒山秃岭，改造成林果飘香、山水相映的花果山。农业园占地1万亩，计划总投资10亿元，分两期建设。第一期工程占地5 000亩，主要围绕生产标准化、经营规模化、营销品牌化，积极打造现代农业和乡村旅游新样板。目前，已修建小型塘坝、桥涵27座，硬化道路25公里，安装太阳能路灯2 000盏，新造土地2 400亩，建成果品采摘园2 600亩。通过广泛应用生态农业新技术生产的“天华源”牌柿子、柿饼、大樱桃已经取得有机食品认证。投资2 000万元的果树研究中心正在装修，投资5 000万元的沂蒙民俗展览馆正在建设。第二期工程占地5 000亩，突出山水田园间、休闲养生地的设计理念，重点打造水系景观、亲水乐园、养老养生、示范农业四大板块。目前，土地流转全部完成，已栽植大樱桃2 000亩、建成小二型水库1座。10座塘坝、20公里道路硬化、养生养老园区正在施工，计划2013年上半年完成建设任务。

马泉创意农业休闲园于2015年5月开始试营业，全部建成后，计划年可接待游客100多万人次，实现旅游收入1.3亿元。园区内栽植的10万棵大樱桃、5万棵甜柿等进入盛果期，可年产果品500多万千克，实现种植收入1.5亿元。农业园通过园区务工和旅游服务，让村民们离土不离乡，在家门口就能打工挣钱。计划建成后的马泉创意休闲农业园能新增1 000个就业岗位，增加农民收入3 000多万元。目前，农业园正在争创全国水土保持科技示范园、全国休闲农业与乡村旅游示范点、国家4A级旅游景区。一个群山叠翠云雾绕、绿树红花分外娇、休闲养生添野趣、乡村风光自然好的创意农业园区不仅成为沂南休闲农业与乡村旅游的新亮点，还是带动马泉这个小山村从传统农业向现代农业转变的重要途径。

二、刚刚成立的农民专业合作社

随着我国市场经济体制的确立，以家庭承包经营为主的农民成为市场主体。一家一户的家庭经营，既要顾生产，又要顾销售，农产品很难打通市场销路。而农民专业合作社通过组织农户，能发挥组织协调作用，产生组织品牌效应，在带领单家独户进入市场方面发挥着独特的桥梁和纽带作用，解决了小农经济生产方式落后的“散、小、弱”的弊端，降低了市场风险。2015 年中央 1 号文件《关于加大改革创新力度　加快农业现代化建设的若干意见》中又提出要加快构建新型农业经营体系，积极发展多种形式适度规模经营，提高农民组织化程度。

正是在这种背景下，马泉村第一家农民专业合作社——沂南县骏源果品种植专业合作社在 2015 年 4 月 7 日成立了。骏源果品种植专业合作社法定代表人李刚，一位 80 后的农村青年。李刚初中毕业后就去上海、淄博等地打工，经过几年的积累，有了一定的资金和技术。现在，他在县城开了一家铝合金门窗门市部，收入不错。他应该是村里年轻人中发展比较好的。随着马泉创意休闲农业园的发展，他感觉休闲农业发展前景比较好，就将村里旧村改造平整出来的土地流转到自己的名下种植桃树，准备发展采摘旅游观光业。合作社由李刚等 7 人发起，出资总额为 100 万元，以服务社员、谋求全体成员的共同利益为宗旨。成员入社自愿、退社自由、地位平等、民主管理，实行自主经营、自负盈亏、利益共享、风险共担。主要业务范围是为社员提供果品种植技术、信息，组织收购、销售社员果品。李刚为合作社理事长，李允照和马永兵为理事，李克英为执行监事。

当我问李刚怎么想到成立合作社时，这位农村青年有点不好意思地告诉我，他是听村支书李克英说的。合作社和家庭农场作为新型农业经营主体，在村里知道的人还不多，只有村干部等人知道，至于如何办理知道的人更少。李刚的合作社手续是县城广告公司给办理的。我问他有没有去农业局备案时，他说没有，还不知道农业局在哪里。我就和他一起去农业局找了负责此事的部门，并问了一下县里对合作社的支持政策。县里农业局经管站负责合作社的管理，现在主要是支持一些省、市的示范社建设，对普通合作社没有支持。因此，像李刚这样的合作社想做好做大，还有很长的路要走。

三、农村产权制度改革的试点区

沂南县是全国农村产权制度改革试点地区之一。2012 年以来，沂南县从明确集体土地所有权、集体土地使用权、房屋所有权、土地承包经营权等农民根本权益入手，探索建立“归属清晰、权责明确、保护严格、流转顺畅”的现代农村产权制度。2013 年，全县在顺利完成两轮试点工作的基础上，全面启动了登记扩面工作。截至 2014 年年底，全县 522 个涉农村庄的调查摸底、测绘公示和合同签订已全部完成，目前已基本完成《集体土地使用证》、《房屋所有权证》、《农村土地承包经营权证》等权证的登记发放工作。

马泉村根据县、镇的统一安排，把推进农村产权制度改革作为统筹城乡发展、加快新农村建设的战略之举，摆在重中之重的位置来抓。一是落实责任，形成合力。明确产权制度改革工作为“一把手”工程，成立了由村支书任组长的领导小组，明确工作目标、时间节点和工作责任，形成了上下联动、齐抓共管、有序推进的工作格局。二是广泛宣传发动，让群众参与。在全县通过广播、电视、报纸、宣传车等多种渠道的基础上，村干部还到田间地头用群众语言，对产权制度改革的目的意义、政策规定、工作流程等进行大体量、高密度的宣传，激发干部群众主动参与的积极性。三是做好细致深入的工作。调查摸底阶段，马泉村坚持做到时间服从质量，哪怕推进慢一些，也要把底子摸清、摸实、摸透。按照县、镇的要求，对照县里发放的12种表格，逐家逐户逐项目进行摸底。随后，根据卫星拍摄的图片到地里挨家挨户地进行核对并手工绘出平面图，然后交县测绘公司制成电子图片打出来后，再次入户核对，并分别由村委、村民、调查人员三方签字确认。确认无误后，签订土地承包合同，在土地承包经营权确权登记表上签字按手印。这些程序全部结束后，才可以给村民发放土地确权登记证。

谈及农村产权制度改革，村干部将其比作整理“针线匣子”：政策法规和农村风俗碰撞、自行开垦耕地、村民之间田块互换、四至边界不清，种种问题千头万绪，样样棘手。面对难题，马泉村“两委”充分发挥群众集体智慧，由村民小组选出代表组成议事会，对确权登记中的各种疑难问题进行“诊治”。农民熟知自己的土地权利及历史成因，对各种权利都有自己的理解与解决方式。李会计说：“与政府机构‘一包到底’的模式比，这种模式更容易被农民接受，还能把矛盾消化在基层。”

经过大半年的时间，马泉村的产权制度改革顺利完成。村民看到卫星拍摄的土地确权公示图时，对全村所有土地的归属一目了然。当农户都拿到了大红皮面烫印着金色国徽图案的《农村土地承包经营权证书》和《房屋所有权证》，感觉吃下了一颗定心丸。

农村产权制度改革明晰了产权，激活了农村生产要素，有利于促进农村资源资产化，打破了农村土地融资和流转的“瓶颈”，给产权“赋能”从而为增加农民财产收益奠定了基础。这是一个历史性的突破，这一关键政策有效激发了马泉村发展活力。一是土地流转更为顺畅。确权后，即使打破现有土地边界或多次流转也不会出现所有权不清楚、面积不准确的问题，使得外出务工的农户可以放心地把土地流转出去，为规模经营创造了条件。目前，全村共有109户约160亩地分别流转给了盛大庆果品专业合作社。二是拓宽融资渠道，使农村信贷更便捷。沂南县在坚持和完善耕地保护制度的前提下，完善土地承包经营权、林权等产权抵押融资体系，探索建立以权抵押融资和信用机制并行操作模式，研究制定了《农村住房抵押贷款实行办法》、《农村土地承包经营权抵押贷款管理办法》。农户可以用新颁发的产权证书作为抵押，从县农村信用社贷出款项，评估更简捷、手续更方便，极大地拓宽了农民发家致富的融资渠道。2014 年，盛大庆果树种植专业合作社利用农村土地承包经营权证抵押贷款 2 500 万元，促进了马泉农业创意休闲园区建设。三是有利于农村要素资本化。引导和支持农民合作社发展，鼓励农户以农村产权折价入股，化单户分散经营为集中捆绑闯市场，提高了农民组织化程度。

农村产权制度改革是推进新农村建设的基础工程，又是一项系统工程，涉及“三农”工作各方面。马泉村以确权登记颁证促进农业规模化经营，以新型农村社区建设提高农民生活质量，实现了农业、农村、城镇的良性循环。

四、受村民欢迎的城增村减项目

城增村减项目全称为城镇建设用地增加与农村建设用地减少相挂钩的工作。根据国土资源部国土资发［2005］207 号文件要求，依据土地总体利用规划，将若干拟复垦为耕地的农村建设用地地块（即拆旧地块）和拟用于城镇建设的地块（即建新地块）等面积共同组成建新拆旧项目区，通过建新拆旧和土地整理复垦等措施，在保证项目区内各类土地面积平衡的基础上，最终实现增加耕地有效面积，提高耕地质量，节约集约利用建设用地，城乡用地布局更合理的目标。也就是将农村建设用地与城镇建设用地直接挂钩，若农村整理复垦建设用地增加了耕地，城镇可对应增加相应面积建设用地。

根据《沂南县城镇建设用地增加与农村建设用地减少相挂钩工作实施办法》，铜井镇党委和镇政府按照统筹安排、突出重点、分步实施、逐步展开的原则，严格筛选试点单位和项目区，在两泉坡村顺利实施全省首批城乡建设用地增减挂钩试点项目的基础上，总结经验、创新思路，把马泉村又列为增减挂钩试点项目区。马泉村“两委”及时召开全体党员会议和村民代表大会，宣传发动，统一思想，全体村民自觉支持参与城增村减挂钩试点工作。2009 年 7 月，马泉村第一期城增村减项目开工，共拆迁 60 来户。其中，30 多户为村内空闲旧住宅，建设老年房 27 户，2009 年 12 月完工。被拆迁的老年人全部搬进新建的老年房，整理出土地 37.6 亩。并利用项目资金盖了二层办公楼，修了一座小型水坝。第二期 2013 年 7 月开工，涉及拆迁农户 151 户，2014 年 8 月完工。建设安置房 115 套，分别是青年楼房 60 套，每套 120 米^2 左右；老年房 45 套，三间主房，两间配房，沿街房 10 套。净增土地 97 亩且集中连片，复垦整理后达到种植条件。其中，已经有 30 亩流转给骏源果品种植专业合作社。

马泉村还将城增村减工作与新型农村社区建设结合起来，建设的新村实施了硬化路、自来水、有线电视等 5 项“户户通”工程。新区有线电视、电话、宽带入户率达到 100%，建设超市等便民服务设施。除了硬化新区路面，还实现了户户通。硬化道路 4 000 米，使主次道路硬化率达到 100%，主要道路架设太阳能路灯 56 盏。新修了环境优美、文化氛围浓厚、健身器材多样的马泉文化广场 3 000 多米^2。现在广场已成为了村民集会的好场所，老人们休闲的好地方，青年人健身的好去处，儿童游玩的好乐园。城增村减工作通过项目区拆旧建新，鼓励引导农村居民点向中心村集中，实行空心村改造。不仅改善了农村生产生活条件，还提高了农村建设用地集约利用水平，促进了城乡统筹发展，让群众切实感受到了项目实施前后的变化。城增村减工作成为统筹城乡发展的重大机遇和惠民利民的民心工程。

扎实开展社区建设
加快推进村庄发展

农业部机关服务局　王立法

根据农业部党组部署和人事劳动司的安排，我于 2015 年 4 月 1 日至 30 日在山东省莒南县王家大庄村开展了为期一个月的“驻村蹲点调研”。驻村期间，我紧紧围绕研究总结村庄建设发展的经验，采用召开座谈会、拜访老干部、到田间地头和农户家中走访以及查阅资料等方式，学习借鉴民族志的研究方法，对村庄社区建设、组织建设、产业发展和公共服务等情况，进行了全面深入的调研。王家大庄建设发展的历史表明，村庄发展既要依靠自身的积累与建设，也要依靠外部的扶持与支援，必须充分发挥党支部的领导作用、大力发展农业生产和集体经济、积极争取政府支持、牢牢把握政策机遇，加快推进村庄建设发展。具体情况概述如下：

一、开展社区建设的主要做法

（一）认真研究论证，积极组织动员

社区建设要求对整村进行搬迁，选定新址全部建设成楼房。正所谓穷家难舍，要让农民拆掉房子搬到楼上，面临了诸多的困难。一是担心成本高。不少村民感到，上届村支部对村庄进行规划建设才没几年，近年来全村又进行了硬化、绿化、亮化和美化，还安装了太阳能灯，居住条件比较好，搬迁重建有点舍不得。特别是要把原来住得好好的老房子拆掉，还要花钱买楼房，觉得成本有点高。二是担心不方便。住楼了，拖拉

机停在哪里？还有各种农具，收下来的粮食，总不能都扛上楼吧？农民搞点养殖放在哪里？做饭取暖怎么办？诸如此类的问题，让大家有顾虑。三是担心做不好。村民有顾虑，村集体也有压力。盖楼集体要花钱，还要花大量的人力物力去组织落实，大家对盖楼这样的巨大工程都没有经验，还有很多想不到的问题需要解决，出了问题谁担责任？

在这件事上，充分展现了村支书王怀军在带动村庄发展上的睿智和勇气。他认为，开展社区建设机会难得。一是政策支持，建设农村社区是村庄发展的方向。中央高度重视农村社区建设，把推进农村社区建设作为统筹城乡发展、提高城镇化水平的重要举措。中央的“土地增减挂政策”还可以为社区建设提供资金。经测算，村里可以整理出耕地 260 亩，能得到补贴 5 460 万。再加上村集体经济经过多年的积累具备了一定的实力，资金的问题基本可以解决。二是政府重视，有强大的组织保障。县里高度重视农村社区建设和土地增减挂工作，把“一个土地增减挂钩项目和一个较大规模精品农村社区”作为“五个一”重点项目内容专门对乡镇进行量化考核。加快新型农村社区建设，推进实现城镇化本身也是乡镇一级政府的重要职责。对于县里重点考核的工作，乡镇政府还会专门成立工作小组，协调推进项目落实。乡镇政府的指导和支持，为社区建设提供了强大的组织保障。三是村“两委”有公信力，可以得到村民的支持。村集体要干成事，必须有党员和村民代表的支持，像整村搬迁这样的大事，更要得到广大村民的同意。村支书公道正派深入人心，村“两委”班子务实为民群众公认，多年来村民团结，干群关系融洽，能够得到广大群众的支持。

“两委”班子反复研讨，很快统一了思想认识。组织动员随后在两个层面展开。镇上多次组织村里党员、老干部、村民代表到朱芦镇、演马镇、汤头等地参观学习先进经验，现场感受增减挂项目带来的翻天覆地的变化。面对部分村民的不同意见，村里也成立了由退休老干部、老党员牵头的摸底调查小组，先后3次对全村347户逐一入户调查走访，对楼房选址、户型设计、补偿标准、户型选择、拆迁时间、定金交纳等征求意见。由于工作方案体现了群众的意愿和要求，得到了群众的理解和支持，很快有339户村民与村里签订了房屋拆迁协议并缴纳了购房款，占全部户数的98%。

（二）深入调查研究，做好规划设计

搬迁上楼的意见达成一致后，项目的实施就进入了实质性阶段。村集体要拆掉旧房子、建设新楼房，必须解决好旧房子的补偿和新楼房的建设规划问题。

1. 认真研究确定补偿标准　村里的房子家家户户不一样：有的4间房子，有的6间房子；有的是近几年刚盖起来的，有的则是老房子；有的有厢房，有的廊檐……这些房子差别这么大，标准怎么确定？村“两委”计划聘请专业的资产评估公司来做。考察之后，发现专业评估公司评估费用大约要6万元，这对村集体来说是个不小的数目。村“两委”经过研究，决定自己来做。一是可以为村集体省下一笔不小的开支；二是对村民情况熟悉，利于交流沟通，满足多样化的需求。村“两委”对全村378处居民住宅及院内地上附属物进行了详细的调查，挨家挨户走访征求意见，经过多次修改，最终确定了让村民满意的安置补偿方案。

以下是我摘录的《整体搬迁安置补偿方案》的几项主要内容：“对参加1986年后村庄规划建设并有房产证的房屋，五间屋享受90米^{2}的楼房一套，三间屋享受60米^{2}的楼房一套，两间及四间的等多退少补，每平方米按980元计算。对没有按1986年后村庄规划改建的旧房按5米^{2}折1米^{2}计算，不够的找补差额，每平方米按980元计算；年老体弱补不起差价的，可住集体公益房（但只有居住权没有继承权），只能入住60米^{2}的楼房。”这份方案，充分反映了村民的集体智慧。村干部说，只要肯动脑筋想办法，我们不但能少花钱多办事，甚至比专业公司更能让村民满意。

2. 以人为本做好建设规划　新社区建设成啥样？这是村民最关心的问题。农村有农村的特点。群众上楼后，有好多现实问题：怎么取暖？用什么做饭？鸡狗鹅鸭放哪里？手扶拖拉机、犁耙、粮食放哪里？老年人行动不便怎么办？楼上空间小，红白事怎么办？……有村民还编了个顺口溜：扛着耙，牵着牛，上了楼，碰了头。这形象地反映了群众对上楼后生活的担心。

镇上和村“两委”认真征求了村民的想法和要求，借鉴参考了其他农村社区建设的成功经验，为村民量身定制新居建设方案，充分体现了规划的人性化。新楼设计为5层，有120米^2、90米^{2}和60米^2 3种户型。考虑到农村家庭人口多，首先满足居住需求，把120米^2、90米^{2}的户型设计为3个卧室。为了方便使用，把水电、地暖、燃气、宽带、电话线等基础设施统一规划安装到位，地板、衣柜、灶台全部统一铺装到位。配套建设超市、广场、卫生室、公共厕所、公共澡堂和红白事场所。针对老年人行动不便的情况，还专门在一层设立老年房，让老年人免费居住。根据农业生产的需要，在居住区西面设置一处占地44亩的养殖区，在居住区西、北两侧建设农机具放置区。这些设计，处处体现了人性化的原则，极大地方便了农民生活和农业生产。

（三）严格监督管理，周密组织实施

规划好更要建设好，把图纸变成真楼房才是最关键的。然而对村民而言，搞社区建楼房村里从未干过，楼房质量如何保障？涉及资金规模这么大，怎样确保项目建设资金不出问题？

1. 加强组织领导　为了做好整村搬迁的组织领导工作，镇党委和镇政府成立了由组织委员牵头、社区工作人员为主要成员的专门工作组，全程参与项目立项规划、工作方案制订等各项工作。认真监督工程质量，积极协调解决实际问题。在楼房即将封顶的关键时刻，建设资金紧张，镇上迅速通过融资平

台进行融资，保证了建设的持续推进。

2. 加强监督检查　村“两委”研究决定成立财务监督和安全质量监督小组，小组人员主要由村里退休的干部、德高望重的老同志和村民代表组成，负责工程资金与工程建设质量安全的监督，同时也对村“两委”进行监督。村书记王怀军表示，成了两个小组后，工程款项全部经过小组监督和审计，钱不经过“两委”干部的手，消除了村“两委”干部从中渔利的可能，提高了村“两委”干部的公信力。监督小组的老同志也表示，为了保障楼房质量，他们专门向监理学习建筑监理的经验，严格按照合同，一车砖一车沙地数，带着米尺一米一米地量，确保建筑材料保质保量，工程建设不偷工减料。这些人员大多数是六七十岁的老同志，有时候为了接收材料常常要等到深夜，甚至直接睡在工地。但是，为了建设自己的房子，每个人都充满了干劲和激情。

3. 周密组织楼房配售　2013 年年底，一个总投资 7 000 余万元、建筑面积 44 599 米^2，包括 12 座居民楼、1 座社区服务楼、35 套老年房的新型农村社区全面建成。盼星星盼月亮，终于到了要分房入住了，这是村里发展历史的重要转折，村民们也是喜上眉梢。村里的村民，一谈起当时分房的情景，都能手舞足蹈说上半天，现在还能从脸上看出当时的兴奋。这很容易让人联想起周立波在《暴风骤雨》中描写的那个分马的场景，而当时的分房组织得则更加严谨有序。分房主要采取抓阄的方式，这是农村最常用的分配方式，也是农民最接受的方式。抓阄的顺序则按照签订《搬迁安置补偿协议》的先后顺序确定。签订协议的同时要交一部分押金，拆除旧房后按照有关奖补政策多退少补。村“两委”干部带头履行程序，妇女主任最先签订协议交押金排号分房。为了打消村民对于村干部内部控制好房子的猜测，村支书则表明自己最后一个选房。一说起当时的情景，村民无不交口称赞。春节前，346 户欢欢喜喜乔迁新居。前后折算下来，每户购买新楼房花了 1 万～2 万元不等，最多的才花了 2.4 万元。

（四）耐心宣传引导，平稳拆迁上楼

土地增减挂钩，就是要把农民原来的房子拆掉，把宅基地整理复垦为耕地。拆迁，是所有基层干部都头疼的问题，也是容易激起矛盾引发不安定因素的棘手工作。关于拆迁上楼而引发的社会问题，媒体多有报道，以至于很多人形成了农民上楼就是被赶上楼的刻板印象。王家大庄的拆迁突出宣传引导，实现了平稳和谐。

1. 积极宣传动员　由于上楼前每家的房屋都进行了评估，并补偿到位，村民已经从心里认可了旧房的拆除。为了确保拆除不出任何问题，镇、村还是组织老党员、老干部有针对性地登门发动，宣讲拆迁政策。

2. 强化激励措施　村里研究制定了相应的措施："对在规定的时间内完成拆迁的搬迁户，给予五间主屋的奖励 3 000 元，三间主屋的奖励 1 800 元，其他的依此类推；对原房屋顶楼房面积不足的，须补交差额（每平方米按 980 元）；在签订《搬迁安置补偿协议》后，在规定时间内拆除房屋及地上附属物，清理完毕后，领取地上附属物补偿款。"

耐心细致的拆迁工作，获得了群众的真心支持。2014 年春节刚过，村民就自己动手拆除房屋。近 400 幢房屋只用了不到半个月的时间就基本拆除完毕，堪称和谐拆迁的典范。随后，村里出动了机械对土地进行了平整。从此，村民开启了"安居广厦里，乐业山水中"的农村新生活。

二、主要经验

王家大庄的社区建设，是在统筹城乡发展背景下加快村庄建设发展、推进新型城镇化的有益探索。该村村庄建设发展的历史表明，村庄发展既要依靠自身的积累与建设，也要依靠外部的扶持与支援。具体而言，其发展的主要经验可以概括为以下四个方面：

（一）必须加强党的领导，强化村庄发展的政治基础

以村支部为核心的“两委”班子，是村庄发展的坚强领导核心。王家大庄村支部高度稳定，新中国成立以来只换了4任支部书记，支部成员搭班子工作均在10年以上，有的甚至20多年。稳定的领导班子能够踏实谋划村庄的长远发展，利于一张蓝图抓到底。党支部书记公道正派，依靠自己的人格魅力提高了领导班子的公信力，使得村庄在发展的重大事务上容易达成一致意见，减少了村庄治理中的内耗，提高了工作的效率和效果。村支部书记有思路、有魄力，更加快推动了村庄的发展。比如20世纪70年代中期，在村集体只有17元资金的情况下，村里贷款4万元解决企业用电和村民用电问题，加快推动了集体经济的发展。

（二）必须大力发展农村经济，夯实村庄发展的经济基础

村庄要发展，必须要较强的经济基础和稳定的资金来源。村办企业的快速发展和壮大极大地提高了村民的收入水平，村集体经济也具备了一定的规模，为村庄发展积累了较强的经济基础。正因为收入提高了，村民才会在第一次村庄规划建设时愿意自掏腰包翻修房屋。即使在村办企业萧条之后，村集体经济也保持了稳定的收入来源，为村内公共事务发展提供了经济保障。一定的集体经济实力也强化了村民的集体认同，形成了合作发展的良性循环。

（三）必须依靠乡镇政府的支持，争取更多的发展资源

村庄要发展，仅靠自身积累是不够的。乡镇政府作为最低一级的政府机构，联系农村最紧密，服务农民最直接，发展农业最有效，直接掌握着大量的资源。谁能争取更多的资源，谁就有更大的发展机会。王家大庄良好的治理状况，为乡镇工作落实提供了强大的支持，也为自己赢得了大量的发展资源。王家大庄现在的发展成就，有相当一部分是依靠乡镇政府集中项目资金努力发展建设的结果。

（四）必须紧跟党的政策，抢抓农村发展的良好机遇

王家大庄具有优良的革命传统，无论村干部和广大村民具有不甘落后、敢于争先的进取意识和奋斗精神。沂蒙老区的红色传统让干部群众从心里衷心地拥护党的政策，能够紧跟党的政策开展工作。比如在社区搬迁工作中，王家大庄敢于第一个“吃螃蟹”，真正做到党有号召、村有行动。村庄特有的思想政治优势也使王家大庄抓住了发展机遇，促进了村庄发展。

虽然王家大庄在社区建设上取得了突出的成绩，但也应当看到，村庄发展的后劲仍然不足，还没有形成具有突出优势的核心产业；农村能人的带动作用不够突出，还没有培养出种养大户、企业主等农村实用人才带头人；农民多数仍然是兼职农户，农村劳动力尚未大量从农业产业转移；加快推进村庄建设发展依然任重而道远。

探寻农民增收致富的内生动力

农业部人事劳动司　何绍周

根据农业部党组部署和人事劳动司的安排，我于2015年5月10日至6月10日，在贵州省遵义市湄潭县核桃坝村开展了为期一个月的“驻村蹲点调研”。驻村期间，我紧紧围绕了解农情、增进感情、砥砺品质的要求，面对面倾听心声，手拉手真诚交流，采用访谈、调查问卷、查阅资料等方式，重点对村里产业发展情况进行了调研。核桃坝村是贵州省唯一的“全国农村实用人才培训基地”，产业发展已成气候。通过对村里50余家茶叶加工企业走访，对近100户茶农访谈，得出一点初步思考：产业发展能促进农民致富，产业发展的关键在于小微企业的涌现；在创业创新的背景下，在经济新常态下，值得将更多关注放到农业小微企业身上。具体情况概述如下：

一、产业很重要，但产业发展之路并不容易

农民增收致富，无论是对于政府而言，还是对于农民自身而言，都是孜孜以求的目标。其中，各级政府，尤其是基层地方政府都重视又反复尝试的一个方法就是发展产业*。实践证

* 这里的产业主要是指农业产业。但是需要明确的是，这里的农业产业并不是指作为第一产业的农业，而是指与农业密切相关的整个产业链条。本文的分析，也主要是从农业产业的角度出发。当然，萧山、温州、昆山等地的发展历程，并不是起步于农业产业，但总归也是从培育产业起步，也有很多的共同点。

明，产业很重要。哪个地方，哪个村哪个镇*，如果产业发展得好，这个地方的农民就富裕，农村就有活力，就美丽。但是，事实也告诉我们，产业发展并不容易。多年来，很多基层政府，尤其是乡镇政府，在推动产业发展上不遗余力、费尽心血，而真正取得成功的可谓寥寥。那么，是什么因素决定了产业发展的成败呢？

农业产业，与工业产业有相同之处，也有不同之处。主要的不同之处在于：第一，农业产业受自然条件约束大。也正是因为这样的限制，也给予了一些农产品天然的稀缺性。这样的稀缺性，可以给予该产品一定程度的垄断性，这也为农业产业的发展奠定了基础。第二，农业产品储存时间总体来说短。绝大多数农产品的储存时间，相对于工业产品而言，要短得多。第三，农业产业的生产周期更长。工业产品，一条生产线一天可以生产成千上万的产品；但对于农产品而言，其种植、生长、成熟的自然过程是很难改变的。第四，农业产业的正外部性突出。农业生产有负的外部性（比如面源污染），但总体来说，为社会提供的是正的外部性。

农民增收致富，为什么需要产业发展呢？第一，产业发展的过程，是一个将农民与市场连接的过程。第二，产业发展的过程，是一个包括资金、技术、管理经验等资源注入农村、农业的过程。第三，产业发展的过程，是一个产业链条不断延伸的过程。第四，产业发展的过程，是一个新型经营主体不断发展壮大的过程。

二、一个西部山区富裕产业村的发展历程

大河有水，小河才会满。核桃坝村，是在改革开放大潮下发展起来的一个村庄，是搭乘上了宏观经济发展快车的一个小

---

* 本文的分析，主要是针对于农村地区。对于城中村这样的区域，由于规划限制等因素，一般不能发展农业，所以不在分析之列。

村庄。核桃坝的发展历程，起步于20世纪60年代，差不多每个10年为一个发展阶段，因地制宜、因时而异，循序渐进、顺势而为，有探索，有进取，有挫折，有成功。其中，充满着为幸福生活而不懈努力、锲而不舍的感人精神，也蕴含着实事求是、解放思想的伟大智慧。

（一）20世纪60年代，主要是解决温饱问题的十年

那个时候的核桃坝，吃饱穿暖都是一个问题。时任大队书记是何殿伦。他看到村边一条湄江河水潺潺流过，村民却由于没有灌溉设施而吃不饱饭，心中十分不解和焦急。何老支书与村里的同志商量后，决定拦河筑坝，引水入村。工程从1964年10月动工，翌年春，筑坝引水成功。当年，核桃坝村的粮食产量即由75万斤陡增到了150万斤。

（二）20世纪70年代，主要是兴办集体企业求致富的十年

拦河筑坝、引水入村的成功，让核桃坝一下子成为了一个广受瞩目的明星村，一个吃得饱饭的幸福村。但是到21世纪初，水利设施的红利被其他一些因素所抵消，村里的粮食产量开始下降*。在当时的环境下，这样的情况是非常严重的事情，引起了各方关注和重视。村里同志面对这样的情况，再次展现出智慧和气魄：他们决定自己建化肥厂。前前后后差不多一年时间，化肥厂成功投产。第二年，核桃坝的粮食产量再次大幅度提升。

（三）20世纪80年代，是走上茶产业发展道路的十年

湄潭县地处云贵高原至湖南丘陵的过渡地带，平均海拔972.7米，冬无严寒，夏无酷暑，四季分明，是世界顶级绿茶生产基地之一。作为一个地处西部丘陵山区的农村，要像东部或者沿海城市周边的农村那样发展工业、外贸等产业是很难的，无论是在信息、交通、市场、人力资源、资金等方面都还不具备成熟的条件。1981年，何殿伦支书自己筹钱，根据地

* 主要原因，据村民自己分析，是缺少化肥。

域特点请科研人员育苗，并免费送给村民扦插。在示范带动下，在市场的作用下，如今的核桃坝茶园已经上万亩了。

（四）20 世纪 90 年代，是茶产业平稳发展的十年

在种植规模不断扩大的同时，茶叶销售方式并没有太大的改变，仍然是家家都加工、都销售。当然，茶叶加工、销售的效益一如既往的不错。一片茶叶，“长得矮矮丫，开得白白花，绿了千千岭，富了万万家”。这个十年，总体上是一个平稳发展的过程。农户通过这十年，手里逐步积累了十几万、二十几万的资金，为茶产业的下一步发展奠定了基础。

（五）新世纪的第一个十年，是茶产业链条不断延伸的十年

这是核桃坝飞速发展的十年，是非常关键的一个阶段。2001—2003 年，核桃坝村一下子涌现出 30 来家专门从事茶叶加工的农户（目前已经达到 50 余家），上了一定的规模，采用了加工机器。为什么在本世纪初会大量地涌现专门的茶叶加工户呢？第一，这是一个自然的分工分业过程。第二，一些农户经过多年的积累，有了一定的经济实力，为扩大规模创造了条件。第三，技术上的改进。大约在 2000 年左右，茶叶加工机械从浙江龙井茶产区传入贵州。核桃坝村加工户的出现，呈现出了一个倒“V”形的特点。也就是在短时间内（2 年左右的时间）“涌现”出很多家，较为集中；随后数年时间内，只有零星的加工户出现。这个特点反映出，在一定条件下产业链条的延伸，如果先有一家、两家到少数几家的引领和示范，可以在较快的时间内完成。而且，这个引领也不一定需要大型的龙头企业，小微企业也可以发挥这个作用。

（六）本世纪的第二个十年，核桃坝的茶产业进入进一步延伸产业链条、综合平衡发展的时期

核桃坝村茶产业的发展，起步于 1981 年。自此之后，整个村的发展就与茶产业密不可分，围绕茶产业而展开，并依赖于茶产业的发展。那么，核桃坝村的产业发展到底是做对了什么呢？核桃坎村茶产业的发展之所以取得成功：第一，与坚持市场导向密切相关。第二，得益于产业链条的不断延伸。第三，动力之源来自于数十家的小微企业。第四，与有力的带头人密不可分。第五，得益于基础设施建设的完善。

三、其他一些国家或地区乡村农业产业发展之路及其启示

（一）法国波尔多地区的葡萄及葡萄酒产业发展

法国有 2 000 多年的葡萄酒酿造历史，目前全国有多个葡萄酒产区，每个大的产区有很多的小产区，全国葡萄栽种面积约 1 500 万亩。葡萄和葡萄酒的产值占到整个农业产值的 1/7。从法国葡萄和葡萄酒产业的发展历程中，我们可以看到这样几个特点：第一，高度重视农产品加工。第二，重视发展小微企业，没有强求一家大公司来兼并。以波尔多地区为例，该地区共有 11 万公顷葡萄园，却有 1.2 万家酒庄。一家平均下来只有 9 公顷，是典型的小农作业模式。这一点，尤为值得我们认真思考。第三，推动差异化的发展模式。第四，注重文化的传承和坚守。

（二）日本“一村一品”运动

“一村一品”运动起源于日本九州东部经济落后的大分县。其主要做法是：第一，政府投入基础设施建设。第二，高度重视市场开拓。第三，发挥农协的作用。第四，注重发挥金融、保险等力量的支撑作用。

（三）成都市郫县农科村的“农家乐”发展

成都市郫县农科村成立于 1983 年。全村共有“农家乐”120 余户，常年营业的有 40 余户（其余部分为春、夏、秋旺季营业，冬季歇业），日接待能力达 1 万余人次。

法国的葡萄及葡萄酒产业，日本“一村一品”运动以及成都郫县的发展，离不开成千上万的小微企业。这些小微企业为农业产业的发展提供了坚实的基础，提供了市场的开拓力量，为从事农业的农民提供了分享附加值的机会。产业非常重要，

要发展产业，就必须要培育小微企业，并引导小微企业延伸产业链条。

四、农业小微企业对农民增收及产业发展的作用

有观点认为，发展产业必须要有龙头企业的带动。当然，龙头企业在产业发展过程中往往能够发挥重要的示范引领作用，但并不能据此认为在产业发展过程中应该把重心放在龙头企业培育上。现实的情况是，龙头企业在很多地方的产业发展过程中并没有扮演一个不可或缺的角色；相反，一些龙头企业到农村大面积流转土地，农民仅仅是获得土地基本租金，并没有能够获得产品附加值的一定比例的分成。在前面的分析中，我们可以看到，无论是在核桃坝村，还是很多别的产业发展良好的村镇，可以看到一个共同的特点：那就是有数量较多的小微企业。下面，我们将分析小微企业在产业发展中的独特作用。

（一）小微企业与龙头企业，谁能让农民分享更多产品附加值?

让农民致富，重要的一点就是要让农民获得更多的产品附加值，把“微笑曲线”中更多的部分留在农村、留给农民。而发展小微企业，是让农民获得更多附加值的有力途径。第一，小微企业多是由农民自己创办的。第二，小微企业与农民有着天然的紧密联系。第三，小微企业是农民与市场的天然桥梁。只要有小微企业的创立，而且是有一定数量的小微企业的创立，这个地方的农民就会受益。第四，小微企业有延伸产业链条的内生动力。只有延伸产业链条，才能获得产品附加值，这关系到小微企业的生存。第五，从提供充足就业岗位而言，小微企业比龙头企业更有优势。小微企业发展农业，一般都是劳动密集型的，需要的劳动力多而且对人力资本的要求不高。对比龙头企业，其发展农业则多是资本密集型的，对人力资本的要求高，而且需要的劳动力也并不多。

（二）产业发展是否一定需要龙头企业的带动？

规模较大、资金实力雄厚的龙头企业，往往能在1～2年内把一个区域（超过一个村或一个乡镇的范围）的产业带动起来。对于普通的农业产业，对于不需要很高的技术水平就可以进行的加工，对于不需要很高人力资本就可以进行的销售，则不一定需要龙头企业的带动。如果能够把小微企业发展好，一样能把产业发展起来，而且能让农民获得更多的利益。第一，龙头企业会带动产业发展，但也会挤压农民合作组织、家庭农场等小微企业延伸产业链条的市场空间。龙头企业的资金实力雄厚，市场占有率高，品牌知名度也会比较高，所以，龙头企业在一个区域的存在，可能会在很大程度上挤压其他小微企业的生存发展空间。在这样的情况下，当地的农民或者是小微企业，往往会止步于初始农产品供应的发展阶段，农民的利益被“锁定”在低端了。当然，这与农民自身的组织化程度不高、市场议价能力不强有很大关系。第二，龙头企业出于降低成本的考虑，会将很多工作内部化，这会影响到小微企业集群的发展。小微企业的发展，需要有一定的规模，但是一个大的龙头企业，会将很多的产业环节内部化，会影响到小微企业集群的发展。当然，需要注意的是，我们这里并不是说龙头企业没有作用，实际上，从国家战略的层面来考虑，仍然需要不断加大对龙头企业的支持力度，着力打造世界级的农业企业，提高中国农产品的市场竞争力。但是，从微观的层面来看，龙头企业对农民的带动作用并不明显，还需要不断改善。

（三）推动小微企业发展与当年乡镇企业大发展有差异吗？

被邓小平同志称为“异军突起”的乡镇企业，为我国的经济社会发展做出了十分重要的贡献。但乡镇企业发展也经历了反复。究其原因，东南亚金融危机是重要因素，但同时也应该反思当时乡镇企业自身的一些因素，诸如产权结构不清晰、产品结构同一化等。随着中国特色社会主义市场经济建设的推进，我国现代企业制度已经建立起来了，公司治理也更加规范，金融市场发展、国内市场融合等更加成熟。在新的条件下，在农村地区发展小微企业，推进农业产业发展，具备更好的条件，也有更大的发展空间。当然，也要避免发展高耗能、高污染类型的产业。要充分发挥后发优势，并对产业衔接、产能过剩、市场规模等问题给予足够的重视。

以上是一点初步思考，一月调研更加聚焦深入。把一个村的点点滴滴入心入脑，为今后的工作提供了一个思考的起点和参照系。同时，与村里同志也结下了友谊，使“留得他年寻旧梦，随百鸟，回湄江”成为时常想起的一句词。

深入基层接地气　调研思考增才干

农业部办公厅　赵兴灿

根据农业部党组部署和人事劳动司的安排，我于2015年4月1日至30日在山东省荣成市成山镇西霞口村开展了为期一个月的“驻村蹲点调研”。驻村期间，我紧紧围绕胶东半岛农业农村发展变化，采用入户走访、发放问卷、集中座谈等方法，对西霞口村及与其相邻的泊南崖村、礼村进行了“全景式”深入调研，深切感受到了农业农村的发展变化，了解了农民群众和基层干部的所思、所想、所忧、所盼。具体情况概述如下：

一、调研村基本情况

我以成山镇西霞口村（包括被其合并的瓦夼、柳夼、冯家庄、仙人桥4个村）为重点，先后走访与西霞口村相邻的泊南崖村和礼村，与农民群众同吃同住同劳动，深入开展入户走访和集中座谈。共走访农户119家，填写入村、入户调查问卷62份，访谈农业、渔业、农技等部门领导及乡镇村干部、有关专家、企业领导等34人。

西霞口村位于荣成市成山镇正东，是实行村企合一、企业化管理的全国十佳小康村。全村共有542户、1 298人，占地12平方公里，海岸线长达30公里，拥有25万亩天然海域。村集体经济雄厚，开办各类企业23家，总资产超过55亿，形成滨海旅游、港口物流、国际海运、海产养殖、船舶修造五大支柱产业。村民实现了生活方式上的城镇化，不再从事传统农业生产，全部住进了别墅楼、公寓楼，家庭轿车普及率达到100%。2006年，经批准合并周边瓦夼、冯家庄、柳夼、仙人桥4个相对落后的行政村，整合自身的资金、管理优势和合并村的土地、海域和人力资源优势。既开拓自身的发展空间，又提升4个村村民的就业、医疗、养老、教育及生活保障水平。

泊南崖村是位于西霞口村西北面的内陆农业村，392户人家，986口人，耕地540亩，除了土地之外，没有海域资源。近几年，积极调整产业结构，通过流转165亩耕地推广种植良种苹果、无花果，并成立了果品专业合作社；保存较完整的海草房民居30间，积极发展“农家乐”经营；形成了以水果种植、采摘、观光为主导产业的多种经营方式。村民兼有务农和工资性收入，生活逐渐富裕。

礼村是位于西霞口村东部的渔村，实行村企合一管理，全村578户，1 372人。村办的礼村渔业总公司也是集团性渔业公司，下设8个企业，主要经营海洋捕捞、海产品养殖、水产品冷藏加工、船舶修造、鱼粉生产，主要产品有干鲜海产品、脱脂鱼粉、鱼油、盐渍海带食品等，固定资产5 300多万元。在集体经济的带动下，该村建有2处码头，村中道路全部硬化，并配有健身器材，每人每年240斤面粉、120斤大米，春节、中秋节、端午节三大节日发放花生油、鸡蛋、鱼等福利。在公司效益的保证下，村民福利待遇一年比一年好。

3个村在建设社会主义新农村方面具有以下几个共同点：一是都有一个好带头人。这3个村都有一个好的带头人，带领大家抓住机遇，将村集体经济做大做强，共同致富。二是村集体经济实力强。西霞口村、礼村没有实行家庭承包经营，一直保持着集体经济的发展模式，这种规模效应对本村经济发展起到了关键作用，形成了独特优势。三是集中利用土地、海域等自然资源。西霞口村、礼村对海域资源进行了集约利用，有效地提高了使用效率和劳动生产率。泊南崖村通过合作社整合了160多亩土地集中种植优质苹果，收效明显。四是都能够因地制宜发展特色产业。不同村根据不同的资源条件和发展机遇，从不同的产业入手，分别发展海运、旅游、海珍品养殖、水产品加工、经济作物种植等产业，因地制宜地引导村民致富。

不同点主要表现在：一是农民致富的主要途径不同。西霞口村村民在享受高福利待遇的同时，基本上全部都可以到西霞口集团所属企业就业，村民普遍收入较高；泊南崖村以农业生产为主，着力发展苹果专业合作社，也发展“农家乐”经营；礼村村民主要从事海洋捕捞、海产品养殖和和水产品加工。二是依靠的自然资源不同。西霞口村发展主要依靠港口和旅游资源，同时也靠海域资源开展海产品养殖；泊南崖村主要依靠农业，从事经济作物种植；礼村主要是依靠海域资源开展渔业生产。三是非农化、非粮化程度不同。西霞口村除合并的 4 个村以外，已经没有传统意义上的农业，主要从事海运、旅游、水产养殖、轮船修造等。泊南崖村则是以经济作物和粮食作物生产为主。礼村主要从事海洋捕捞、水产养殖及渔船修造、水产品加工等渔业生产。四是村民对村集体的依赖程度不同。西霞口村村民已经没有土地，与市民生活几无不同，生活完全依赖村集体（集团公司）。泊南崖村则全部是农民，基本依靠土地为生，对村集体依赖程度较低，部分苹果种植户参加了合作社。礼村每个人保留了不到 4 分的口粮地，其余全部从事渔业生产，2/3 以上村民在村办渔业公司上班。

二、调研重点及思考建议

荣成市是经济、社会发展较好的山东东部沿海地区，种植业、畜牧业所占比重较小，仅占全市国民生产总值的 4.3％，在大农业中渔业所占比重达 70％以上，像西霞口这样的村庄几乎就没有农业；农村变化较大，全市城镇化率达到 50％以上，在新农村建设和统筹城乡发展进程中涌现出一大批经济实力较强的村庄和以村为依托的农业企业，探索出了符合当地实际的强企并村、强村并村等发展模式；农民就业渠道多，总体收入较高，主要收入来源为工业、渔业和服务业。根据这些情况，我重点调研和思考了当地农业发展状况、渔业发展情况、带头人发挥作用情况和强村强企并村情况。

（一）粮食补贴政策和粮食生产情况

通过走访和问卷调查，100％的农户都知道粮食补贴政策，有28％的农户能够完全说清楚补贴金额和种类。农民对种粮不交税、不收费表示了极大欢迎，总体上对种粮“四补贴”政策感到满意，补贴发放及时规范到位。种粮补贴在其提高收入，引导粮食生产方面的作用已经很弱。被调研农户种粮不荒地的主要原因，早已由家庭收入来源变为提供自身食用需要和节省家庭消费开支。由于不用交税，还可以获得补贴，耕种下来收获比投入还略有几百元盈余。因此，农民种地的积极性依然很高。在泊南崖村这样的传统农业村，由于依靠土地获得收入相对较少，即使种粮可以获得补贴，大部分农户还是种植了收益较高的三优富士苹果，而且成立了合作社，种植面积有不断扩大的趋势。

主要问题：一是种粮比较效益低，二是种粮补贴在部分地区效用不强，三是粮食生产兼业化、老龄化严重，四是农资价格上涨幅度大。

政策建议：一是种粮补贴应集中。种粮补贴作为党的强农惠农政策的重要内容，应长久保持不变并不断扩大规模。但对新增的补贴应集中国家财力，重点提高粮食主产区和家庭农场等新型粮食生产经营主体补贴标准，明显提高粮食生产收益水平，使补贴真正发挥刺激粮食生产积极性的作用。二是农业政策再放活。在推进农村城镇化的过程中，引导强企、强村更好发挥作用，集中利用土地资源，发展规模经营，提高科技含量和土地生产率。靠市场机制提高本地粮食生产能力，增加农民收入。三是农资价格须调控。化肥、农药是主要农业生产资料，农民对此有刚性需求。建议有关部门制定政策予以调节，防止农资价格过快增长，抵消强农惠农政策效果，挫伤农民务农种粮积极性。

（二）渔业经济发展情况

近年来，山东东部沿海地区渔业经济持续发展，成为当地经济发展中的支柱产业。渔业经济发展在该地呈现出一些新的特点：渔业发展转型明显，已由捕捞业向养殖业和水产品加工业转型。捕捞业在萎缩，本地人逐步上岸从业或当上船东不再出海，捕捞劳力多为来自内陆的打工者。渔村与农业村一样呈现老龄化趋势、空壳村现象，年轻一代多不愿再从事渔业。从到渔港走访的情况来看，渔业各项政策基本得到落实，渔民对于柴油补贴政策非常认可，对国家实施的伏季休渔、渔船控制、增殖放流等保护资源的政策措施表示满意。但对渔政管理满意度不高，甚至有怨言，尤其对个别渔政人员与违规渔民相互勾结破坏休渔制度反映强烈。调研中也深感海上养殖投入大、风险大，受自然灾害影响大。

主要问题：一是渔业抗自然灾害能力弱，渔业安全生产条件差。渔船总体破旧，渔民有更新渔船愿望，但一般渔民没有能力。国家的政策性渔业保险制度还不完善。目前，该制度还仅限于渔民船东互保方面，对养殖遇到自然灾害的损失尚无保险规范。二是过强的捕捞能力与渔业资源之间的矛盾依然突出。荣成作为全国重点渔业市（县），拥有捕捞渔船 3 088 艘、112.7 万马力*。荣成渔船传统作业渔场受中韩、中日渔业协定影响，范围大大减小，寻找出路的压力很大。尽管政府实施了转产转业、增殖放流、渔船“双控”、伏季休渔等政策，但从近年的情况来看，渔民虽然意识到网目尺寸控制的重要性，但在强大的捕捞能力下，资源恢复收效有限。三是伏季休渔管理亟待加强。渔民对伏季休渔期间仍存在的偷捕现象反响强烈。渔民纷纷反映，“伏季休渔一定要管好，否则会让人感到不公平、不公正”。

* 马力为非法定计量单位。1 马力≈735 瓦特。

政策建议：一是继续稳定实施渔船柴油补贴政策，对网具等主要渔业生产资料可考虑给予一定政策性补贴并通过补贴政策推进网目尺寸管理。二是通过淘汰小船、废旧船，在不增加渔船功率指标的前提下集中建造标准化大型渔船，继续大力鼓励发展远洋渔业，有效压减渔船数量，降低近海捕捞能力，提高渔船安全性能。三是加大渔港等重大渔业基础设施支持力度，切实改善渔民安全生产条件和防灾减灾能力。四是针对渔业行业高风险、受自然灾害影响大的特点，争取对渔业保险给予政策性补贴，为渔民、特别是养殖渔民提供有力的保障。五是强化渔政机构执法管理监督，有效震慑违法捕捞，真正维护守法渔民的合法权益。

（三）农村发展带头人情况

从调研问卷看，对农村发展依靠的关键因素，有97%的农民在带头人、农村政策和自然资源的备选项中选择了带头人。在与大学生“村官”的座谈中，他们一致认为，农村带头人在农村发展中的作用最为重要。从了解的实际情况看，西霞口村、泊南崖村、礼村这3个村的发展都是有带头人带领村民抓住机遇、乘势而上，发展壮大了村集体企业并逐步做大做强。调研中也发现，不少村尤其是经济资源状况不好的村没有人愿意担任村委会主任、村支书。例如，成山镇李家庄村一个老支书已经72岁了，干了近40年支部书记，也没有人来接班。这个村的年轻农民基本上都已经外出打工，走访时很多农户家门常锁，更谈不上有年轻人愿意担任带头人带领大家致富。据了解，这样的村在成山镇内陆村中还有不少。在受访的青年农民和大学生“村官”中，只有极小一部分表达了创业带动村民致富的意愿。但普遍表示困难较大，难以担任这样的责任。

主要问题：农村带头人缺乏，一是不少村先天自然资源条件匮乏，创业致富有一定难度；二是长期大量优质资源都投向城市，农村发展的扶持政策力度还不够大；三是农村各方面设施落后，宁要城市一张床、不要农村一间房的思想还普遍存在。

政策建议：要抓好农村带头人队伍建设，一定要把农村实用人才工作作为农业农村人力资源开发的突破口重点推进。一是加大宣传，引导各类人才投身农村，在农村干事创业。二是加大培训力度，重点是抓带头人和大力推动职业技能进农村，特别是对现有的村支书等基层干部在政策、创业经验方面的培训。三是继续推行大学生“村官”政策，落实大学生“村官”的稳定待遇。大学生有知识、有思想、有能力、想干事，要进一步加大大学生“村官”培训力度，完善扶持政策，引导大学生成为农村致富的带头人。

（四）强村强企并村情况

强村强企并村是强村强企对周边弱小落后村庄实行的兼并联合，是威海市农民在改革发展中的实践探索。截至目前，威海全市共有30多个强村强企对周边90多个村实行了兼并联合。这种发展模式允许农村各种资源由企业合理配置，企业做强后又反哺农村，实现多赢。归纳起来：一是加速了农村城镇化进程。兼并方对被兼并村的村庄和土地、林地、海域等资源进行重新规划，并对周边环境进行了整治。像西霞口村虽然名义上还是村，但就其产业、人口规模来讲，已经发展成为了新兴的小城镇。二是促进了农村经济发展。被兼并村的大量剩余农村劳动力在强村强企工业车间、现代农业园里充分就业，收入明显增加。强企强村也因此拓展了发展空间，获得了发展资源，提高了竞争力。三是提高了农民生活水平。被兼并村村民大多实行了集中居住，收入水平和生存环境也有了很大改善，有的甚至远远超过了所在城镇的平均收入水平。

主要问题：一是利益分配和长期保障问题。由于被合并村合并时经济发展滞后，缺乏人才、资金、技术等，资源没有发挥应有的财富效应。这些资源到底值多少钱、应该怎么计算、谁来评估等缺乏规范。一般兼并方在兼并时许诺了住房、就业、福利等条件，被兼并村村民也觉得合算，就同意了。但随着政策条件的变化和自己村原来的资源财富价值的增长，就会觉得吃了亏。如果被兼并村村民长期不能享受强村强企原村民一样的待遇，就可能引起不和谐。另外，合并后的村民失去土地经营权，收入来源和生活待遇在很大程度上依赖强企强村的持续发展，一旦经营出现问题，生活将失去保障。二是土地资源利用和农业生产问题。实行合并方大多是沿海富裕的渔村，主要产业为二三产业和渔业。因此，在兼并弱小村庄后，一般对海域使用比较重视，而对传统农业生产重视不够；也有的富村、强企出于自身扩张的需要，对被兼并村土地资源利用缺少规划，耕地非农化情况普遍存在，农业被弱化。三是乡村治理问题。实行村企合一管理，取消村一级行政建制，容易出现政府管理真空。被合并村的农民在与强企强村的交往中明显处于弱势，对企业给予福利等条件只能被动接受，乡村民主治理难以保障。

政策建议：有关部门应在深入研究、总结经验的基础上，尽快制定科学推进强企并村、强村并村发展模式的政策意见。一是在具备条件的东部沿海地区大力推广，鼓励强企强村利用自身优势，为统筹城乡发展推进“三化”同步、建设社会主义新农村做出贡献；二是对合并过程中的产权评估、村民利益长期保障方式等给以指导；三是对土地流转和使用、基本农田保护、乡村治理机制建立等予以规范。

走进兴十四　传奇龙江第一村

农业部科技教育司　窦茂海

根据农业部党组部署和人事劳动司的安排，我于2015年4月1日至30日在黑龙江省甘南县兴十四村开展了为期一个月的“驻村蹲点调研”。驻村期间，我紧紧围绕“深入基层、总结经验、发现问题、提出建议”这个调研目标，采取了深入农户、走访调研、全面掌握、重点跟踪的方式，对兴十四村进行了“解剖麻雀式”的调研工作，掌握了兴十四村的基本情况，归纳出兴十四村发家致富的三大法宝和发展经验。同时，我重点跟踪和走访了王恒山和崔民义两家农户，关注思考了农作物秸秆利用和奶牛养殖两个问题，探索性地提出了解决问题的想法和建议。具体情况概述如下：

一、兴十四村基本情况

来过兴十四村的人，到村里之后的第一站基本上都是村史馆。我也没有例外。从这里，我详细了解了兴十四村的基本情况和发展历程。兴十四村被誉为“龙江第一村”，在村党总支书记付华廷的带领下，始终没有分田到户，坚定不移走集体经济和共同富裕道路，是我国社会主义新农村建设的一面旗帜，是个全国知名的老先进村和老典型村。

（一）发展历程

兴十四村位于黑龙江省西北部，是1956年响应党中央开发北大荒的号召，由山东临沂地区移民组建起来的移民村。在村党总支书记付华廷的带领下，经过近60年的辛勤劳作和艰苦创业，兴十四村由一个资源匮乏、交通不便、基础薄弱的贫困村，发展成为幅员 4.2 万亩、人口 11 600 多人的高标准社会主义新农村。村办企业富华集团总公司荣获全国五一劳动奖状。

（二）民富村强

2002 年以来，村里开始用集体经济的积累搞小城镇建设，建设社会主义新农村，实现农民生活城市化。通过高标准规划、高标准建设，先后建成了花园式别墅 136 栋、商贸服务楼 2 栋；目前，全村 80％的农户住上了别墅，人均居住面积近 50 米^2。时任省委书记宋法棠亲自题词——兴十四花园别墅！2012 年 9 月 26 日，兴十四村花园别墅小区被建设部授予国家 AAA 级住宅小区，2013 年 3 月被授予十佳精品宜居小区。

（三）村民待遇

兴十四村建立实施了一整套优厚的村民福利待遇制度。全体村民每年每人享受 100 斤大米、50 斤白面的免费生活补助，每逢春节、元宵、端午、中秋等重要节日，免费向全体村民供应饺子、鱼肉、月饼、元宵等节礼。其中，65 岁以上的老人每年除免费享受以上待遇外，另外每月还享受 120 元的生活补贴费。村民吃粮、吃水、物业管理、合作医疗和学生上学等 10 项生活条件全免费。村民实行退休制，享受合作医疗、养老保险待遇。2008 年以来，共为 526 名村民和员工办理了社会养老保险。2014 年，兴十四村年人均纯收入达到了 7.6 万元，真正过上了城里人的生活，实现了农村城镇化。

二、发家致富的法宝和经验

驻村期间，我跟村里的乡亲一起生活、一起工作，认真观察，仔细揣摩，归结出了兴十四村发家致富的三大法宝：生态农业、科技支撑和党建保障。兴十四村依靠党支部的坚强领导，通过院村共建，发挥科技支撑作用，通过创建美丽乡村、发展生态农业为现代农业插上了科技和绿色的翅膀，走出了一条可持续的农业现代化发展道路。

（一）发家致富的三大法宝

法宝一：开荒造林，坚持发展绿色生态农业　兴十四村位于大兴安岭脚下，千百年来一直荒无人烟。直到 1956 年春，428 个闯关东的山东临沂移民打破了这里的沉寂。村里的老人回想起当年的情景：荒原上大风刮得人直不起腰，沙子打得人脸上生疼。不要说房子，连树都没有，只有一根木头橛子上拴着一面小旗，上面写着“兴十四村”。绝望的移民陆续走了，428 人最后只剩下 36 户。

为了让村民吃饱饭，让乡亲们过上好日子，被推选为村党支部书记的付华廷，年仅 23 岁便带领村民开始了第一次创业：开荒造林。为了多开荒地多打粮，人拉肩扛不是办法，开荒要靠机械化！由于当时没有购买农机的指标，村支书付华廷带着村民连背带扛，买回来 1 100 多个拖拉机零部件。几经周折，竟组装出一台拖拉机。过去一个强壮劳动力最多能耕种 40 多亩地，使用拖拉机后一人能耕种 2 000 多亩，效率提高了 50 多倍。兴十四村现有耕地 2.4 万亩，大多是依靠拖拉机开荒所攒下的家业。

兴十四村的耕地原来全是沙土地。沙地漏水漏肥不产粮，村民们形象地说“破皮黄，漏水跑肥，不打粮”。为了改良沙地多打粮，村支书付华廷带着村民连续 7 年人拉肩扛，硬是把 4 万米^3 的河泥搬到 3 300 亩贫瘠的耕地上，把 600 多亩高低不平的沙土地变成了沃土良田。1976 年，兴十四村以人均 2 吨粮，成为黑龙江省卖粮最多的村；1979 年，在全省率先实现农业机械化。

为了防风治沙改善环境，兴十四村坚持每年人工植树造林。村支书付华廷带领村民经过 30 多年的努力，累计人工造林 1.5 万亩，主要有樟子松、落叶松、云杉、红松、杜松、银杏、黄玻璃等 20 多个树种，最高树龄达 58 年，全村森林覆盖率达 40%。经黑龙江省林业厅批准组建的兴十四生态林场，国家林木专业评估机构评估总价值达 6 亿元，成为兴十四人的“绿色银行”。

兴十四村依托优良生态环境发展绿色生态农业，大力发展绿色种植，打有机牌，走特色路。目前，兴十四村有机食品认证面积达到7 546.5亩，包括水稻、玉米、红小豆、白芸豆等 10 余个品种，拥有绿色食品认证标识 4 个。农业园区生产出来的绿色、有机食品很受市场和消费者的欢迎，有机蔬菜、瓜果供不应求。

法宝二：“院村共建”，坚持科技支撑产业发展　进入 21 世纪，随着农业新技术的广泛应用，兴十四村人清醒地认识到：要想提高农业经济效益，必须走传统农业向现代农业转变的道路，高科技才是发展现代农业的必由之路。为此，兴十四村与黑龙江省农业科学院开展“院村共建”，坚持依靠科技支撑产业跨越发展。

为示范带动区域现代化大农业发展，2010 年兴十四村与黑龙江省农业科学院共建黑龙江（兴十四）现代农业示范园区。目前，园区核心区面积已达 2.4 万亩，包括万米智能温室 1 栋、实验控制中心 2 500 多$米^2$、3 000 吨库容的马铃薯种薯窖 1 个、温室大棚 1 131 栋，其中，日光节能温室 314 栋、阳光节能大棚 817 栋。园区共示范种植作物 18 大类 105 个品种，应用各类技术 33 项。其中，水稻隔寒增温大棚育苗技术已在全县得到推广，水稻每亩实现增产 200 斤以上。

发展以科技为支撑的现代农业大大地解放了农村劳动力。如今，兴十四村仅有 2%的人从事农业生产，其他人员均在村办企业工作。通过推广科技种田，兴十四村粮食产量大幅提高。2014 年，由于人努力、天帮忙，在周边地区严重干旱的条件下，兴十四村农作物获得大丰收，全村粮、豆、薯总产量达到 3 265.5 万斤，创造了新的历史纪录。

法宝三：重视党建，发挥先锋模范带头作用　兴十四村始终高度重视基层党组织建设。为了加强和保证党组织对村集体工作的领导和带头作用，兴十四村把支部建在了生产队上。兴十四村1996年成立党总支，下设园区、培训接待、工程、工业、村直、集团办、农机合作社、农林、学校和非公企业10个党支部，党员由1956年刚建村时的8名发展到现在的137名，另有3名预备党员、18名入党积极分子，党员队伍不断壮大。其中，10个党支部除学校支部和非公企业支部外，其余8个支部书记均由党总支成员兼任，党支部书记兼任各个生产部门的行政一把手。这种“支部建在生产队上”的管理模式，把党的组织与生产发展有机结合，使党支部的战斗堡垒作用在最基层、成建制的生产团队中得到最大限度地发挥，有效地保证了党组织决定的执行和实施。

兴十四村党员组织生活制度健全。每年七一定期召开党员大会，总结半年工作，表彰先进党员，聆听老党员讲艰苦创业的心路历程，组织年轻党员谈思想、谈体会，激发党员干部的先进性意识，发挥党员干部的先锋模范带头作用。2014年七一大会专门邀请甘南县委书记给全体村民讲党课，研究规划兴十四村未来30年发展规划的重大课题。

（二）经济社会发展的成就和经验

回顾和总结兴十四村在经济社会发展方面取得的成就和经验，可以归结为“四个一”，即“一个好支书，一个好支部，一个好思路，一套好制度”。

1. 一个好支书　一个村要想发展必须要有一个好带头人，兴十四村党总支书记付华廷就是这个人。首先，他有一心为民的政治素养。“不让一人受穷，不让一户掉队，让老百姓都过上好日子”，这是付华廷常挂在嘴边的话，也是他的人生追求。其次，他有以身作则的领导才能。付华廷始终“做给村民看、带领村民干”，对自己“约法三章”，请客不到、送礼不要、家属不搞特殊化。最后，他有无私奉献的高尚品质。多年来的高负荷工作严重透支着他的身体，以致患上了糖尿病等多种严重疾病，但仍每天工作10几个小时以上。付华廷就是以这种

“苦干、实干、拼命干”的无私奉献精神，带领全村农民走上了致富之路。

2. 一个好支部　兴十四村始终坚持强化党组织建设，打造团结干事的党支部，为村集体经济发展奠定了组织基础。村党总支始终坚持以“五个好”为标准，全力打造团结务实、战斗力强、为群众办好事干实事的领导班子。一是党员干部先锋模范作用非常突出。以村党总支书记为代表的全村党员干部，在集体经济发展中时时处处争当模范先锋。二是基层党组织战斗堡垒作用非常明显。兴十四村始终注重用“创优争先”活动统领基层组织工作，积极打造学习型、创业型、民主型村班子。带领全村党员干部群众全面深入开展学习实践科学发展观活动，通过村民大会对全村党员、干部实行民主评议，让农民来评价干部、监督干部，进一步提高村党组织的战斗力。三是父老乡亲对党员和班子非常信赖。兴十四村党总支带领党员干部对自身一切从严要求，为群众始终真心诚意地办实事、办好事，村党员干部和村“两委”班子得到了群众的真心拥护和全力支持。

3. 一个好思路　经过多年的集体经济实践和摸索，兴十四村根据本地实际，确定了自己的发展思路：以农民思想道德建设为保障，依靠高度机械化和水利化，实现土地规模经营和集中连片种植，加快现代化大农业的发展。依靠本地丰富的农产品资源，发展农产品深加工，增加农产品附加值，延长产业链，进而实现农村新型工业化。依靠独具特色的自然资源，大力发展乡村旅游等第三产业，使集体经济多元化发展。依靠一二三产业发展带动人口向兴十四村聚集，村集体经济增加对公益事业和公共设施的投入，实现公用资源的优化配置，进而推动城镇化加快发展。

4. 一套好制度　兴十四村制定了涵盖村风、民俗、婚姻、家庭等内容的村规民约，制成手册，发到每个村民手中，定期组织学习。对违反规定的村民，都一视同仁，按照规定处理。始终坚持村民自治，实行自我管理、自我完善、自我教育。把村民按居住地划成10个小组，每组选出一名有责任心的妇女任组长，协助村干部宣传政策法规，解决家庭矛盾、邻里纠纷等。小事就地解决，大事及时解决。对所有村民实行星级化管理，村民自发成立检查小组，对每家每户进行定期检查。星级评定结果与村民福利挂钩，激励引导村民做文明人。村里还组建了治安联防队、安全防火队，有效维护了正常的生产生活秩序。

三、聆听群众的意见和心声

在走访农户的过程中，我重点关注和思考了当下农牧业生产中存在的两个关键问题，并与农户共同探讨提出了解决问题的想法和建议。

（一）农作物秸秆综合利用效率低

2014年11月，黑龙江省政府出台的改善大气质量方案，被称为史上最严的“禁烧令”。方案规定，哈尔滨市、绥化市、省农垦总局辖区全域禁烧，城镇、机场周围以及高速公路、铁路、国道、省道公路干线两侧均为秸秆禁烧区。

种粮大户王恒山反映，“禁烧令”出台以后，秸秆焚烧由集中烧变为分散烧，由白天烧改为晚上烧，还有农户秋收不让烧就改为春播整地前再烧。调研发现，就地焚烧秸秆造成环境污染，违反政府禁令，实际上并非农民本意。不烧的话，由于机械收割留茬较高，加上东北地区冬季寒冷干燥，作物秸秆自然降解率极低，秸秆就会埋在地里，影响来年的耕种。

针对目前秸秆的转化和加工利用过程中存在的“市场化程度低”和“技术普及不够”两大问题，建议加强秸秆综合利用新技术、新方法的研究推广，加强政策的宣传引导和技术的推广普及，因地制宜地构建秸秆综合高效利用模式，建立和完善秸秆资源化和规模化循环利用制度。

（二）奶牛养殖遭遇严冬

崔明义是兴十四村的养牛大户，也是兴十四村奶牛合作社负责人。凭借着一股敢于实践、勇于拼搏和不怕吃苦的创业精神，崔明义大量引进国外奶牛优良品种、科学养殖、坚持守法经营，多年前已经成为远近闻名的致富典型。

然而，从2014年下半年开始，甘南县最大的乳品生产商飞鹤乳业开始大量减少鲜奶的收购数量，大幅降低鲜奶收购价格。2015年元旦过后，山东潍坊等地也接连曝出奶农大面积倒奶现象，国内奶牛养殖进入了“寒冬期”。如同河北、山东等地奶农一样，由于乳企拒收鲜奶，崔名义也开始忍痛倒奶、打回奶针甚至开始育肥杀牛。截至4月底，崔明义的养殖场剩余奶牛不足200头，下一步也将逐步育肥宰杀或者售卖。

为了弄明白国内鲜奶价格下降和滞销的原因，我通过请教县畜牧局专家和网络检索等方式发现，乳企大量使用进口奶粉，导致原奶价格大幅下滑。原奶价格一路走低的背后是国际市场供应增加，国内乳品企业大量使用进口奶粉还原生产，产品结构问题导致原奶价格大幅下降，而更深层次的问题是国内奶粉市场整体萧条，进口品牌不断增加，市场供大于求。

县畜牧局专家认为，我国畜牧业的发展不能寄希望于政府的补贴、中游企业的施舍，既然是搞市场经济就要按经济规律办事。拯救我国畜牧业需要从“乳制品鲜奶源化”入手，让其成为消费者选购乳制品的第一道门槛，这样国际大包粉还原奶源对我国畜牧业的冲击自然会被削弱。

崔明义认为，国家政府部门对奶农利益的保护显然不够完善，希望尽快建立国家层面的保护机制；否则，奶农将彻底失去“议价权”，只能任原奶价格随国外牛奶的价格上下波动。

一个城郊村集体经济发展的历程

农业部经济体制与经营管理司　胡顺平

根据农业部党组部署和人事劳动司的安排，我于2015年4月1日至30日在湖北省武汉市蔡甸区星光村开展了为期一个月的“驻村蹲点调研”。驻村期间，我紧紧围绕驻农村、接地气、转作风、察实情的中心任务，与农民朋友同吃同住同劳动，在农户家中、田间地头、村前院落等地开展多种形式的调研工作。一个月来，共走访农户280余户，访谈干部群众和务工人员760多人。通过这次活动，切实增进了同农民群众的血肉联系，了解了目前农业农村真实情况以及基层干部和农民群众的所思所想所盼，并利用晚上时间对驻村调查中的问题进行思考，形成了农村金融制约仍是农民发家致富的“瓶颈”、现代农业发展模式思考等13篇调研报告。具体情况概述如下：

一、驻村调查活动的主要做法

驻村调查中，我认真贯彻执行党的群众路线，继承和发扬党的优良传统和作风，采取白天走访调研、晚上讨论交流的方式，及时梳理调查成果，研究分析问题，撰写心得体会。我珍惜在村里的每一天，自觉从基层丰富实践锻炼中汲取营养，保证了活动的顺利开展。

（一）与农民同吃同住同劳动

这次驻村调研活动中，与农民和基层干部同吃同住同劳动，既是人事劳动司的统一要求，又是我始终坚持的重要工作方法。我积极转变角色，把自己当成真正的村民，与村里干部和农民自觉打成一片。在摘草莓、挖土豆等农活中，与当地农民拉家常、聊农情，零距离地了解村里干部和农民群众的所思、所想、所盼、所忧，切身感受到农村基层生活和工作的酸甜苦辣。

（二）艰苦朴素不给村里添麻烦

为保证活动取得实效，了解农村真情，我与街道领导和村书记申请自己一个人走访，这样一方面可以灵活安排日程，更深入细致地了解农村的情况，保证调研的实效；另一方面，也省去了对基层单位和村干部不必要的打扰，做到不影响基层同志们的工作，不影响村民的生产生活。星光农业园区内劳作的农民朋友老王说："农业部的干部深入田间地头、蔬菜大棚基地，走访农民群众，这种接地气、察民情的做法，我们许多基层干部都没做到。"

（三）敞开心扉和农民群众交朋友

这一个月，我在村民姚棋家里住。他是个比我小三岁的小伙子，从部队转业后回村里当干部，做事很认真，已经有了好几年的村里工作经验。和我像伙伴一样，晚上没事的时候，开着旧车拉着我，在村里和周边崎岖小路上转，聊家长里短、村里趣事。我经常问他，什么时候换个好车啊，这老爷车还没我跑得快呢！他和我说，说年底攒了钱就换。在一起久了，慢慢地我俩感情就深了，他没事就把村里的情况说给我听。这一个月，大家结下了深厚的亲情，村书记说希望我回北京后，还可以经常过来看看，成为经常走动的亲戚。

（四）踏踏实实为村里群众办点实事

这一个月的驻村调查活动中，我充分发挥自身优势，积极开展政策宣传，提供技术指导，帮助协调解决当地群众遇到的困难和问题，力所能及地为村民做些实事、办些好事。在年前曾争取资金 30 余万元的基础上，在技术上向华中农业大学、武汉市农业局种子站等单位寻求帮助，请专家、种植能手指导农业园的种植经营，为星光示范园建设打下了良好基础。在与姚棋等村里年轻人相处中，觉得他们应该注重平日的学习。一方面，我帮村里工作的年轻人联系附近的大学读夜校；另一方面，利用自己曾在大学当过几年讲师的经历给他们讲讲课，村里小伙子还是很愿意听，有了主动学习的积极性。

二、星光村集体经济的基本情况

星光村位于湖北省武汉市蔡甸区中南部，紧临318国道、沪蓉高速公路，毗邻武汉经济开发区，地理位置十分优越。全村面积2平方公里，耕地面积860亩，下辖7个村民小组，296户，1 300余人。近年来，星光村党组织带领全村人抓住城市化快速发展的历史机遇，勇于担当、务实拼搏，把一个空壳村变为现在年产值26亿元、集体经济收入4 000万元、村民人均纯收入2.7万元的明星村。

星光村集体经济发展有历史基础。20世纪80年代后期，全国乡镇企业发展的浪潮在各地发起。星光村凭借区位优势，兴办的集体企业快速发展，一度闪耀周边。但是，随着市场竞争的不断加剧，经营不善、产品竞争力差等劣势逐渐显现，缺乏技术、资金和人才支撑的村办企业6个垮掉5个，大量集体资产流失。到2007年，星光村集体负债已达780余万元。村内人心涣散、干群对立、矛盾重重，集体经济发展举步维艰。

发展要有坚强的村集体领导班子。2007年，星光村新一届“两委”班子成立后，开始认真审视面临的形势和问题，寻找未来发展的道路。摆在他们面前的路有三条：一是继续发展村办企业，但残酷的事实已证明这条道路在当时走不通；二是保留传统特色发展农业，但其特殊的地理位置决定星光在城市化的浪潮中不可能再有足够的土地进行农业生产；三是和当时许多农村一样，靠出让土地引进房地产项目，但这样做只会带来一时收益，无异于吃了子孙饭、断了后代路。

发展还要因地制宜。星光村认识到，地处武汉开发区近郊，要发展壮大集体经济，不能再走因循守旧的传统产业模式，必须立足自身的区位优势和村情特点，走自主创新的路子，开发具有成长性高、抗风险能力强、便于积累和控制的项目。2010 年 5 月以来，星光村在上级党委、政府支持下，联合红焰村、新安堡村、丘林村、三红村成立了星光集团党委，形成了“1＋4”发展模式。目前，共引进工业项目 22 个，解决了 2 000 多劳动力的就业问题，使 2 个集体经济空壳村一举突破 300 万元。星光村在抓工业发展的同时，占地 2 000 亩的现代生态农业园正按照规划紧锣密鼓地建设。

7 年来，星光村人坚持共同富裕的方向，在改革的路上不断追寻自己的“富民梦”，大胆改革创新，组建企业集团，提高集体经济的组织化、规范化和社会化程度。通过不断探索集体经济的多种实现形式，赋予集体经济新的活力和内涵。农村集体经营加市场机制的运行模式，体现了让农村基层一切劳动、知识、技术、管理和资本的活力竞相迸发，让一切创造社会财富的源泉充分涌现，使农村集体经济发展保持着旺盛的生机和活力。

三、对星光村集体经济发展的思考

当前，伴随着我国改革开放进程的不断加快，新型城镇化的发展要求越来越高。如何充分发挥基层党组织的作用，引领新一轮农村改革，帮助农村脱贫致富，保障群众的生计和发展，化解转型期的社会矛盾，成为新时期基层党建工作的一项重要课题。星光村的探索与实践，给我们提供了很多有益的启示和思考。

（一）党委搭台与能人唱戏相结合

中共十八届三中全会提出创新社会治理体系，要求党组织善于发挥执政手段，从“定路子”和“管人才”两方面来实现间接治理。确定宏观发展大局后，基层党委需要物色人才和扶持人才，通过必要的组织工作将“懂经营、善管理”的经济能人引入基层，通过权威赋予、政策扶持和机制激励实现人才的留用。在提倡公益精神、奉献精神的社会背景下，经济能人特别是共产党员需要勇于担当，借助基层党组织搭建的施政平台，将自己的开放思维与经营能力运用到村庄治理中。

（二）能人引领与群众参与相结合

星光村的干部既是能人，又是群众，两者不是对立的关系，而且紧密结合的关系，结合的基础在于明确二者的职能角色。从数量上看，能带头的是少数，群众是大多数，从性质上讲，村庄的规划、机制的确立与完善，须由精英能人承担，同时，规划决策的执行、产业发展中的资源投入、机制遵守与制度监督也必须有群众参与。经济能人科学规划、果断决策，广大群众辛勤付出、实干巧干，充分实现了带头人引领与群众参与的结合，也体现了在基层民主集中制与集体主义的精神。

（三）实业富村与民主治村相结合

星光村书记运用实业精神优化政府服务和社会管理。其一，实业家将经济收益视为终极目标，创新、冒险、敬业是其特质，突出表现在园区建设、产业发展、土地集约等工作上；其二，政治家将社会效益视为终极目标，合作、诚信、服务是其精神，突出表现在社区规划、福利发放、民主管理等方面中。在精神层面，发展积极性与社会责任感相融合；在管理层面，企业化管理成功引入“两委”管理；在效能层面，工业兴村与联村发展相结合，事业绩效与社会和谐相呼应。通过发展壮大村集体经济，实业家为政治家提供权威基础；同时，通过建立社保体系、加强民主建设，为实业家提供了信用源泉。

（四）带头人引领与完善的体制机制相结合

经济能人，不仅要具备很强的个人能力，同时也要具备很好的人格威信。村庄发展作为一项长期工程，仅靠单个领导的“卡里斯玛”式权威是无法维系的，需要在发展中形成一套完善的体制机制。“上了路，路就会越走越宽”，富有人格威信和“企业家精神”的能人将村庄的发展推动起来，并引上正轨，而制度的构建完善则能确保发展的车轮始终朝着正确的方向前进。

四、星光村干部群众心中的发展设想

星光村集体经济发展到现在，已初步形成规模，品质上也得到不断提高。如优越的区域位置、便捷的立体交通、强大的集聚效应、综合经营和良性竞争的业态格局、周边不断扩大的消费规模和日渐提高的消费层次，而这些优势汇合在一起，将为星光未来发展提供强大动力。

新农村建设无止境，是一项长期的攻坚工程。星光村今后将围绕新农村建设“二十字”方针，进一步解放思想，求实创新，凝聚智慧和力量，继续坚持“工业强村”、“强村富民”、“文明星光”战略，营造更加浓厚的发展氛围，加快前进的步伐。

（一）坚持“工业强村”战略不动摇，提升新型工业竞争力

进一步做大做强村级工业园区，星光工业园建设规模要达到 3 000 亩；加强招商引资工作，力争招大商、引进有一定规模的企业，力争在 4 年内引进投资规模亿元以上项目 7～8 个；亿元以下 5 000 万元以上的企业 10 个以上。加快星光国际建材城项目建设，2012 年完成局部营业，2013 年实现全面营业。星光村集团工业产值以 75％速度增长，至 2015 年确保工业总产值突破百亿元大关。

（二）坚持“强村富民”战略不动摇，提升产业积聚力和承载力

利用新集村在小爹湖边的山水资源优势，发展极具特色、高档高效的都市旅游观光农业园；利用星光村集团良好的区位优势，大力发展商贸、物流、服务等产业，使土地利用率达到最大化。积极发展这些能大量吸收农村劳动力就业的第三产业，更大程度上使集体发展的成果惠及星光村所有农民群众。

（三）坚持“文明星光”战略不动摇，提升星光品牌辐射力和影响力

深化文明创建工作，践行社会主义核心价值观，增强干大事、创大业的责任感和使命感，倡导良好的生活习惯，塑造整洁、有序、文明的星光形象；加强文化建设，开展丰富多彩的文体活动。进一步提升村民素质，增强归属感、幸福感、荣誉感；通过开展文明创建工作促管理、促发展、促繁荣，彰显星光品牌影响力，扩大星光品牌辐射面，努力把星光村打造成为“示范武汉、照亮湖北、闻名全国”的一流新农村。

酒祖故里驻村蹲点
零距离体验收获大

中国农机安全报社　刘　卓

根据农业部党组部署和人事劳动司的安排，我于2015年4月1日至30日在陕西省白水县杜康镇康家卫村开展了为期一个月的“驻村蹲点调研”。驻村期间，我紧紧围绕“三农”工作，采用入户上门访谈、与村里群众交流和召开小型座谈会的方法，对苹果生产、畜牧养殖和扶贫工作进行了全面系统的调研。通过调研，提出要延长苹果产业链，提高苹果的贮存、营销和机械化水平；发展畜牧养殖规模要适度；对困难群众实施精准扶贫。具体情况概述如下：

提起康家卫村，大家都非常陌生，但提起酒祖杜康可是大名鼎鼎。杜康生卒于康家卫，是村民的骄傲。三国时，曹操吟咏出了“慨当以慷，忧思难忘，何以解忧，唯有杜康”的千古绝唱。杜康墓和杜康庙就坐落在这个村，康家卫村民始终相信他们的祖先杜康发明了酒，至今每年的正月二十一村里都会组织庙会纪念杜康。

康家卫全村445户，1 998人，党员61名，耕地面积5 300亩。康家卫村已经有几千年的历史，人文底蕴深厚，经济形式丰富多样，产业特色鲜明，村内还有基督教堂。

在驻村蹲点的一个月，我与村民同吃、同住、同劳动，深入农家，与老百姓谝闲，了解社情民意。下到苹果园，与果农一起除草、施肥、修剪、拉枝、疏花、疏果、套袋，学习了解苹果栽植。深入养牛场、养鸡场、养羊场，了解畜牧生产。参加村委会换届，了解基层民主政治。重点关注了村里的苹果生产、畜牧养殖和扶贫工作。

一、苹果主导富民

苹果是康家卫村的主导产业，从 20 世纪 80 年代开始种苹果，目前全村种植面积已经达到 3 000 多亩。其中，挂果面积 1 300 亩，品种主要以秦冠、嘎啦、富士为主。老果园主要以乔化品种为主，新果园主要以矮化品种为主。当地由于受干旱缺水等自然条件制约，现有高龄结果园 95%以上。

最近几年由于苹果种植效益高、销路好，亩均收入超过 1 万元，农民积极性高涨，苹果的种植面积不断增加。2015 年县里针对苹果的发展出台了鼓励政策，对果树苗予以补贴，8 元一株的矮化苹果苗补贴 4 元，同时地膜、水泥杆、竹竿也都给予补贴。在多种利好政策的刺激下，村民种植苹果的积极性空前高涨，纷纷改种、扩种苹果。农民也加大了对果园的投入，如原来每株化肥只施几斤，2015 年很多果农施肥量增加了一倍。不仅施无机肥，还增施有机肥、菌肥，甚至为了提高苹果品质，果农还花高价购买农家肥。

2015 年由于市场形势好，很多外地果农来白水买苹果苗，每株出 8.5 元的价格用现金全款买苗木。从中可以看出，随着苹果种植的火爆，苹果苗木的市场前景蕴含着巨大的潜力。在这方面白水大有文章可做，可以引进大型农业科技企业，采取现代生物技术，借助白水苹果的品牌优势进行销售。

2014 年白水苹果卖上了好价钱，创出了历史高点，果农获得了好收益。但是喜中有隐忧，2015 年苹果销售放缓，出库进度明显低于往年。由于果库每年 5～7 月要清库进行消毒，加之时令水果大量上市，库存苹果必须处理掉。2015 年苹果经销商面临着赔钱的局面，这势必导致下半年苹果的收购价格下降，进而果农的收益下滑。

2014 年，果库存储苹果每斤存储费 0.27 元。目前果库行业通行的惯例是，果库经营者要为代储户提供融资，融资比例一般为 40%，融资利息 1.2 分，苹果出库时结清。很多新果库推出更加优惠的融资方案，提高融资比例，最高融资额度可以到 50%；在提高融资额度的同时，下调融资利率，从通常的 1.2 分下调到 1 分，以此多争取些用户。

建果库的盈利点不只是代储费的收入，很多库自储也是重要的盈利点。如果赶上好的行情，一年就能把建库的成本收回来。一般的果库每年都会自储一部分，避免错过好行情。

二、畜牧养殖坚守

由于防疫的要求，平时工作中很少有机会接触畜牧行业。这次在康家卫得以进入养殖场，对畜牧产业零距离全方位深入了解。康家卫有养牛场 2 家、规模养羊户 2 家、养鸡场 1 家。

由于最近几年畜牧养殖效益大幅下滑，养殖户的热情受到了极大的影响，养猪由于赔钱已经没有村民养了。

（一）养牛户靳荣昌

靳荣昌今年 50 岁，在一个偶然的机会，他发现了养牛产业中蕴含的财富秘密。这还要从白水安德利果汁厂说起，在榨取苹果汁的同时，产生了大量的废弃物——苹果渣，果渣价格非常便宜，他在村里帮别人晒果渣。

靳荣昌并不知道苹果渣卖到哪儿，有什么用途。后来，他跟踪运输卡车，一路来到渭南，发现苹果渣送到了一家养牛场。这家养牛场当时养了 270 头奶牛，靳荣昌感到很震惊。

经历了这一次的神秘旅行，靳荣昌动了养牛的念头，但他从没养过牛，不懂养牛技术。头脑灵光的靳荣昌想出了一个好办法，到渭南临渭一家大型养牛场打工偷艺。他在这家养牛场干了 4 个月，学习掌握了养牛的全套技术。

2007 年，靳荣昌花 2 400 元买了 2 头 1 岁大的牛犊，养了 5 个月卖掉挣了 3 800 元。初战告捷给了靳荣昌极大的鼓励，第二年牛场养殖规模增加到 17 头。当初村里的老百姓并不看好靳荣昌养牛。为了降低成本，靳荣昌开着农用三轮车，从田间地头到沟底荒坡四处打草，最多的时候 1 天要打 1 000 斤草，很是辛苦。

前几年，牛就在家里养。但随着养殖规模的扩大，靳荣昌在村外果园里建起了占地面积 6 亩的牛场，牛舍建筑面积 420 米^2，还有容积2 400米^3 的青贮饲料池。

靳荣昌的养牛场现有 70 多头牛，主要自己繁育。防疫基本免费，一般情况下每年春季一次、秋季一次。

目前喂牛用的饲料是自己调配的，主要是小麦、玉米、青贮玉米、青贮冬小麦、麸皮、豆饼等，育肥牛加喂些酒糟和苹果渣等。他自己调配的饲料成本每斤在 1.05 元左右，而买精饲料每斤价格在 1.6 元左右。一头牛一天大约需要吃 5～6 斤饲料，每天喂两次，早晨 7 点喂一次，晚上 6 点喂一次。

现在公牛毛重价格每斤 12.5 元，母牛 10.8 元。2014 年由于价格太低，靳荣昌养牛赔了 23 万元。养殖效益最好的是 2011—2012 年，那时候一年能挣 30 多万元。

由于效益不好，孩子不让他继续养，但他还是坚持。他觉得养牛市场波动是正常现象，如果市场不好的时候停了不养，等市场好的时候现养来不及。这主要是一个牛的养殖周期大概是 18 个月，怀孕周期是 9 个月，每年一胎，每胎一犊。

尽管市场低迷，养牛不挣钱，家里人又不支持，但靳荣昌还是要坚持养下去。他说人活着就要有事干，到老了不能让孩子说他爸这辈子就是麻将打得好。

（二）养羊户翟进全

翟进全今年 53 岁，曾经当过生产队队长，20 世纪 90 年代自己在白石河开过小煤窑。他从 2013 年开始养羊，刚开始投资 3 万多元，买了 20 多只羊，现在存栏 80 多只。

老翟养羊不喂饲料，主要采取自然放养，冬天时喂些玉米粒和秸秆。每天早晨 6 点半出发放养，放到 9 点多回来吃早饭。下午 4 点再出去，一直到天黑再回来。为了羊的安全不被盗，老翟还养了一只藏獒。

自然放养的羊生病比较少。为了给羊看病，老翟还买了两本养羊方面的书看，打针喂药自己全都行。一旦羊有病了，自己基本能够应付，不用打电话找兽医。

这两年羊肉的价格在下降，2014 年毛重每斤 12 元。县城羊肉每斤卖 35 元，比牛肉贵 2 元。2015 年市场行情还赶不上 2014 年，毛重每斤只能卖到 10 元。现在羊一般 10 个月出栏，羊的怀孕期为 5 个月，一般一年一胎，养得好的两年能产三胎，平均每胎 1.5 只。

（三）养鸡户贺登祥

康家卫村宇江养鸡场由于市场行情不好，加之经营不善亏损严重经营不下去，在年初将养鸡场承包给城关镇贺家村的贺登祥，年承包费 1.5 万元。出生于 1964 年的贺登祥，之前开过煤矿、金矿，跑过运输、贩过煤。他看亲家养鸡效益不错，每年能挣六七万元，受此影响，决定一试身手。

2015 年的正月十三，贺登祥买进了第一棚鸡雏，总计 8 000只，每只鸡雏 3.15 元。经过 45 天的精心喂养，出栏 7 600 只，死亡 400 只，死亡率在 5%，基本没有超过正常值。出栏屠宰后，每只鸡净重 5 斤，售价每斤 4.56 元。

防疫用药也是肉鸡饲养的一大开销，第一棚 8 000 只鸡，药费用花了 1.4 万元，平均到每只鸡为 1.75 元，正常在 45 天的养殖周期内用药费用为 1.2 元/只。对于鸡的疫病防治，虽然只养了一棚，贺登祥已经有了些心得，就是要勤观察，重在预防，发现鸡打蔫或者粪便变稀，就要赶紧用药，主要是消炎类的药。现在用药也比较方便，掺在饲料里给鸡口服就可以。

养鸡最累的是喂食，最开始的时候每天要喂 8 次，然后逐步减少到 6 次、4 次、3 次、2 次，连安稳觉都睡不成。由于人工太贵，雇一人每个月至少要 2 000 元，贺登祥就没有雇人，两口子一起干。

为了保温，鸡舍内还要铺一层 8～10 厘米厚的稻壳。在长 70 米、宽 11 米的鸡舍内，一次需要用 4 吨稻壳，每吨 500 元。第一棚鸡共产生鸡粪 10 多吨，总共卖了 1 500 元。

老贺算了一笔账，每只鸡卖了 22.8 元，饲料用了 16.6 元，防疫用药 1.75 元，能源 0.7 元，鸡雏 3.15 元，再去掉死亡 400 只的损耗，在没算人工成本的情况下，基本能持平。如果雇人的话就要赔钱。按照行家说，第一次不赔钱就很不错。

据老贺介绍，他的亲家养殖技术比较好，平均每只鸡净重能达到 5.5 斤，死亡率能控制在 3%以内，一棚鸡养好了能剩 3 万元。

第一棚鸡顺利出栏，给了老贺两口子继续把鸡养下去的信心。老贺又进了一棚鸡雏，还是 8 000 只。

老贺之前做过很多大生意，为什么看上了充满了风险和艰辛的养鸡行当？村委会主任靳录平的一番话道出了其中的缘由，养鸡的配套服务很好，有企业提供鸡雏、饲料、技术、治病防疫、肉鸡回收一条龙的服务，本钱不需要太大，相对比养其他的省心。

三、精准扶贫脱困

康家卫村是一个贫困村，贫困户 159 户，占总户数的

35.7%；贫困人口634人，占总人口的31.7%。在村里期间，我对贫困户进行了重点走访调研，发现很多贫困户是由于疾病、残疾、意外变故、孩子上学等原因致贫的。15户特贫困户，主要是因家庭成员智障较多、残疾、先天性遗传等因素造成贫困，帮其脱贫致富难度较大，当前多以救济为主。

村上有一个比较有代表性的贫困户老王，今年60岁，家里有孩子上学，还有病人、残疾人。老伴今年57岁，身体不好，有高血压，不能下地劳动；大女儿大学毕业在西安工作，已成家；三女儿今年23岁，在西安邮电大学上大三，每年学费6 600元，每月生活费1 000多元，为了给家里节约费用，寒暑假她都打工，挣些零花钱补贴生活费；老二今年29岁，一级残疾，半岁的时候感冒发高烧，把脑子烧坏了，不能行走，语言有障碍，手不能动，活动主要靠脚。她的脚非常灵活，可以用脚吃饭。更令人惊奇的是，还能用脚做纸手工。假期的时候，她三妹带同学来家里，教她用纸叠千纸鹤和灯笼，看一遍就会了，对于正常人也不是一件容易的事。老王的二女儿虽然是重度残疾人，但她说的一句话让我非常感动，“自己要活得快快乐乐”。

家里四口人就靠老王一个人挣钱。平时给村里人打短工，主要是在果园里干活，每天100元，一年大概能收入1.5万元。老王家里有10.5亩地，种地剩不下多少钱。二女儿每月民政部门发50元的残疾补贴。

家里每月的生活费开销，水电费大概100元，零花钱和买食品要1 000元左右，有时还要行门户（随礼）。2012年，由于老房子年久失修住不成，重新花10万元盖了新房，为此欠了5万元外债。

该村由渭南市物价局负责对口帮扶，具体帮扶措施为实施“六送”（送观念、送政策、送技能、送信息、送岗位、送资金），并落实“四助”（助困、助业、助医、助学）。帮扶目标：贫困户家庭基本生活得到保障；子女不因贫困而辍学；危重病人能得到医治；有劳动能力和就业愿望家庭成员能实现就业；帮助帮扶对象过好传统节日。我和对口扶贫的渭南市物价局同志一起，对全村的贫困户进行调查统计梳理，根据每一户的具体贫困情况和致贫原因，提出有针对性的解决方案，进行精准扶贫。

在康家卫村，我还关注到农村人口转移的问题。在走访串门过程中，我发现村里有许多空房子，大概占到20%。通过与村民闲聊了解到，村里很多年轻娃大学毕业后就留在西安、渭南等大城市就业，并在当地安家，结婚生小孩后就让家里的父母帮助带小孩。从孩子出生到上学，这一去基本就回不来了，也就在城市安家了。原来设想的通过城镇化把农民转移到所在的乡镇居住，就直接进入了城市化。鉴于此，我向县里建议，要关注从城镇化到城市化的直接跨越，重点做好县城的供水、供电、垃圾处理等基础设施建设，承接农民的进城转移。

一个月的时间虽然不长，但使我对康家卫村有了一个全景式的扫描和全面深入的了解，康家卫将成为一段难忘的记忆。

从平安村产业经济发展变化看农村脱贫致富之关键

全国农业技术推广服务中心　王凤乐

根据农业部党组部署和人事劳动司的安排，我于2015年4月1日至5月13日在内蒙古自治区科右前旗科尔沁镇平安村开展“驻村蹲点调研”。驻村期间，我紧紧围绕平安村经济社会发展，采用参加生产活动、村组会议、上门走访、谈心交流、查阅档案资料等方法，对平安村产业经济发展、对口帮扶成效、基层组织作用、社会综合治理和乡村文明建设等进行了全景式的调研工作，全面了解了平安村产业经济发展历程、关键措施及基本经验，分析当前农村基层工作中存在的一些问题并提出对策建议。具体情况概述如下：

一、平安村产业经济的发展变化

2006年以前，平安村是当地有名的贫困小山村，当时农民人均年收入长期徘徊在1 500元左右，贫困人口占全村总人口的90%以上，被列为重点帮扶村。近年来，平安村抓住开展对口帮扶、实施精准扶贫机遇，引导农民积极调整产业结构，着力培植主导产业，全村设施农业、旅游休闲农业、劳务输出业齐头并进。在2012年年底，全村已全部消除特困人口，2014年农民年人均收入达2万元，位居科尔沁镇乃至全旗前列，实现了从贫困村到兴安盟旅游休闲观光第一村、设施农业第一村的巨大飞跃。

平安村

（一）设施蔬菜产业成为主导

平安村具有发展设施蔬菜有利条件，其蔬菜产业从2006年18栋大棚起步，目前发展到大棚温室378栋（暖棚176栋，冷棚202栋）、占地680亩。据测算，设施蔬菜种植业年纯收入600多万元，靠设施蔬菜生产致富的村民达到80%。

1. 抓住帮扶机遇发展“一村一品”　2006年内蒙古自治区地税局帮扶工作队入驻平安村，通过深入调研确立设施蔬菜作为主导产业。针对当时农民建大棚缺少资金的现状，他们采取每栋大棚补助2万元左右的方式，鼓励村民自愿建棚发展设施蔬菜，2006年、2007年共修建大棚38栋。2010—2012年，通过协调贷款新建大棚24栋，通过反租倒包形式建暖棚42栋，并投入84万元对168栋冷棚进行全面改造。至2012年年底，平安村已有43型温室140栋，投入使用冷棚194栋，设施蔬菜成了该村名副其实的主导产业。

2. 建立合作组织强化规范管理　平安村设施蔬菜能够快速发展，离不开该村慧农种植业专业合作社的示范带动。该合作社于2008年11月成立，5位合作社成员都是当地有名的种菜能手。这些合作社社员带头承包、改建大棚温室，引进瓜菜、果树新品种60多个，试验、示范、推广多项新技术、新设备，制定大棚蔬菜、瓜果类作物生产技术规程，并对设施蔬菜种植户进行现场指导与技术培训。在合作社的带动下，平安村设施蔬菜生产逐步走向标准化。

设施蔬菜种植能手辛宝玉

3. 创建标准园区带动产业增效　2014 年，以慧农种植业专业合作社为主体，实施了农业部下达的设施农业标准园区创建项目。根据项目要求，平安村引进了适宜大棚种植的一批抗性强、产量高的新品种，智能温控、测土配方施肥、水肥一体化、集约化育苗、病虫害绿色防控等技术在园区内得到全面推广，并实现规模化种植、标准化生产、商品化处理、品牌化销售、产业化经营。通过项目实施，园区蔬菜商品化处理、品牌化销售均达到 100%，农药使用量减少 30%，节本增效 10% 以上，实现了设施蔬菜产业提质增效。

4. 吸引青年入园打造园区亮点　为促进大学生“村官”和青年农民就业创业，2013 年科右前旗团委决定在平安村设施蔬菜园区建立大学生创业基地。2014 年 4 月，在原来大学生创业园区的基础上，筹建科右前旗青年创业孵化园区。园区的发展定位为无线园区、网络农场、采摘旅游，发展目标是让该园区成为兴安盟青年创业亮点、设施农业园区亮点，力争 3 年内组建创业合作社、创设独立网站、建立微信群，建成现代设施蔬菜示范园区。

（二）旅游休闲农业一枝独秀

近年来，借助丰富的设施农业资源和地理位置优势，平安村大力发展乡村旅游和休闲农业，为传统农业向品牌农业、高效农业、生态农业转型起到了示范推动作用，现已成为农业增效、农民增收的新途径。

旅游休闲农业园区——玫瑰葡萄庄园

1. 组建公司推动产业快速发展　为提高设施农业效益，促进农业与乡村旅游业有机结合，平安村在2009年组建了科右前旗玫瑰庄园葡萄种植有限公司，负责经营、管理玫瑰葡萄园区。当时，该园区占地990亩，设有葡萄采摘区、餐饮服务区和无公害蔬菜农事体验区。2014年投资1 000万元扩建葡萄采摘园区，新增游客休息住宿区、游客娱乐广场。目前，该园区每年采摘葡萄7.5万斤，采摘收入约140万元；酒店餐饮年接待1.5万人次左右，收入约150万元。

2. 开展创建促进景区改造升级　借助开展休闲农业与乡村旅游示范点创建工作，平安村制定了玫瑰葡萄庄园景区旅游总体规划，按照“景区特色化、管理现代化、服务人性化”的目标，积极完善旅游交通设施、配套服务、安全保障体系和景区管理制度体系，努力提升旅游从业人员综合素质，使庄园景区软硬件得到全面提升。该园区在 2011 年、2014 年先后被评为省级和国家级休闲农业与乡村旅游示范点。

3. 突出特色打造休闲农业品牌　玫瑰庄园葡萄种植有限公司不断挖掘园区地域民俗丰富内涵，打造文化旅游品牌，建成了“农家乐”模式休闲旅游度假村。一是“自己动手”，享受亲自采摘乐趣。在园区内，建成独具特色的葡萄、香瓜、草莓、油桃、黄瓜、西红柿等果蔬采摘园 12 个，通过举办亲子采摘游、亲子农事体验等活动，扩大了该村休闲观光农业的影响力，实现了经济效益与文化发展的互利共赢。二是“品尝美食”，感受民族特色文化。在玫瑰葡萄庄园，游客能品尝到小笨鸡、山野菜等地道农家菜和烤全羊、手把肉、奶食品等地道蒙古美食，并可欣赏蒙古族特色文艺表演，庄园成了八方宾客休闲游乐、品尝特色美食的好去处。三是“走进田野”，体验农民劳动艰辛。平安村建立了两处农事体验园，人们可以认养土地并在此种植自己喜爱的瓜果蔬菜。许多家长带着城里生长的孩子来这里近距离接触乡村生活，尽享其中乐趣，也体验农事艰辛。

（三）劳务输出业异军突起

平安村人均占有耕地不足 6 亩，劳动力资源过剩，特别是农闲季节更为突出。目前，该村劳动力总数 225 人，除从事日常农业生产外，有 100 多人离乡离土或长期或短期打工。农闲季节许多人就地打零工，全村劳务输出等非生产性收入约占全村总收入的 20%左右。

1. 兴办经济实体增加村集体收入　2009 年，在村企对接帮扶企业内蒙古森发集团的帮助下，平安村成立了兴安盟平安伟业劳务派遣有限责任公司。该公司由平安村 40 多名青壮年村民组成建筑工程队，头 3 年公司收入就达到 150 万元，近年还不断拓展，依托该公司村集体每年可实现最低收入 10 万元，在公司务工的村民人均年收入 3 万元以上。2014 年，森发集团入股该公司，同时扩大村民股份及数量。近年公司涉足家政服务，建立起家政服务平台，使村民在农闲季节通过该平台找到适合工作。

2. 离乡离土人员收入稳定增长 最近10多年，平安村每年都有一些中青年农民离乡离土外出“淘金”，但由于技术、工作、生活等诸多适应，许多人是出出进进。目前，该村有12人分别在深圳、大连等地扎下了根。他们慢慢适应了城市生活，已不愿回村干农活。在农闲季节，每年约有40～50人到其他城镇打长工，日工资120～200元左右，每年这类人员打工收入2万元左右。

3. 留守村民就地打工增加收入 有30～40人进入玫瑰庄园从事服务工作，主要以年轻姑娘、小伙为主。他们年收入3万元左右，比在本地从事农牧业生产的村民收入高1/3。有40～50人长期受雇于设施蔬菜生产专业合作社从事设施蔬菜生产，人均年收入2万～3万元。每年还有100多人在农闲季节在本地干修路、打井、环卫等零活，日工资100～200元，打零工也是许多农户的重要收入来源。

二、平安村的启示

平安村是个内蒙古东北部的山川小村，但麻雀虽小、五脏俱全。该村由过去远近闻名的贫困村变成当今率先全面脱贫的富裕新村，有许多经验值得总结。目睹该村近年的发展变化，能给予我们许多启发。

（一）建立健全基层组织，特别是以村党支部为核心的“两委”班子，尤其是选配好村党支部书记，这是基础

过去的平安村基层组织涣散，一些村干部甚至贪污腐化。因此，该村一盘散沙，人们无心、也无力改变落后面貌，一直在贫困中徘徊。发生变化始于2006年，这一年由于对口帮扶，但更深层次的原因是较大力度地调整了村“两委”班子，尤其是村党支部。新的村“两委”班子思路开阔、观念更新、团结协作、踏实肯干，从谢宏园、康红波到现在的卢美秋，先后的

三届党支部书记是一份蓝图绘到底、一届接着一届干，每届都有所创新，每年都有新发展。

（二）在产业发展上要敢于创新，既要做大做强主导产业，又要抓住机遇培育新的经济增长点，这是关键

平安村如果一直在种玉米、土豆上做文章，就是再科学种田，恐怕也只能是解决温饱。该村经济的快速发展，主要在于充分利用地理区位、环境资源优势，一心一意发展设施蔬菜这一主导产业，一抓到底、抓出成效。同时，在延长产业链上下功夫，发展旅游休闲农业，从而进一步提高产业效益。

（三）统筹利用扶贫资源，抓住关键环节发力，实行精准扶贫、科学扶贫，这是根本

在老、少、边、穷地区，每年都有来自各方的帮扶。各个村屯嘎查如何用好政策、用足资源、精准发力，发挥帮扶的最大效益，十分值得研究。对待丰富的帮扶资源，平安村不是简单的分钱、分物、分项目，而是制订一个长期规划，把有限的资金用在打基础、发展产业和改善民生上，从而为产业发展乃至彻底脱贫打好基础。

（四）必须培养一支有较高水平的农村实用人才队伍，这是保证

在平安村，村“两委”班子高度重视发挥大学生“村官”有知识、懂科学和观念新、思路宽的优势，为他们开展工作搭建良好的舞台，使大学生“村官”都有不平凡的业绩。同时，注重培养、使用农村“土专家”。目前，有二三十位外地人被优惠政策吸引来平安村安家落户，这些能工巧匠成了平安村脱贫致富的“领头雁”。另外，还有七八十位外乡人来平安村租建温室大棚、修建养殖园区，带头干起了设施种植、养殖业。正是这些外乡人推动了平安村产业快速发展。

三、当前农村基层工作存在的突出问题及对策

在科右前旗扶贫挂职两年中，我有机会先后走访了该旗

229个嘎查村中的近1/3的嘎查村，并因工作关系与四五十位村干部有过较多的交流，一些还成为好朋友。现以成功发展的平安村作对照，谈谈我对当前农村基层工作中存在的一些困难和问题的看法，以及应对措施。

（一）村级基层组织建设薄弱

当前在一些村级组织中，存在着部分干部总体素质不高、工作方法简单、班子不够团结、工作积极性较低等问题。村级班子建设是农村基层组织建设的关键，必须健全村干部选拔任用、教育培训、考评激励、后备干部培养、财务公开等机制，提高干部队伍整体水平。要积极改善村干部工作条件，提高其福利待遇，拓宽其发展的空间。

（二）扶贫资源利用效率不高

当前一些贫困嘎查村，存在着扶贫资源利用效率不高的现象，往往是吃大锅饭、“撒胡椒面”，平分物资、资金、项目，没有集中有效的资源加强基础设施建设、培育发展主导产业，导致贫困的帽子难以摘除。按照中央新时期扶贫攻坚工作的战略部署，要彻底脱贫致富必须更新观念、调整思路、转变方式，整合各种资源，走科学扶贫、精准扶贫之路。根据对近年来科右前旗扶贫工作的总结，我认为科学扶贫工作必须做到“六变”：变“输血”为“造血”，着力推动产业发展；变“送钱”为“借钱”，强化金融支农服务；变“传统”为“现代”，加大科技扶贫力度；变“分散”为“整合”，增强脱贫致富合力；变“漫灌”为“滴灌”，提高脱贫致富精准；变“救助”为“惠民”，强化民生社会保障。

（三）村级集体经济不够壮大

在我所挂职的科右前旗，除牧区的一些嘎查村每年有一定村集体收入外，农区、半农半牧区嘎查村中的80%没有集体经济积累。没有集体经济收入，许多公益性事业就无从谈起。壮大村集体经济最终是要靠发展当地经济，靠农民和村级组织增收来实现。因此，一定要加大改革力度，探索新的集体经济实现形式。如利用集体资源、资产参股入股，实行股份合作，拓宽村级经济收入渠道；通过开展服务创收，增加集体收入；围绕资源开发，盘活存量资源，增加集体收入；依靠本村资源，发展经济实体。

（四）大学生“村官”作用发挥不够好

大学生“村官”承担着推动农村经济社会发展、带领村民致富的重要职责和使命，同时大学生当“村官”也是解决当前大学毕业生就业难的一条重要途径。但是，大学生“村官”在各地反映不尽一致，有些人到基层、进乡村被视为“镀金”，有些人因缺乏对农村了解难以适应基层工作被称作“书生”，有些人因夸夸其谈、坐而论道被看作是“小官僚”，他们无所作为难以得到百姓认可。要做一个好的大学生“村官”，就要“先当村民、后当‘村官’”，始终保持向基层、向群众、向实践谦虚学习的正确态度，要多学习村干部开展工作、为人处事的方式方法，真正与干群打成一片，俯下身来搞服务、真心实意解难题，让百姓满意、让组织放心。同时，地方要为大学生“村官”干事创业搭建平台，用待遇、用感情、用事业留人，为大学生实现人生价值开辟了广阔的天地。

借力于旅游产业　打造山地新农村

中国绿色食品发展中心　时松凯

根据农业部党组部署和人事劳动司的安排，我于2015年4月1日至30日在贵州省毕节市赫章县中营村开展了为期一个月的"驻村蹲点调研"。为了能够实现"驻农村、接地气、察实情，增进同农民群众的血肉联系，深入了解农业农村真实情况，体验百姓冷暖，感受乡村变化"的工作目标，我选择了留宿在中营村尤健家，并重点对尤健家和唐正举家进行了"解剖麻雀"式的调查工作；同时，也采取了发放调查问卷和逐户进行访谈等调查方式对中营村进行了充分而翔实地剖析。根据对中营村的调查发现，中营村有着借助旅游业发展实现建设新农村的巨大潜力。具体情况概述如下：

一、赫章县中营村基本情况

（一）赫章县基本情况

赫章县位于贵州省西部，乌江北源的六冲河和南源的三岔河上游，平均海拔1 996米，行政区域总面积3 250平方公里，耕地面积575 160亩。辖1个矿区社区服务管理局、21个乡（其中，少数民族乡12个）、6个镇，456个村民委员会、9个社区居民委员会。年末总人口73.647 2万人，其中，非农业人口46 018人，人口中较多的少数民族有彝族、苗族。矿产资源矿藏主要有铁、铅、锌、煤、钼30多种。

2014年，赫章县完成地区生产总值91.07亿元；总收入9.89亿元；公共财政预算收入2.97亿元；金融机构存款余额

65.8 亿元；金融机构贷款余额 33.6 亿元；城镇居民人均可支配收入 20 269 元；农民人均可支配收入 5 857 元。

（二）中营村基本情况

中营村位于兴发乡西北部，距乡政府驻地 7 公里，距离赫章县城 36 公里，东经 26.9°，北纬 104.8°，平均海拔 2 450 米，全村总面积 10.3 平方公里。其中，耕地面积 3 500 亩，林地面积 28 006 亩，牧草地面积 6 000 亩以上；辖中营、水营、石营、双河、岩营 5 个村民组；居住着汉、彝、回、苗、白等少数民族，共 503 户，总人口 2 309 人。其中，回族 441 人，占总人口的 18.3%；彝族 704 人，占总人口的 31.3%；苗族 150 人，占总人口的 6.6%。村民年人均纯收入 2 400 元。

1. 经济情况　农业种植以马铃薯和玉米为主，玉米亩产在 700 斤上下，马铃薯亩产在 3 000 斤左右，全村种植脱毒马铃薯 2 500 亩、玉米 1 000 亩。全村肉羊存栏 4 000 多只，牛存栏 1 000 头，马存栏 115 匹，猪存栏 1 200 头，主要由农户自主养殖。

养殖业是中营村农民的主要经济来源。村里有一家农业联合合作社，成立于 2011 年，共联合 120 户农户（其中，青贮玉米种植 82 户，养殖日常管理 20 户，牧草草场日常管理和养护 18 户），主要围绕肉羊养殖开展业务经营。2013 年合作社开始从事肉羊养殖，目前建设标准化养殖场一个，养殖黑山羊 300 多只、绵羊 100 只，现在仍处于扩繁期，没有出栏用羊。当地回民以养殖肉牛为主，每家都养殖 2～8 头不等的肉牛。按每头母牛每年繁育 1 头小牛计算，每繁育 1 头小牛可以卖 7 000～8 000元计算，回民百姓收入要相对高些。

外出打工是中营村农民的另一个主要经济来源。全村外出打工 657 人，主要集中到江苏、浙江、福建和广东 4 省。其中，广东省的广州市和深圳市两市最多。打工人员的月收入从 4 000～8 000 元不等。

近几年，随着韭菜坪旅游业的发展，在中营村留守的农民又有了新的经济收入来源。一是"农家乐"接待旅游者的收入；二是在村边或在韭菜坪山上兜售烤玉米、烤马铃薯或茶鸡蛋等。而按照村民自己介绍，8、9 两个月是旅游旺季，每天每人能卖烤玉米、烤马铃薯或茶鸡蛋的收入在 600～1 200 元不等，按照最低收入，每人日收入 600 元，月收入在 18 000 元，两个月共计收入 36 000 元。这都是一笔可观的收入。

2. 民族与宗教情况　中营村的百姓都十分尊重不同宗教的同胞的风俗习惯。中营村居住着彝族、苗族、回族、白族和汉族。其中，有两个民族有着自己的宗教习俗，那就是彝族和回族，这两个民族都有着悠久的宗教传统。

彝族信仰基督教，在石营组彝族百姓相对集中的地方，建有基督教教堂 1 座。尽管教堂规模不大，但是也算是十分精致。根据彝族宗教习俗，每个周日他们都会到教堂做礼拜。

回族百姓信仰伊斯兰教，在中营村也有 1 座清真寺。该寺建在村口比较醒目的地方，从旁边路过，就能够清楚地看到圆顶建筑上的星月标志。建筑选择的位置与村庄并没有什么不和谐，反而给小村子带来了异域神韵。要说风俗习惯与其他民族差异最大的就是回族了，因为他们对猪这种动物有着特殊的敬仰。尽管中营村的其他百姓都有养猪的习惯，但是，在中营村的回族百姓并没有与他们发生任何冲突。这主要应当归因于中营村建村以来就形成了非常良好的相互尊重、互助互爱的和谐社会环境。

3. 教育情况　中营村有全日制小学 1 座，招收了全村所有适龄就学儿童，全村适龄儿童小学入学率达到了 100%。小学设立了一至六年级各 1 个班，全校学生 176 名。据马校长介绍，全校有 10 名教师，教师与班级比率为 1.5∶1，教师工资 3 500 元/月左右，班主任还可以根据所在班级学生的多少领取 100～200 元的班主任津贴。

中营小学学生全部来自中营村，学生早餐和晚餐在学生家中就餐，学校为学生提供营养午餐。营养午餐主食是米饭，另外配有两菜一汤。根据对学生调查，普遍反映能够保证饮食需求。另有些学生说，学校有午餐，早上经常在家就不吃早餐了。据马校长介绍，学校教师讲课用的是普通话，但是苗族和彝族孩子在家庭里讲的是苗语和彝语，刚刚入学时他们普遍听不懂普通话，要经过一个适应过程。全村小学读完后继续进行中学学习的学生上学率在99%左右，进入中学阶段很少有辍学的。但是，由初中继续进入高中学习的学生不足30%，大部分应当进入高中就读的学生在读完初中后就开始出去打工，当然也有少数进入技术学校，但数量不多。

4. 乡村建设情况 中营村按照黔北民居建设，2010年修建住房32户，投入资金32万元；2011年修建住房100户，投入资金80万元。同时，做好村庄整治及居所环境亮化。

2015年实施的项目：民居建设225户，每户补助资金2万元，需要投入资金450万元；改厕改圈365户，每户补助资金4 500元，需要投入资金164.25万元。总计需要投入资金614.25万元。

中营村在乡党委、政府的正确引导下，人民生活蒸蒸日上。在立足长远发展思路上，按照“建设社会主义新农村”的科学定位，编制村庄建设及整治规划，实行全村生态家园建设，不断改善基础设施，推进“一建四改”（建沼气池，改水，改厕，改圈，改灶），加大农业产业化发展，加大村庄绿化力度，扩大绿化面积，促进人与自然、经济、社会可持续发展相协调，把中营村建设成高标准、高质量的新型“五园新村”。

二、目前存在的主要问题

根据对赫章县的历史、经济、文化、地理以及人文各方面综合调查与研究，赫章县县委和县政府明确了赫章县今后重点打造的领域和产业，即通过全县旅游景区的开发，发展乡村旅游、农业生态旅游，重点打造旅游景区周边农村“农家乐”、赫章核桃、肉羊、樱桃、苦荞、马铃薯、中药以及民族旅游产品等产业。在赫章县挂职期间，我多次参加了县委和县政府关于旅游产业发展的会议讨论。

从中营村目前的发展来看，中营村占据了天时、地利和人和的三大优势。一是地处全县重要景区的咽喉要地，是距离韭菜坪最近的村庄；二是借助了县政府要重点打造韭菜坪景区的政策优势；三是部分农户已经从近年的旅游产业中获得了收益，对开发韭菜坪充满了信心。但是，从目前调研的结果发现，要打造更高质量的山地新农村仍然任重而道远。目前，存在的问题主要有以下三点：

（一）基础设施滞后，发展成本偏高

一是交通、水利、电力、信息为主的基础设施建设滞后，是制约中营村发展的重要“瓶颈”；二是农民饮水基础设施薄弱，目前中营村缺水严重；三是农村用电保障能力弱，农村电网亟待改造升级；四是信息化发展水平较低，信息流通阻滞，全村没有电脑网络；五是可以承接住宿和就餐的“农家乐”数量少。

（二）参与旅游理念缺失，经营管理混乱

目前，中营村村民参与旅游的积极性是很高的，但是面临的问题仍然十分突出。一是农民参与旅游产业仍处于散兵游勇、各自为战的无政府状态；二是村民对游客的接待参差不齐，甚至根本不了解游客的所求所需，难以满足旅游者的需求。

（三）农村技术人才严重不足，中学生辍学现象严重

据中营村统计，全村 18～50 岁的主要劳动力 1 248 人，而外出务工人数达到 80%，村里的基本都是老弱妇孺。中营村 2014 年中学毕业生 46 人，而进入高中继续学习的仅有 6 人，其余的都已经辍学外出打工。由于当地缺少职业教育学校，进入职业教育学校的学生就更少了。

三、感受和体会

（一）要想富，先修路

在赫章的两年里，我才真真切切地理解了“要想富，先修路”这句口号的深刻含义。整个赫章县城、各个乡镇和所有村庄完全被淹没在群山之中，因此说，赫章最大的困难就是交通问题。据当地人讲，现在赫章县的“村村通”工程已经做得很好了，交通已经很方便了，最远的村离县城也只有半天的车程。而在以前，随便一个离县城远一点村子的百姓如果要进县城，怎样也要一整天的时间。没有“村村通”工程以前，村子里的老百姓一辈子没有进过县城的多得很。

2013 年 6 月，毕节至威宁的高速公路基本通车，其中就路过了赫章县城。2013 年 8 月，毕节市飞机场正式开始通航。伴随着高速公路的全线贯通和机场航路的不断增加，来赫章县投资建厂的企业迅速增加，我切身感受到了赫章县经济的快速发展，感受到赫章百姓对追求幸福生活的渴望与日俱增。也感受到交通便利后带来的不仅是地方经济的变化，同时也带来了人观念的改变。

（二）配合专业旅游企业，做好服务

为了打造赫章县旅游产业，赫章县委和县政府已经引入了一家旅游开发公司，对赫章县韭菜坪景区进行全面开发。中营村应该积极参与，努力成为企业开发韭菜坪旅游的一分子，继续保持作为韭菜坪主人的地位。

（三）开展职业技术教育，培养专业人才

韭菜坪开发所需要的技术人才是全面的、大量的，应当对适龄中学生进行引导和教育，积极进行职业教育，培养职业技术人才。

（四）少年强则中国强

在中营村调研时发现，中营村小学的条件比较落后，除了能够保证学校的基本教学任务外，学生没有任何其他的课外读物。学生的眼界和对外界的了解仅限于课本。

农机手是未来种地的主力军

农业部农产品加工局　刘晓军

根据农业部党组部署和人事劳动司的安排，我于2015年4月1日至30日在河南省正阳县熊寨乡王大塘村开展了为期一个月的“驻村蹲点调研”。驻村期间，我紧紧围绕“谁来种地”等探讨多年的战略问题，采用访谈、座谈等方式，对农民专业合作社、家庭农场、农机手等多个主体进行了深入细致的调研。结果表明，农机手、农机合作社等主体能根据农事及时开展科学种植，农产品种植水平和土地收益均高出普通百姓，渴望承包更多土地，是未来种地的生力军，是保障国家粮食安全的主要根基。具体情况概述如下：

一、王大塘村基本情况

王大塘村耕地11 003亩，总人口3 500人，户数928户，下辖王庄、龙庄等21个村民小组。18周岁以下青少年969人，18～60周岁成年人2 044人，60周岁以上老年人487人。目前，王大塘村农业种植模式是冬小麦和夏花生轮种，全村冬小麦种植面积超过1万亩，夏花生种植面积超过9 000亩。全村肉牛养殖数量不超过50头，肉羊养殖数量不超过1 000头，蛋鸡养殖数量不超过1 000只。村里有150亩苗木繁育基地，有2个蛋鸡养殖大户、2个肉牛养殖大户、1家榨油作坊、1个松山渔业养殖场、1个松山农机种植农民专业合作社和1个刘天领家庭农场。全村人均收入8 615元。

2013—2014年，王大塘村粮补面积8 232.16亩，补贴标准为 111.74 元/亩，补贴总额 184 万元。2013 年，王大塘实施了优质花生种植扶贫和产油大县奖励资金项目，总投资 115.8 万元。2014 年，王大塘村实施了食用菌栽培扶贫、小麦“一喷三防”、小麦良种秋季补贴和产油大县 4 个财政奖励项目，总投资 145 万元。

存在的问题是：农业种植结构单一，优良品种比例不高；农业组织化程度低，农民参与合作社积极性不高；农业耕种、秸秆处理机械短缺，秸秆禁烧压力大；农民缺乏高效农业种植技术，缺少相关的培训；农业保险宣传不到位，参保意识差，参保率低；高标准良田项目打的井没有配套电力，不能发挥应有作用。

二、村干部和部分村民访谈实录

驻村期间，先后察看了 21 个村民组、28 个自然村的村容村貌，参看了几十户村民住房、生产设施、农业生产情况，先后对骆松山（村支部书记兼村委主任、农机合作社社长、种植合作社社长、粮食购销大户）、王大林（村委文书、农机合作社社员）、骆辉（村支部书记儿子、农机合作社社员、粮食购销大户、土地承包户、王大塘村民组组长）、管保中（村委治保主任、超市老板、土地承包户）、刘战士（村小学校长）、高连红（王大塘村榨油作坊老板）、刘旺林（回乡创业农民、蔬菜种植大户）、贾渔（农机合作社社员、土地承包户、秸秆经销户）、王超（普通村民、土地出租户）等进行了多次座谈和访谈。形成如下访谈记录：

问：在农业政策方面，国家从 2004 年取消了农业税，又增加了粮食直补等惠民政策，种粮从原来的收税变成给补贴。执行了这么多年，国家感觉广大农民群众的种粮积极性还是没有调动起来。从 2015 年开始，国家对粮食直补政策进行了调整，要匀一部分资金出来补给种粮大户，并逐步向谁卖粮就补助谁转变，真正让种地的、提供粮食的农民得到实惠。你认为这项改革能不能顺利推进，并取得预期成效？

答：这几年国家在“三农”方面的投入很大，由原来的交公粮、交农业税调整为现在的给农民补贴。农民由于没有很好地利用好土地，没有产生高产、高效、高收益的效果，导致现在无论是种植粮食还是种植经济作物，都没有达到预期的产值和效益。为什么呢？首先是我们国家的现状。农村青壮年劳动力全部到外打工，种田的都是50岁以上的老人。他们既要种地，又要照顾留守儿童。可以说，一是没有科学种地，二是没有科学的管理方法，种地比较粗糙，导致粮食产量没有达到很高的水平。第二就是由于种植管理简单化、粗放化，效益没法提高，产量没有达到目标。所以，目前土地流转我认为是势在必行的事：其一，土地流转以后，可以从根本上解决50岁以上的中老年人留守在农村种地的问题；其二，彻底解决了中老年人种地不科学、管理不科学，导致产值提不上去的问题；其三，土地流转到种粮大户手中，可以科学种植、科学管理，从而能够极大地提高种植产量和效益；其四，土地流动之后可以节约大部分劳动力，应该可以节约30%～40%的劳动力。这些劳动力大部分处在30～50岁，也可以去从事其他职业。不是减少了农民收入，而是增加了农民收入。如果土地不流转，对国家农业生产将产生巨大的制约作用。再一个就是国家对农业的投入，有很多资金投入后，没有监管或者监管不够，造成了很多无效投资和低效投资，浪费了国家很多钱。

问：关于产油大县项目，过去很多的村都有，多少能分到一些种子、化肥、农药的，但2015年操作方式改变了，采取了整村推进方式，主要给了4个乡镇6个村，包括西边的刘大塘村。过去都有项目，2015年免费发放花生种子、农药和肥料的政策没有了，目前并没有出现群众不满意、上访的情况？

答：如果说这个村大家都没有了，也不会出现很严重的问题。如果一个村里，部分村民享受这些免费“午餐”，而另一部分享受不到免费“午餐”，情况也可能不一样，需要大量的沟通协调，还得慢慢引导。

问：你认为将来的农业发展方向是啥样？

答：土地流转，群众把土地流转给种植合作社。土地我直接用大型机械种，他们就不用管了，化肥、种子、农药也不用管，全部我买。到时候粮食收获了，我扣除生产资料钱和工钱，剩下的全部是他们的，他们就不用来回跑了。地还是他的地，种的粮食也是他的。他们回来种地需要路费，还耽误打工。让我给他们管理，一切都是机械化操作，效率高，产量高，品质还好。

问：你现在有种植合作社、农机合作社和水产养殖合作社？

答：对，下一步我想成立公司，由我来给农民管理。打药等事情，我组织人给他们干了，农民自己也不用回来了。到时候叫县植保站监测住，啥时候打啥药，效果还好。打药时统一打，效果最好。你打了别人不打，效果不是太好。如果我成立一个公司，把农业局补贴的资金全部用于繁育种子，种子 1 斤可以多卖 1 毛多钱，1 万亩地就可以多卖 150 万元。由农业局指导种植，技术跟上了，能提高产量，1 亩地比别人的产量要高 100～200 斤，这样又比别人多收入 200 多块。这样，农民收入提高了，合作社也有利润了，农业局也有基地看了，通过合作社把高效农业发展起来。当然加入我的合作社，也是有条件的，要接受合作社的统一规定进行种植。我不叫他点火，他就不能点，如果他点火了，明年我就不跟他签合同了。

问：大拖拉机多少钱？2015 年灭茬灭了多少地？旋了多少地？

答：9 万 4 千块，补贴后自家花了 6 万 4 千块，农机补贴给补了 3 万块。买的是拖拉机机头，灭茬机是 8 千多，2014 年没用，村里防火没防住，就自己和亲戚用了用。2015 年可以，灭茬干了 2 天，灭了有 200 多亩，旋了也有 300 亩吧，具体没算。

问：在疏的方面，你认为咱村的拖拉机、灭茬机和旋耕机够不够？

答：俺村里这些机器比较少，打捆机才 2 台。捡不及，没有打多少亩地。2015 年没弄好，草现在堆得到处都是。

问：假如说王大塘 21 村民组，明年要通过机械来解决秸秆禁烧问题，像你们庄要几台就够了？

答：一个庄 2 台，才能把地管过来。老百姓都急，收是三两天，种也是三两天搞完。

问：平均 200 亩配一台大型机子？

答：对，这样老百姓才不急。

问：村里现有联合收割机几台？

答：估计有 8 台。

问：村里的地，都有多少是这 8 台收割机收的，怎么个收法？

答：基本上都是先收本庄的，挨着收。来回跑着收，收得慢。村里也有经纪人从外面领机子，领个 1～2 台回来。

问：2015 年王大塘收小麦估计有多少机子？

答：估计不少于 40 台。

问：2015 年花生种植期间，你爸全力以赴搞秸秆禁烧了。小麦要收获，地里的秸秆要拉，还要种花生，这些活全靠你干，你是咋种的？

答：1 台打捆机每小时能打 5～6 亩的麦秸，速度还是比较快的。麦秸打捆后，我给拉到村里堆放点的。种花生时，主要是自己种，同时找亲戚帮忙。我家有大拖拉机、灭茬机、旋耕机，这些机子我都会使，自己灭茬、自己旋地。种花生时找亲戚帮忙，一块种一下。基本上是一天种完，灭茬快，20 亩地 1 个小时就灭完了。旋地需要 2～3 个小时，旋两遍就差不多了。旋完了就种，找人种地，有 5～6 个人，找亲戚帮忙，管顿饭。

问：你爸成立了农机合作社，你估计也是社员，你家这些大拖拉机用完了，还给别人弄吗？

答：有空的话就帮别人灭灭茬、旋旋地；没空的话，就把机子借给他们，让他们自己弄，车自己加油，免费使用，不要钱。这段时间我主要时间都用在收麦上了，收麦不忙时，才把自家地种了。

问：你也算专业种地的，你认为你能种多少亩地？

答：目前种的有 80 多亩，我认为能种个 200 亩吧！我现在还收小麦、收花生，做生意没有这么多时间。现在种麦比较轻松，旋地、施肥、播种一遍过，比较快。种花生就慢些，有麦茬，要灭茬、要旋地。如果是起垄种植，旋完地再起垄种植，两个环节不能一遍过；如果不起垄种植，旋地、施肥、播种就能一遍过。如果不做生意，就种地，估计能种个 400～500 亩地。

问：也不知道美国农民咋就种那么多的地？

答：美国搞的是现代化农业、也叫专业化服务的农业。假如美国一户农民有 1 000 亩地，打算种小麦。如果亩产量 1 500斤的话，总产量就 150 万斤。小麦价格平均按 1 元人民币计算，产值就 150 万元。美国农民将种植计划、预估产量和预估价值形成材料后，就送给期货公司。期货公司根据以往经验和做法，将这 150 万斤小麦纳入期货市场，评估出保底收益 120 万元，就通过银行给农户 120 万元的授信支出。农户和种子公司预订种子并送货上门，支付种子费 20 万元。农户和农机服务公司联系，农机服务公司提供专业的播种、施肥、打药、收割等服务，收取相关费用 30 万元。农户和仓储公司联系，仓储公司提供专业的烘干、清选、分级、储藏等服务，收取相关费用 40 万元。最后，这批小麦进入拍卖环节，实际拍卖价格是 140 万元。这样小麦采购商将 140 万元支付给期货公司，期货公司通过银行最终将 50 万元支付农户。这样美国农民通过种 1 000 亩小麦，收益 50 万元，他的劳动强度并不大。这就是现代化农业，也是金融主导、专业服务的现代农业。

问：你还有别的机械吗？

答：还有大拖拉机、灭茬机、旋耕机、小麦播种机。

问：2015 年你这个大的拖拉机带的灭茬机帮别人灭了多少亩地？

答：今年帮 2 个村灭了 350～360 亩。

问：旋地有多少亩？

答：旋的少，一上灭茬机就顾不上了，有二三十亩。

问：你 2015 年种了多少地？

答：37 亩。

问：种的全部是夏花生？你包别人的地 1 亩多少钱？

答：400 元。

问：你有大机子，灭茬干了几天？

答：2 天。

问：你现在打捆机 1 小时能打多少亩地？

答：一天 60～70 亩

问：一天几个小时？

答：有 10 个小时吧。

问：灭茬能灭多少亩？

答：一天 200 亩，灭茬快。

问：现在打捆机数量比较少，大家对它还不了解，还不知道用得咋样。灭茬机、旋耕机数量较多，还可以从外面调。王大塘现在有 18 台大型拖拉机，你们庄你干的比例有多大？

答：灭茬有 80%，旋地基本上都是外面的机子。

问：你现在种的地是流转亲戚的吗？有没有别人想把地流转给你。或者你想流转别人的地？

答：你想流转别人的地，但价格低了人家不给你。我种的这些地，都是亲戚的。他们外出打工了，才给我种的。

问：其他也有外出打工的，他们的地怎么种？

答：他们的也是给亲戚种。

问：对于土地流转价格，你心里预期是多少钱？

答：根据我的情况，一亩地一年 1 000 元，我就愿意流转。如果不种地，我可以去打工。到外面打零工和打长工工钱是不一样的，你零工工资永远提不上去，你要是在外面打长工，连续打一年工，有可能拿个高薪。在公司里，你打得越久，工作流程越熟悉，还有可能提个小头目，工资就更高了。农民种地，反正是咋说呢？年头好了，还好说一点；年头要是不好了，农民真是没办法。但目前的状况是，这点地，要是你不承包出去，你不种也不行，舍不了。有小孩上学，你不可能两个人长期出去打工，这也不是个办法。

驻村期间，还对王大塘村历任村支部书记的突出事迹、近年来王大塘村的巨大变化、农业生产情况、人居环境变化、最低生活保障、基层党组织建设和运行、群众最大愿望等情况进行了全面细致了解；对土地确权登记颁证、土地流转、粮食直补政策调整、秸秆禁烧与综合利用等重点工作进行了意见建议征询，调查报告涵盖农村、农业和农民各个方面，其中很多看法和想法对下一步工作具有重要参考借鉴作用。

图书在版编目（CIP）数据

行走阡陌　胜读经年：2014～2015年农业部干部“驻村蹲点一月调研”成果选编/农业部人事劳动司编．—北京：中国农业出版社，2015.8
ISBN 978-7-109-20886-5

Ⅰ.①行…　Ⅱ.①农…　Ⅲ.①农村—干部工作—中国　Ⅳ.①F325.4

中国版本图书馆CIP数据核字（2015）第199755号

中国农业出版社出版
（北京市朝阳区麦子店街18号楼）
（邮政编码 100125）
责任编辑　刘　伟　冀　刚

中国农业出版社印刷厂印刷　　新华书店北京发行所发行
2015年8月第1版　　2015年8月北京第1次印刷

开本：700mm×1000mm　1/16　　印张：21.5
字数：300千字
定价：58.00元